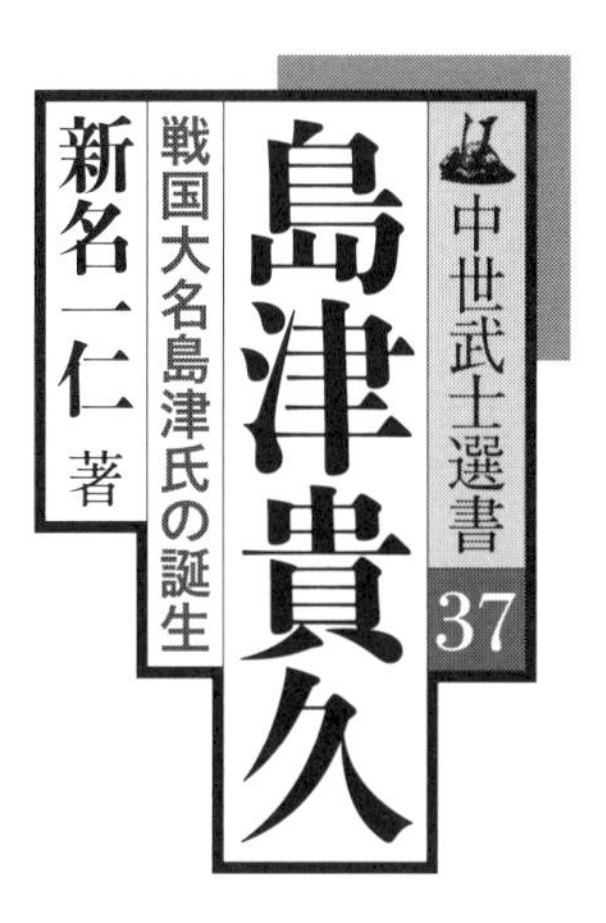

戎光祥出版

はしがき

島津氏というと、鎌倉幕府成立期に島津荘下司職に補任されて島津氏を名乗って以来、明治維新に至るまで南九州三か国（薩摩・大隅・日向）を支配し続けた一族というイメージが強いだろう。

しかし、その惣領家・本家（慣例に従い、以後「本宗家」と呼ぶ）は、室町期に二度、変わっており、本宗家家督の簒奪未遂も起きている。決して一つの家系が一貫して支配を続けていたわけではない。一度目は、一五世紀初頭（室町期初頭）で、薩摩国守護家である島津総州家から大隅国守護家であった島津奥州家に本宗家が移り、薩隅日三か国守護職も、奥州家の一括相伝に移行している。そして、一五世紀中期には、島津奥州家当主元久の遺志に反して、その弟久豊がクーデターにより家督を相続しており、久豊没後には、その子忠国・用久（好久・持久）兄弟が家督をめぐって内訌を起こしている。

そして、二度目が、一六世紀中期の島津奥州家勝久（忠兼）から相州家貴久への本宗家家督移行である。近世以降の島津家の家譜・系図、編纂物は、一貫してこの家督継承が、勝久から貴久への〝禅譲〟であったとし、島津貴久は島津奥州家の養嗣子として本宗家の家督を継いだとされている。この家督譲渡は、島津貴久を祖とする戦国島津氏、そして近世大名島津氏の「正統性」を担保するものであり、のちに奥州家勝久が家督譲渡を「悔返」し（反故にすること）、奥州家・相州家・薩州家による泥沼の家督継承戦争があったにもかかわらず、〝勝久から貴久への家督譲与〟そのものに疑問を呈することは、一種のタブーであったと思われる。こうした歴史認識は、近代以降も引き継がれ、『鹿児島県史』や『鹿児島県郷土史大系』といった通史類、『島津貴久公』といった伝記類でも維持されつづけ、通俗的歴史として広く市民に受け入れられている。

しかし、こうした通俗的理解に学術的立場から見直しをおこなったのが、山口研一氏の研究であった（山口研一・一九八六年）。同氏の研究は、大永から天文末年にかけての島津本宗家家督継承をめぐる争いを、島津薩州家実久（さねひさ）の動向と本宗家老中の変遷に着目して再検証したものであり、大永六年（一五二六）の島津相州家貴久への家督継承は、勝久自身の積極的意思ではなく、相州家に近い老中主導によって行われたこと、天文四年（一五三五）に勝久を追放した薩州家実久は、本宗家家臣団や有力御一家（島津氏庶子家）・国衆等の支持を受け、事実上、本宗家家督を継承していたことを明らかにした。この時期の政治過程を、近世以降の編纂物に依拠せず、同時代史料を使って検証したという意味で画期的な研究であったが、その成果が一般的に知られ、受け入れられているとは言い難い。

本書では、こうした近年の研究成果をふまえつつ、戦国島津氏の初代島津貴久の生涯を通して、混沌とした戦国初頭の南九州情勢を明らかにするとともに、のちに九州最大の戦国大名となっていく戦国島津氏の成立過程を概観していきたい。

二〇一六年一二月

新名一仁

《凡例》

一、史料の出典は、次のように略記し、文書番号を記す。

・『島津』＝『大日本古文書 家わけ第十六 島津家文書』

・『相良』＝『大日本古文書 家わけ第五 相良家文書』

・『旧記前』＝『鹿児島県史料旧記雑録前編』

・『旧記後』＝『鹿児島県史料旧記雑録後編』

・「肝付」＝『鹿児島県史料 家わけ二』所収「肝付文書」

・「樺山」＝『鹿児島県史料 家わけ五』所収「樺山文書」

・「山田」＝『鹿児島県史料 家わけ五』所収「山田文書」

・「菱刈」＝『鹿児島県史料 家わけ七』所収「菱刈文書」

・「本田」＝『鹿児島県史料 家わけ十』所収「本田家記文書及系譜」

・「入来院」＝朝河貫一著書刊行委員会編『入来文書』（日本学術振興会）所収「入来院家文書」

・「三代日帳写」＝「忠相・忠親・時久三代日帳写」（『宮崎県史史料編中世２』所収）

・「種子島家譜」＝『鹿児島県史料家わけ四』所収「種子島家譜」

・「正統系図」＝尚古集成館編『島津家資料 島津氏正統系図』（島津家資料刊行会、一九八五年）

・「支流系図」＝「新編島津氏世録支流系図」（『鹿児島県史料旧記雑録拾遺諸氏系譜』一～三所収）

・「本能寺史料」＝『本能寺史料中世篇』（思文閣出版、二〇〇六年）

・「イエズス会書翰集」＝『日本関係海外史料イエズス会日本書翰集訳文編之一（上）・（下）』

・「イエズス会日本通信」＝『イエズス会士日本通信 上』（雄松堂書店、一九六八年）

一、地名には、適宜、現在の自治体名を括弧内に記した。鹿児島県内は自治体名から、それ以外は県名から記した。

一、参考文献・出典は、著者名・発行年のみ括弧内に記し、末尾に一覧を掲載した。

目次

第二章　島津本宗家家督の継承戦争

第三章　大隅国への進出

第四章　島津貴久と対外関係

第一章　室町期の島津氏と「三州大乱」

1、室町期の島津本宗家と御一家

一六世紀初頭の状況

島津貴久は、永正一一年（一五一四）五月五日、薩摩国田布施（鹿児島県南さつま市金峰町）にて、島津相州家忠良（日新斎）の嫡男として誕生した。のちに戦国島津氏の全盛期を築く、島津四兄弟（義久・義弘・歳久・家久）の父である。同じ年の生まれに、細川京兆家当主細川晴元（一五一四～六三）、三歳上に、のちに義兄となる大隅国の有力国衆肝付兼続（一五一一～六六）や、第一二代将軍足利義晴（一五一一～五〇）、四歳上に、尾張の織田信秀（信長の父、一五一〇～五一）、ひとつ下に、関東の戦国大名北条氏康（一五一五～七一）がいる。

貴久が生まれた一六世紀初頭、畿内では足利義尹（義稙）を将軍に戴く細川高国・大内義興政権が続いており、関東では小田原の伊勢宗瑞（北条氏康の祖父）が相模国を統一しつつあった。九州では、豊後国守護大友義長が、筑前・豊前両国を押さえる大内義興と和睦し、筑後・肥後両国に進出しつつあった。一方、守護島津氏の分国たる薩摩・大隅・日向三か国（現在の宮崎・鹿児島両県）は、後年

「三州大乱」（『島津国史』永正七年〈一五一〇〉条）と称されるほどの混乱状態にあった。

まずは、島津貴久が直面した一六世紀初頭に始まる混乱状況が、いかにして出現したのか見ていく必要があろう。

島津奥州家の三州統一とその全盛期

南北朝・室町期の島津氏は、薩摩国守護家の島津師久を祖とする島津総州家（惣領家）と、大隅国守護家の島津氏久を祖とする島津奥州家に分かれており、一五世紀初頭、総州家伊久と奥州家元久のときに両家は対立するに至る。応永一一年（一四〇四）六月二九日、足利義満は、奥州家元久に日向・大隅両国守護職を安堵し（『島津』六九号）、同一四年に総州家伊久が没すると、その二年後の同一六年九月一〇日には、将軍足利義持が奥州家元久を薩摩国守護職に補任する（『島津』七〇号）。これにより、薩摩・大隅・日向三か国守護職は、島津奥州家によって統一され、以後、総州家に代わって惣領家（本宗家）となった奥州家によって、三か国守護職も相伝されていく。また、これ以降、奥州家当主は、寺社への寄進状や棟札に「三州太守」と自称あるいは表記されるようになる。

島津奥州家の全盛期、最も安定した時期を築いたのは、島津氏久の曾孫にあたる立久（一四三二～七四）である。立久の父忠国の時期、島津氏の領国は「国一揆」とよばれる有力御一家・国衆の蜂起が勃発し、さらにはこの「国一揆」を鎮圧した忠国の弟用久（好久・持久）が、本宗家の家督を奪取しようとしたことで内訌に発展するなど、長期にわたり争乱が続いた。

島津立久は、長禄三年（一四五九）頃、独裁的傾向の強い父忠国を追放して権力を掌握すると、反島津方国衆の討伐を進める一方で、その没収地を叔父らに配分して一族の結束を固めつつ、これまで敵対してきた薩摩の入来院（いりきいん）氏や日向の伊東氏らと和睦して、領国の安定化を図った。その上で、国境の要地を守護直轄領として経済基盤を確立しつつ、滅亡した御一家・国衆の一族・被官を守護被官（御内（みうち））に吸収して人的基盤を拡大し、新たな直轄領やその周辺に配置していった。

4 忠宗 ― 5 貞久（和泉氏 忠氏、佐多氏 忠光、新納氏 時久、樺山氏 資久、北郷氏 資忠）
5 貞久 ― 川上氏 頼久、総州家 師久 ― 伊久、奥州家 6 氏久
6 氏久 ― 7 元久、8 久豊
8 久豊 ― 9 忠国、薩州家 用久（持久）― 国久 ― 成久 ― 忠興 ― 実久、豊州家 季久 ― 忠廉 ― 忠朝 ― 忠広 ＝ 忠親、大島氏 有久 ― 忠徳、義岡氏 豊久
9 忠国 ― 10 立久、相州家 友久 ― 運久 ＝ 忠良（勝久）、久逸 ― 善久 ― 忠良 → 忠良、喜入氏 忠弘 ＝ 頼久 ＝ 忠誉 ― 忠俊
10 立久 ― 11 忠昌 ― 12 忠治、13 忠隆、14 忠兼 ＝ 15 貴久
忠良 ― 貴久 → 15 貴久、忠将、尚久

系図1　島津氏略系図　※数字は「正統系図」に基づく家督継承順位

こうした〝アメとムチ〟の微妙なバランスにより、島津奥州家による領国支配は安定化し、全国的には応仁・文明の乱により慢性的な争乱状況に入っていくなか、南九州に十数年間の「平和」が訪れたのである。

領国内国人の三区分と島津姓御一家の成立

ここで改めて、島津氏領国内国人の呼称について、解説しておこう。まずは、「御一家」である。これは島津氏一族・庶子家で、自らの城とそれに付随する所領を持つものを指す。分出時期はさまざまで、鎌倉期に分出した山田氏・伊作氏、南北朝期に分出した佐多・新納・樺山・北郷の各氏、忠国・立久期に新たに御一家となった、後述の島津名字庶子家などがある。鎌倉・南北朝期に分出した御一家は、南北朝末期以降、後述の「御内」らと契状（起請文）を取り交わすなどして結束し、守護島津氏を支える一方、時には本宗家当主の改替を図ったりもした。

「御内」は、守護島津氏の譜代被官・直臣のことであり、島津氏一族で、城領をもたないものもこの区分に含まれるようである。その出自は、鎌倉期以来の譜代（本田）のほか、鎌倉末から南北朝期にかけて被官化された中小領主（平田、村田、鹿屋、蒲生、富山一族など）、御一家・国衆の庶子家（肝付、宮丸、末弘）、南北朝期分出の島津氏庶子家川上氏など多様である。前述の島津忠国・立久期の敵対御一家・国衆討伐により、彼らの一族・被官の多くが「御内」に取り込まれたようであり、新たに守護直轄領となった没収地などに配置された。

なお、守護島津氏の家政機関も、この「御内」によって担われ、そのトップとして知行宛行状などに連署した「老中」も、この階層出身である。これは、本田・平田・村田・伊地知・桑波田の各氏らがつとめている。

「国衆」は、「国之面々」、「国方」とも呼ばれる、非島津氏一族系の有力国人で、平安末期以来の郡司・荘官、鎌倉期に地頭として南九州に土着したものたちである。本貫地（名字の地）を島津氏から給与されたわけではないので、守護島津氏に従属し、給地を宛行われることはあっても、一定の自立性を維持していた。忠国期に「国一揆」を起こして守護支配に抵抗した主体は彼らであり、立久期までに多くが討伐の対象となり、滅亡した。それでも、薩摩国北部（山北）の渋谷四ヶ所（入来院・祁答院・高城・東郷の四氏）、同国南部の頴娃氏、大隅国南部の祢寝氏、肝付氏らが残ったほか、日向国山東（宮崎平野）の伊東氏は、当主祐尭（一四〇九～八五）の娘が島津立久の正室になるなど、島津本宗家と対等に近い立場になりつつあった。

島津立久期の大きな特徴として、国境要地への直轄領設定とともに挙げられるのが、新たな御一家の成立・配置である。前述のように、一五世紀前半においては、鎌倉・南北朝期に分出した御一家が、島津奥州家の家督の決定に大きな影響力をもち、島津久豊の家督継承のように、前当主の決定を覆して、新たな当主を擁立するケースもあった。忠国期の「国一揆」、そして忠国・用久兄弟の内訌も、御一家による支持・承認が大きな影響を与えた。島津立久としては、みずからに近い血縁者（叔父や兄弟）を新たな御一家として取り立てることで、旧来の御一家の発言権を抑える狙いがあったのかもしれない。

最も大きな勢力を有するのが、島津用久（好久・持久）を祖とする薩州家で、薩摩国北部の和泉・山門院（出水市）・莫祢院（阿久根市）、同国南部の加世田別符（南さつま市）・河辺郡（南九州市川辺町・南さつま市南部）を領した。これらは、一五世紀中期の「国一揆」鎮圧の過程で用久自身が制圧・掌握した地域と一致しており、文安五年（一四四八）に兄忠国と和睦した際、その勢力圏をそのまま安堵された可能性が高い。

忠国・用久兄弟の異母弟・季久（一四一三〜七七）を祖とするのが豊州家である。その所領は、大隅国西部で薩摩国と隣接する帖佐（姶良市）であり、鎌倉期以来の郡司であった平山氏の旧領である。同氏の名跡は、季久の二男忠康（平山氏）が継いでいる。また、季久の三男満久は、加治木郡司の末裔である加治木氏の養子となっており、帖佐・加治木が実質的に豊州家領となった。これらの地域は、大隅国府と奥州家の本拠鹿児島を結ぶ要地であり、北はたびたび守護島津氏と敵対してきた祁答院氏領と隣接している。立久としては、ここに叔父季久を配置して、鹿児島北東側の安定化を意図したのであろう。

和睦したものの、長年対立してきた伊東氏と境を接する日向国庄内（都城盆地）にも、新たな御一家が成立した。北部の三俣下城（宮崎県都城市高城町）に、忠国・用久の末弟豊久（久豊五男）、南部の梅北（同市梅北町）に、豊久の兄有久（久豊四男）の子忠徳、という配置である。三俣下城の近隣には、守護直轄領の三俣高城、梅北は守護直轄領の都城・末吉の中間地点であり、これらを補完する目的があったのだろう。

これら島津名字御一家は、実効支配地域の安堵により成立した薩州家を除けば、滅ぼした敵対国衆の旧領に意図的に配置されることで、守護支配の強化・安定を期待されたとみられる。しかし、結果として後年、彼ら自身が島津氏領国における戦国争乱の火蓋を切ってしまったのは皮肉である。

島津相州家の成立と伊作氏の移封

島津貴久の誕生と後年の島津本宗家継承を考えると、最も重要になるのが、島津相州家の成立と伊作氏の存在である。

島津相州家は、島津立久の異母兄・友久（ともひさ）を祖とする。母は伊作勝久（かつひさ）の娘で、立久誕生の前日、永享四年（一四三二）一一月四日の生まれという（鹿児島大学附属図書館蔵「略御系図」）。「島津氏正統系図」には、「他腹に生ず、故に家督とならず」とあるが、友久が家督を継げなかったのは母が正室でなかったからというより、友久・立久それぞれの外戚と父島津忠国の関係の問題であったとみるべきであろう。友久・立久が生まれてまもなく、父忠国は弟用久（当時は好久）と対立するに至り、友久生母の弟伊作教久（のりひさ）が用久方となる一方で、立久生母の父新納忠臣（ただおみ）は忠国を支持した。このため、新納氏に近い御一家らの支持を取り付けるべく、立久を早々に次期家督に決定したにすぎない。立久は、この兄友久を不憫（ふびん）に思ったのか、後述のように伊作氏が日向に移封されたのち、その旧領の一部である「田布施・阿多（あた）・高橋」（南さつま市金峰町）を与えて、御一家とした。これが相州家である。

このため、相州家は立久にとって最も血縁の近い御一家ということになり、家格も当初から高かった。次節で述べるように、文明六年（一四七四）四月に立久は没し、同年八月一九日に嫡男忠昌（ただまさ）の「御代始之御祝儀式（みよはじめのおいわいぎしき）」が執り行われた。この儀式について記した、文明年間あるいは永正年間の成立とされる「御当家始書（ごとうけはじめがき）」（五味克夫・一九七七年、小瀬玄士・二〇一三年）には、「御酢（酌カ）河上殿御部類三献之後、相模守殿（友久）、薩州（国久）、豊州（季久）、吏部（伊作久逸）、修理亮殿（豊州家忠廉）、於御前ニ御三献」とあり、新当主忠昌御前

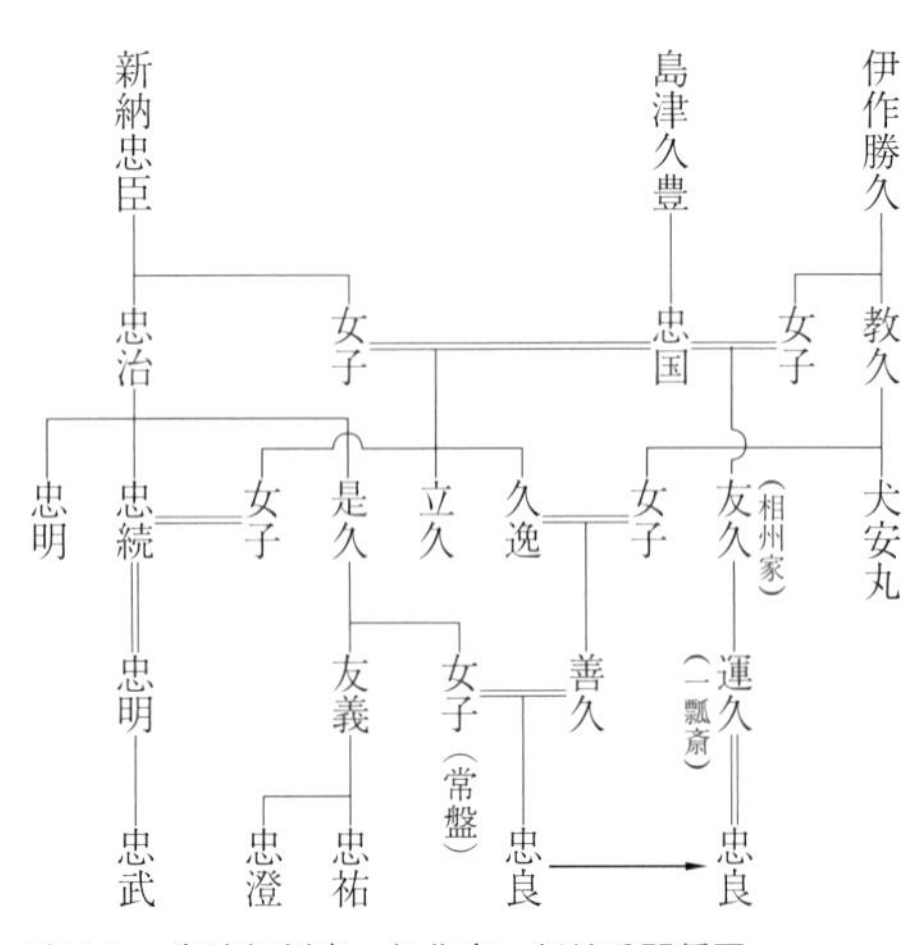

系図２　島津相州家・伊作家・新納氏関係図

での三献で、相州家は島津名字御一家の筆頭に挙げられている。

また、大永五・六年（一五二五・二六）以降に編纂された「年中行事等条々事書」には、御一家では「相州様御家」だけが奏者（本宗家当主への取次）を老中が勤めると記されている（小瀬玄士・二〇一二年）。そして、この御一家筆頭という地位は、一六世紀前半まで続いていった。この友久の長男が運久（一瓢斎、一四六八～一五三九）であり、その養嗣子となったのが、島津貴久の父忠良（日新斎）である。

伊作氏の血を引く相州家が御一家のなかで重きをなす一方、伊作氏そのものは存亡の危機にあった。同氏は、鎌倉初頭の分出以来、薩摩国伊作荘（日置市吹上町）を本拠とした。相州家友久の叔父教久は、宝徳三年（一四五一）一二月以前に亡くなったようであり、家督は幼い長男犬安丸が継いだ（伊作多宝寺鐘銘）。しかし、その犬安丸も長禄二年（一四五八）一二月に十六歳の若さで頓死し、家断絶の危機を迎える。伊作氏の家臣は、立久の同母弟亀房丸と犬安丸の妹を結婚させ、伊作氏を継がせることを請うたものの忠国に断られ、亀房丸を拉致して家督としたという（「支流系図」）。これが、伊作久逸

（一四四〇～一五〇〇）である。

しかし、島津立久は、家督を奪取した長禄三年ごろ、伊作久逸を伊作から国衆野辺氏の旧領、日向国櫛間院（宮崎県串間市）に移封する。同時期に、櫛間の北部飫肥院（同県日南市）には、立久の義兄新納忠続が移封されている。櫛間の本城湊、飫肥の油津・外之浦は、遣明船寄港地や琉球渡航船の船籍地として知られる天然の良港である。久逸にとっても新納忠続は従兄弟にあたり、両氏が連携して九州東海岸の海上交通を掌握することを期待したのだろう。実際、伊作久逸は新納忠続の弟是久の娘を嫡男善久の室に迎えている。そして、この二人の間に生まれたのが、島津貴久の父伊作忠良（日新斎）である。

2、戦国時代の到来

島津忠昌の家督継承と桜島大噴火

南九州三か国の戦国時代は、文明年間（一四六九～八七）、島津本宗家一一代当主島津忠昌（一四六三～一五〇八）の時期に始まる。

忠昌は、島津奥州家の全盛期を築いた立久の長男である（母は、御内梶原弘純の娘）。しかし、忠昌が誕生した寛正四年（一四六三）以前に、正室である島津薩州家用久の娘に男子が誕生しなかったた

島津忠昌像　鹿児島市・鶴嶺神社蔵

め、立久は用久の嫡男国久（立久室の弟）を養子とし、次期本宗家当主と定めていた。このため立久は、忠昌が五歳になると、薩摩国市来の龍雲寺に喝食（稚児、剃髪しない少年修行僧）として入れたという（前出「御当家始書」）。

自らの嫡男を喝食にせざるをえなかった背景には、薩摩国内に多くの所領を有し、守護家たる島津奥州家と肩を並べる勢力を有した島津薩州家への遠慮があったと見るべきであろう。隣国肥後南部の有力国衆相良氏に伝わる「相良氏山門知行以下由緒書」（『相良』一二二一号）には、次のような記述がある。

長禄二年戊寅之歳、薩摩一同ニテ、薩州ヲ屋形ニト被申合候時、島津忠政（ママ）ヨリ長続ニ被仰候分ハ、牛山ヲ長続ニ可被進之由、頻ニ被仰候

（意訳）長禄二年の歳、薩摩の領主が一同で、「薩州」を屋形に擁立すると申し合わせた際、島津忠政（詳細不明）から相良長続に対し、牛山（現在の伊佐市大口）を割譲したいとしきりに申し出があった。

長禄二年（一四五八）、薩摩の領主たちが結束して、「薩州」を「屋形」＝島津本宗家当主に擁立しようとする動きがあったようである。この「薩州」とは、薩摩国和泉（鹿児島県出水市）を本拠とす

る島津薩州家を指すと考えるのが妥当であり、前出の島津忠国の弟で薩州家初代用久あるいはその子国久のことであろう。当時、強権的な支配を進めていた守護島津忠国に代わって、薩州家を守護家として擁立しようとしたと思われる。しかし、薩州家用久は、翌長禄三年二月に急逝し、先述のように、島津立久が父忠国を隠居に追い込み、実質的に家督を相続する。おそらく、用久の長女を室に迎えたのもこの頃であり、次期当主に国久を迎えることで、薩州家との妥協が成立したのであろう。

　このように、島津立久による「平和」とは、島津薩州家との連携により成立したものであり、実子忠昌が誕生しても、これに家督を譲ることはできなかったのである。

　文明六年（一四七四）四月、島津立久が病没する（享年四三、「正統系図」）。立久生前の約束通りなら、薩州家の国久が家督を継ぐはずであったが、同年正月、病床の立久に対し、国久は喝食となっていた立久の嫡男を還俗させるべきと進言する。立久の嫡男は、同月二六日、奥州家居城の清水城（鹿児島市清水町）にて元服し、又三郎武久となのった。そして、立久の死没後、彼が島津本宗家家督を相続する。

　家督継承は平和裡に行われたものの、この前後、島津領国は未曾有の自然災害にみまわれていた。文明三年から同八年にかけての桜島大噴火である。この噴火では、桜島北東方向におびただしい降灰をもたらした。この直後の文明一〇年八月、大隅正八幡宮（霧島市隼人町）を訪れた薩南学派の祖・桂庵玄樹（一四二七〜一五〇八）は、漢詩集『島陰漁唱』に次のように記している（高津孝・岩川拓夫・二〇一一年）。

一九日、歴七里原、西南有一島、曰向島、文明丙申（八年）秋、火起焚島、烟雲簇也、塵灰散也、青茅之地忽変白沙堆、滄桑之嘆、不克蔑于懐、作是詩、（後略）

（意訳）十九日、七里の原を過ぎ、南西に一つの島がある。向島（桜島）という。文明丙申（八年）秋、火が起こり島を燃やした。噴煙があがり、灰が飛散した。草原の地は、たちまち白い砂が堆積し、激しい変化への嘆きは、気持ちを欺くことができず、この詩を作った。

噴火から二年経っても、広範囲に火山灰が堆積していたようである。このときの噴出物は、大隅国府周辺（霧島市）から、当時、庄内とよばれた都城盆地（宮崎県都城市）、そして遠くは宮崎平野にまで及び、「文明ボラ」とよばれる三〇～五〇センチにおよぶ地層を残している（ボラとは、火山噴出物に由来する軽石などの地層を示す方言）。

この火山被害は、農村の荒廃とそれにともなう生産力低下と政情不安・治安悪化を招いたと想像され、まさにこの噴火による被災地とみられる「文明ボラ」検出地点を中心に、争乱が勃発していく。

文明八・九年の争乱

文明八年（一四七六）正月ごろから「雑説（ぞうせつ）」（謀叛の噂）が広がり、二月に有力御一家による反乱が勃発する。

島津忠昌に反旗を翻したのは、島津薩州家国久、同豊州家季久（大隅国帖佐領主）、島津豊久（忠国末弟、日向庄内三俣下城領主）、相良為続（ためつぐ）（肥後人吉（ひとよし）国衆）、菱刈道秀（ひしかりみちひで）（氏重（うじしげ）、大隅菱刈国衆）、渋谷四ヶ所（入来院・祁答院・高城・東郷の四氏）らであった（「御当家始書」）。この反乱の詳細は割愛するが、主たる戦場は、薩州家の拠点のひとつ薩摩半島南部の加世田（南さつま市）、島津豊久の籠もる庄内北部（宮崎県都城市高城町）、薩摩国北部の牛山（伊佐市大口）、豊州家季久が侵攻した鹿児島・吉田、大隅国衙周辺地域（霧島市）であった。この反乱は、忠国・立久期に新たに領主となった島津氏御一家が中心であり、肥後・薩摩国境の有力国衆相良・菱刈両氏と結託したところに特徴がある。

享和二年（一八〇二）成立の『島津国史』は、反乱の原因を、相良為続が真幸院の北原貴兼を攻撃したのに乗じ、薩州家国久・豊州家季久が、北原氏・祁答院氏を討つことを守護家に提案するも却下されたためとするが、真相は不明である。ただ、その背景に、いったん島津忠昌の家督継承を認めたものの、桜島大噴火という大規模な災害の発生を受け、再び薩州家国久が主導権を握るべく蜂起した可能性、そして、島津立久期に守護支配の拠点として設定された直轄領を混乱に乗じて奪取しようとの意図もあろう。

実際、反乱側の中心である島津豊州家季久は、大隅国府周辺に侵攻し、守護直轄領の曽於郡城（霧島市国分重久）、奥州家老中の本田兼親の居城清水城（霧島市国分清水）を攻撃した。さらには、相良・菱刈両氏とともに肥後との国境の拠点である牛山の攻略を図り、文明八年九月、牛山の拠点長峯城が相良氏によって攻略されている（『相良』二三二号）。

島津氏「一家中」一揆

この争乱は、文明九年（一四七七）四月、守護島津忠昌と薩州家国久・豊州家忠廉（ただかど）（季久長男）を含む島津氏「一家中（いっかちゅう）」（有力御一家）一〇名との間で契状（けいじょう）（起請文）が取り交わされ、和睦が成立する（『島津』三三六号、『旧記前』二―一五一六号）。

この契状は、一条目で「武久（忠昌の初名）於一味同心可仰申事」（忠昌を皆が結束して守護として仰いでいくこと）、二条目で「一家中・御内・国方、可為無為無事事」と、一家中・御内（守護被官）・国方（国衆）の無為・無事を誓っている。一見、何気ない文言ではあるが、この争乱の本質をよく示している。つまり、この争乱は、反乱側が忠昌（武久）の家督継承を認めず、一部の御一家が国方（国衆）と結託して御内と対立したことに主たる原因があると、当事者間では認識されていたのであろう。そして、これを終息させるためには、有力御一家が「一家中」として結束する必要があったのであろう。

しかし、この「一家中」一揆の成立は、島津立久期に拡大した老中を中心とした御内（守護被官）勢力との対立を激化させ、あくまでも「一家中」を中心とした領国運営を、守護島津忠昌に要求するようになる。こうした方向性が如実に表れたのが、文明一二年一〇月に「一家中」（相州家友久・薩州家国久・伊作久逸・豊州家忠廉・佐多忠山・新納忠続）と島津忠昌との間で取り交わされた契状である（「一家中」契状は『旧記前』二―一五三六号、忠昌契状は『島津』一四二二号）。

この契状の内容については、さまざまな評価があるが（福島金治・一九八八年、久留島典子・二〇〇一年、拙著・二〇一五年）、ここで注目したいのは、守護忠昌と「一家中」との関係についての規定である。「一家中」契状では、冒頭で忠昌を守護として敬い、これに従うことを誓いながら、他の箇条では、「談合」による多数決方式での政策決定を明記し、忠昌の強権発動を牽制している。これに対する島津忠昌の契状は、「一家中」の要求に従う内容となっている。すなわち、大小にかかわらず、「一家中」に相談せずに決めることはしないと誓うとともに、とくに島津氏としての政策決定については、先例を守り、「一家中」に相談の上判断することを誓っている。さらに、一家親類・国衆（国方）・御内（内之者）で道理に背く者がいた場合、何度も説得し、それでも承引しないようであれば、「一家中」に相談して対応することを誓っている。

このふたつの契状から、「一家中」が忠昌に要求した〝島津領国のかたち〟が見えてくる。つまり、守護＝島津本宗家当主による専断権停止であり、「一家中」による「談合」を最高議決機関とするという方針である。これは、島津忠国・立久と二代にわたって続いた、強権的な政策（敵対御一家・国衆の討伐）と守護権力の強化という方針の全否定に他ならず、守護島津忠昌に大きな政策転換を迫るものであった。特に、「非儀（ひぎ）」の御一家・国衆・御内に対する強権発動の制限は、守護本来の権限である軍事指揮権そのものの制限であり、守護被官である御内への強権発動の制限は、主従制に基づく成敗権そのものの制限でもあった。

「一家中」一揆がめざしたのは、島津忠昌を「超越した権威」（久留島典子・二〇〇一年）として擁立し、権力を守護に集中させることではなく、守護家（奥州家）当主を一種の〝象徴〟として擁し、「一家中」による「談合」を事実上の最高意思決定機関とする、〝ゆるやかな連合体〟としての「島津家」であったのだろう。

文明一六・一七年の争乱と戦後処理

先の御一家を中心とする争乱を終息させるため、自らの権限の大幅な制限を受け入れざるをえなかった島津忠昌であったが、わずか数年で再び争乱が勃発する。

ことの発端は、日向南部の海上交通支配を期待された、飫肥（おび）の新納忠続と櫛間の伊作久逸、ふたりの対立にあった。文明一六年（一四八四）一〇月、新納氏が守護島津忠昌に伊作氏の移封を申し入れたのに対し、伊作久逸が反発。久逸は、あろうことか島津氏の宿敵である日向国山東（宮崎平野）の伊東祐堯・祐国（すけくに）父子に支援を求め、同年一一月末、伊東祐国は新納忠続の居城飫肥城（宮崎県日南市楠原）を包囲するに至る。この対外的危機に加えて、領国内でも複数の御一家・国衆が再び守護家に反旗を翻し、大規模な争乱となった。反守護方の中心は今回も島津豊州家で、同家忠廉とその弟加治木満久に、菱刈氏、東郷氏、入来院氏、吉田氏ら薩隅国境付近の領主が同調したとされる（「薩隅日内乱記」、「文明記」）。

ただ、この争乱は、文明一六年末に飫肥救援のため飫肥に出陣した島津豊久（三俣下城城主）、御内末弘忠直（ただなお）らが戦死して、伊東氏の飫肥攻略が現実味を帯びるなかで和睦の機運が高まり、翌文明一七年五月、肥後人吉の相良為続・長輔（ながすけ）（長毎（ながつね））父子と島津薩州家国久の仲介により、守護島津忠昌と豊州家忠廉の和睦が成立する。

同年六月、病により竹田法印昭慶の治療を受けていた島津忠昌は、自ら日向国末吉（曽於市末吉町）に出陣し、飫肥の新納氏救援に乗り出す。島津薩州家・豊州家・樺山氏・北郷氏ら御一家、肝付氏・祢寝氏・種子島氏ら大隅の国衆、そして老中村田経安ら御内勢が飫肥城の後巻（後詰め）に出陣し、六月二一日、飫肥城近郊の楠原にて伊東祐国・伊作久逸連合軍と合戦に至る。この戦いは双方共に多くの死傷者を出したが、伊東勢は当主祐国が戦死し、島津勢の勝利に終わる（『日向記』）。なお、この戦いで、新納氏一族でありながら伊作方に組みした新納是久（伊作善久室常盤の父、島津忠良祖父）も戦死している。

飫肥での合戦後、戦後処理がおこなわれた。争乱の原因となった伊作久逸は、旧領の薩摩国伊作（日置市吹上町）に戻され、飫肥の新納忠続も志布志に戻り、飫肥の替地として、守護直轄領・御内領であった末吉・財部・救仁郷を宛行われた（「支流系図」）。両氏の旧領である「日向国飫肥院南北一円・同櫛間院一円」は、文明一八年一〇月一九日、島津豊州家忠廉に宛行われ、大隅帖佐から移封となった（『旧記前』二―一六五四）。

これらの所領替えで注目されるのは、守護忠昌に反旗を翻した伊作氏、豊州家ともに滅ぼされることなく、移封となっている点である。特に、文明年間に二度にわたって蜂起した島津豊州家の移封先は、先述のように東九州海上交通の要衝で、遣明船の利権で潤う要港を抱えており、懲罰とは思えない。やはり、先の「一家中」一揆が申し入れたように、守護忠昌の強権発動が制限され、「一家中」の「談合」により手打ちとなったのであろう。

加えて、一連の争乱の過程で、立久期に設定された守護直轄領が大きく縮減したことも指摘しておきたい。文明八年九月には、肥後人吉の相良為続が、薩州家国久・豊州家季久の要請により、守護直轄領だった薩摩国牛山（伊佐市大口）を攻略し、以後、二十数年にわたって同地を支配している（『相良』三一九号）。同年六月には、日向国安永（やすなが）の北郷義久が、旧領で守護直轄領となっていた都城（宮崎県都城市）に復帰している（「支流系図」）。そして、文明一六・一七年の争乱後には、日向・大隅の国境付近の守護直轄領末吉・財部が新納氏に割譲されている（拙稿二〇一六年）。これにより、薩摩北部、そして庄内（都城盆地）南部の守護支配は大きく後退し、単に経済基盤の縮減だけでなく、守護権威そのものの低下を印象づけたであろう。

3、島津忠昌の自害と「三州大乱」

明応の争乱

明応三年（一四九四）夏、守護島津忠昌は、大隅国南部の国衆肝付兼氏（かねうじ）討伐に乗りだし、同氏の本拠高山（こうやま）城（肝属郡肝付町）を包囲する。

討伐の理由は不明だが、肝付領の北側には、鹿屋氏ら御内領が広がっており、あるいはこれらの所領をめぐって争いが生じていたのかもしれない。ただ、この軍事行動は、文明一二年（一四八〇）

一〇月に約諾した、「一家中」への相談なしに行われたようである。肝付氏と重縁を結んでいた日向国志布志の新納忠武（当主忠武の姪は肝付兼久の母、忠武の弟忠時の室は肝付兼久妹）は、義父の北郷数久（日向都城領主）、薩摩国衆祁答院重度（重慶）、大隅国衆祢寝茂清、日向西部の国衆北原兼蔵と結託して、守護に反旗を翻した（『旧記前』二―一七三〇）。

新納・北郷両氏は、庄内南部の守護方最後の拠点梅北城（領主は島津忠徳、宮崎県都城市梅北町）や、大隅国百引（鹿屋市輝北町）を、祁答院氏は守護直轄領だった大隅国蒲生城（姶良市蒲生町）を攻撃するなどして、またたくまに領国全体の争乱に発展していった。加えて、日向山東の伊東尹祐（一四六八～一五二三、飫肥で戦死した伊東祐国の長男）は、叔父伊東祐夏を庄内に派兵し、庄内北部最後の守護直轄領である三俣高城を攻撃するに至る。守護島津忠昌は、義父で豊後守護の大友政親に和睦の仲介を依頼し、翌明応四年一一月、忠昌は伊東尹祐に「三俣千町」を割譲することで和睦する（『日向記』）。これより先に、梅北城の島津忠徳は降伏・下城しており、守護島津氏は庄内の拠点をすべて失うこととなった。

この争乱において、島津忠昌は一部の御一家を敵に回しただけでなく、被官である御内とも対立したようであり、明応四年四月には、島津豊州家忠朝に命じて老中平田兼宗の本拠串良城（鹿屋市串良町）を攻撃させており（『旧記前』二―一七三四）、同年七月には、老中村田経安を謀殺している（『本藩人物誌』）。

この時期になると、御一家・国衆は守護島津氏の意向より、彼ら自身の地縁的・血縁的関係を重視

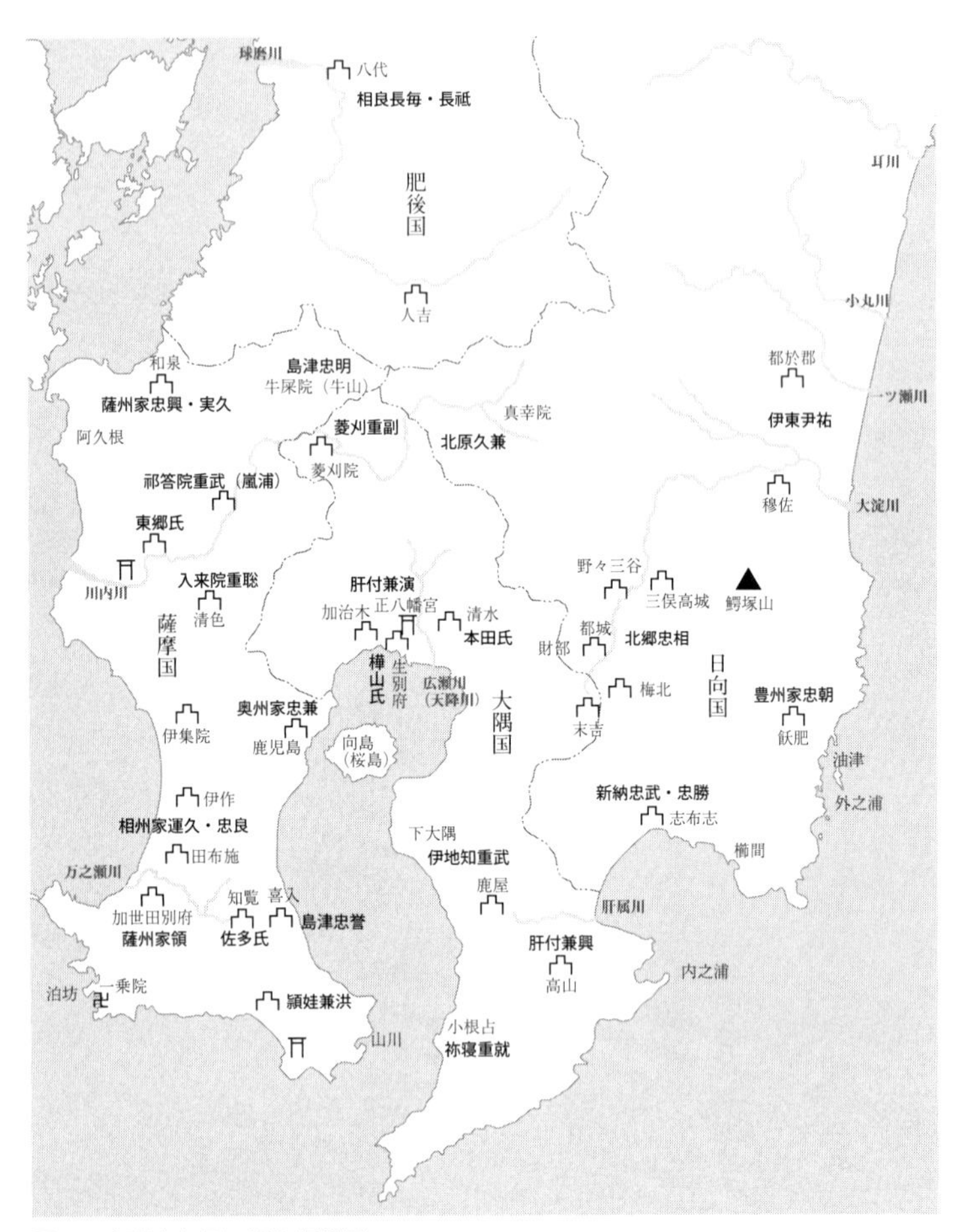

図１　文明末年頃の領主配置図

して行動した。しかも、ひとたび守護家への反乱が起きると、広域的な連携が表面化し、守護支配の拠点が蚕食(さんしょく)されていった。加えて、守護家を支える御内と島津忠昌の対立も表面化し、急速に守護島津氏＝島津奥州家は弱体化していったのである。

島津忠昌の自害と三州大乱

守護家の弱体化に対し、島津忠昌は軍事力の行使による守護権威の回復を図ろうとするが、それがかえって彼を追いつめていった。永正三年（一五〇六）八月、忠昌は再び肝付兼久討伐のため大隅に出陣するが、またも新納忠武が肝付氏支援にまわり、同年一〇月、忠昌は撤退を余儀なくされる。居城である清水城(しみず)（鹿児島市稲荷町）に戻った忠昌は、邸内に引きこもるようになり、「衆眼(しゅうがん)を恥じ、心憤胸を塞(ふさ)ぎ、朧気霽(おぼろげは)れず」と、現代の鬱に近い症状を呈するようになる（「正統系図」）。そして、永正五年二月一五日の夜半、柱にもたれ座ったまま自害したという（『旧記前』二―一八一二）。享年四六。現在まで続く島津本宗家歴代当主の内、自害して果てたのは彼一人のみである。守護島津氏の権威低下と領国支配の行き詰まりを象徴する出来事であった。

忠昌の没後は、長男忠治(ただはる)（一四八九～一五一五、母は大友政親の娘）が本宗家家督を継承する。享和二年（一八〇二）成立の山本正誼(やまもとまさよし)著『島津国史』は、忠治の家督継承二年後の永正七年条に、「福昌寺年代記」（原本未確認）を典拠として「是歳薩隅日三州大乱」とする。島津領国はこれ以降、慢性的争乱状態に突入していったのである。忠治は、永正一二年八月、二七歳の若さで没する（「正統系図」）。

その跡は、忠治の同母弟・忠隆（一四九七～一五一九）が継ぐものの、同一六年四月に「疱瘡」にかかり、二三歳の若さで没する（「正統系図」）。そして、その跡を継いだのが、忠治・忠隆の同母弟で、薩摩国南部の国衆頴娃兼心の養嗣子となっていた忠兼（のちの勝久、一五〇三～一五七三）である。この忠兼の代で、島津奥州家による領国支配は終焉をむかえる。

4、島津相州家忠良の台頭と貴久の誕生

伊作忠良の誕生と相州家継承

島津貴久の実父であり、現在でも多くの鹿児島県民にとって尊崇の対象となっている〝日新公〟こと島津忠良（愚谷軒日新斎）は、明応元年（一四九二）九月二三日、伊作勝久の長男として誕生した。母は、「常盤」として知られる新納是久の娘である。

忠良（幼名菊三郎）は、幼いときから不幸が続き、明応三年四月、忠良の父善久が奴僕によって殺害された（享年二七）。祖父の久逸は、それから六年後の明応九年、島津薩州家忠興（国久嫡男）と同家忠福（加世田別府城主）の争いに介入し、加世田を包囲する忠興勢と交戦するに至る。忠良の姉婿・島津昌久が忠福の兄であったためといい、同年一一月一一日、久逸はこの合戦で討ち死にしてしまう（享年六一、「正統系図」）。

この伊作氏断絶の危機に際し、同氏の血を引く島津相州家運久（ゆきひさ）（初名忠幸（ただゆき）、一四六八～一五三九）は、忠良の母（常盤）を妻に迎えたいと申し出たという。なお、宝暦八年（一七五八）成立の得能通昭著『西藩野史（せいはんやし）』は、「運久、常盤殿の美なる事聞きて、迎えて夫人とせんと云」と、常盤美女説を採るが、その典拠は不明である。「正統系図」によると、常盤は「貞節」を守ってこの申し出を固辞するが、子息菊三郎の将来と伊作家の存続を考え、菊三郎を伊作・相州両家の「棟梁（とうりょう）」とすることを条件に、運久への再嫁を承諾したという。

島津相州家運久とみられる武将像　東京大学史料編纂所蔵

常盤再嫁の経緯は、忠良の神格化と同時に常盤の〝良妻賢母〟ぶりを強調するため、近世に入って話に尾ひれが付いたようなきらいがあり、同時代の史料では確認できない。〝貞節を守って再嫁を固辞〟というのも、儒教的価値観が定着する近世に入ってから創作されたものであろう。

「於加世田河州様（久逸）御討死事」で始まる、（文亀元年〈一五〇一ヵ〉一〇月一七日付島津忠弘（ただひろ）（喜入領主、？～一五〇四）書状は、伊作氏の重臣三原殿（重家（しげいえ）ヵ）に対し、「兼三郎（菊ヵ）殿身上」などを心配して送られたものであり、「能々御思案候て、知音之方々御談合肝要候」とアドバイスしている（『島津』六〇三号）。先述のように、島津相州家は伊作氏の血を引く御一家筆頭であり、所領も伊作氏の旧領田布施である。運久は伊作久逸の甥、善久の従兄弟にあたり、幼い忠良の後見としては最もふさわしい親族である。おそらくは、相州家運久と三原氏ら伊作氏重臣らの「談合」により、常盤の再嫁と忠良の養子入りが決まったのであろう。

島津貴久の誕生とその背景

永正一〇年（一五一三）八月、島津相州家運久は坊津智徳院への売券で「一瓢」と名乗っており、これ以前に出家したことがわかる（旧記前二―一八四二号）。このとき、養子忠良は二十二歳で、この時点ですでに、母常盤が運久と約束したとおり、忠良は伊作・相州両家の家督を相続していた可能性が高い。まさに「三州大乱」勃発の直後、島津忠良は、伊作から田布施・阿多・高橋にかけての薩摩半島西岸にひろがる所領と、島津氏御一家筆頭の家格を誇る島津相州家当主の立場を獲得していたのである。

この翌年、永正一一年五月五日、島津忠良の長男虎寿丸、のちの貴久が誕生する（「正統系図」）。誕生地は、相州家の居城である田布施城（亀ヶ城、南さつま市金峰町尾下）という（『三国名勝図会』）。母は、島津薩州家成久（重久）の娘・御東（?～一五六六）である（「支流系図」）。

ここで注目したいのは、相州家忠良の正室がのちに同家最大のライバルとなる薩州家の出身であり、貴久の実母であるという点である。この時点では、相州・薩州両家は姻戚関係にあり、良好な関係を築いていたとみられる。ここで、両家の関係を整理しておく必要があろう。

「一家中」一揆の構成員は、単に島津氏の一族というだけでなく、御一家どうし、あるいは近隣国衆・御内と婚姻関係を重層的に結び、連携を深めていた。明応三年（一四九四）、永正三年と二度にわたる守護島津忠昌の肝付氏攻めに際し、新納・北郷両氏が守護に反旗を翻して肝付氏支援にまわったのも、婚姻関係に基づく同盟を優先したために他ならない。「一家中」一揆による守護の専断権・成敗権制限は、守護の調停能力を低下させたとみられる。代わって、御一家・国衆らは、網の目のように婚姻関係を結ぶことで、新たな地域秩序の構築を図った（拙著二〇一五年）。

島津薩州家は、先述のように薩摩国北部と薩摩半島南部にそれぞれ所領を有しており、初代用久以来、島津氏領国内各地の御一家・国衆と婚姻関係を結んでいる。とくに、用久の孫成久（重久、？〜一五三六）とその子忠興（一四八六〜一五二五）は、室を有力御一家・国衆から迎え、娘を各地域のキーパーソンに送り込み、効果的な婚姻関係を構築することに成功している。正室を豊後大友氏から迎え、娘が生まれなかった守護島津忠昌とは対照的である。

大中公（貴久）誕生之地碑　鹿児島県南さつま市

成久は、島津豊州家忠廉の娘を室としており、その長女・御東は島津相州家忠良に嫁いで、永

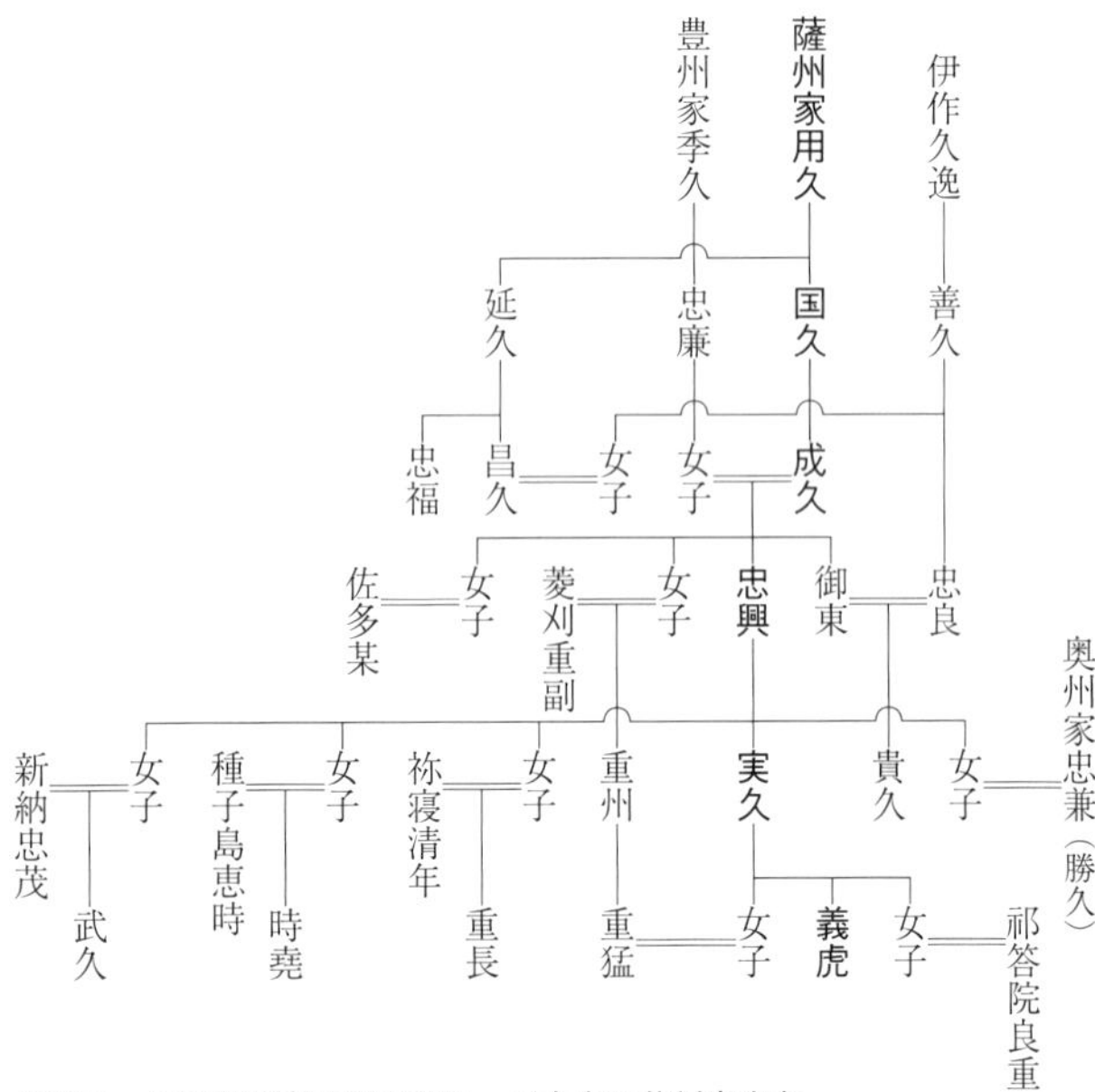

系図３　島津薩州家婚姻関係図　※太字は薩州家当主

正八年に二人の娘、さらに貴久・忠将（一五二〇～六一）兄弟を生み、二女は孫薩州家実久（一五一二～五三）の室となって嫡男義虎（一五三六～八五）を生み、三女は菱刈重副の室となって次期当主重州を生み、四女は薩摩半島知覧（南九州市知覧町）の御一家佐多氏に嫁いでいる。

忠興は、相良氏の娘を室としていたようであり（『本藩人物誌』）、長女は島津本宗家忠兼（のちの勝久）の室となり、二女は大隅南端の国衆祢寝清年の室となって長男重長（一五三六～八〇）を生み、三女は種子島恵時（一五〇三～六七）の室となって、鉄砲伝来時の当主時堯（一五二八～七九）を生み、四女は日向南部の御一家新納忠茂の室となっている。

大隅北端の菱刈氏から薩摩半島の相州家、

佐多氏、大隅南端の祢寝氏、種子島氏、日向の新納氏まで各地の有力者に嫁ぎ、その多くが次期当主を生んでいる。島津薩州家は各領主の外戚として、一六世紀前半の島津領国全域に影響力をもっていたということになろう。

島津忠良の祖父伊作久逸は、薩州家と婚姻関係を結ぶものの、同家の内訌に巻き込まれて命を落としたが、忠良の養父相州家運久は、御東を嫁に迎えることで、少なくとも一六世紀初頭の段階では、薩州家との連携を図ろうとしていたとみられる。

永正一七年の四か国国衆同盟

永正一六年（一五一九）、兄の死去にともない島津忠兼が家督を相続した頃、日向国では伊東尹祐（ただすけ）（一四六八～一五二三）と北原久兼（日向国真幸院（まさきいん）の国衆）が連携して庄内（都城盆地）に侵攻し、大隅国衙近くの曽於郡（そのこおり）（霧島市国分重久）では、新納忠武の支援を受けた守護被官伊集院（いじゅういん）尾張守が謀反を起こすなど、「三州大乱」が混迷の度合いを深めていた。

そんななか、永正一七年二月から三月にかけて、北原久兼、大隅北部の国衆菱刈重副、薩摩北部の国衆祁答院嵐浦（らんぽ）（重武、？～一五三八）、肥後宇土（うと）の国衆名和武顕（なわたけあき）の四人それぞれから、大隅高山の国衆肝付兼興（かねおき）（一四九二～一五三三）に宛てた書状が残っている（『旧記前』二―一九九八・二〇〇四・二〇〇五・二一六二）。

彼ら三人は、これ以前から緊密に連携をとっており、名和武顕の室は肝付兼興の妹である（「肝属

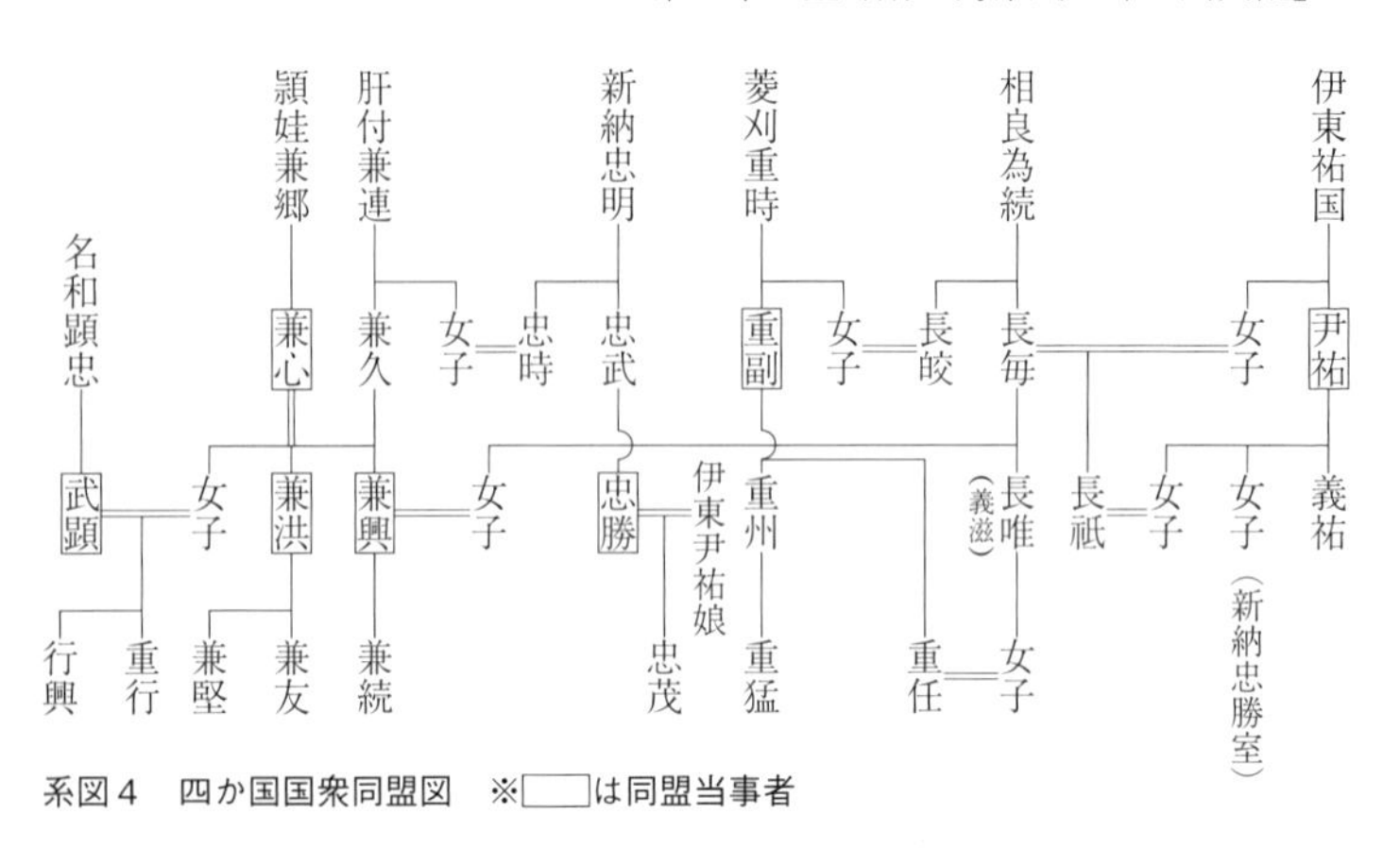

系図４　四か国国衆同盟図　※□は同盟当事者

氏系図文書写」所収「伴家系図」）。なお、肝付兼興の室は、名和氏の宿敵であった肥後南部の国衆相良長毎の娘で、肝付兼興の妹は相良長毎の猶子として名和氏に嫁いでいる。相良長毎の弟長晈の室は、菱刈重副の妹である。また、肝付氏と新納氏は先述のように姻戚関係にあり、北原久兼の書状によると、同氏は新納忠勝と連携して日向庄内の北郷忠相領への進攻を企んでいる。さらに、新納忠勝の室は伊東尹祐の娘で、永正七年には嫡男忠茂を生んでいる（「支流系図」）。加えて、伊東尹祐の妹は前出相良長毎の室となっている。

　婚姻関係を軸に、薩摩・大隅・日向・肥後の有力国衆・御一家である、伊東・北原・新納・相良・名和・祁答院・肝付の七氏が連携していることがうかがえる。彼らは、それぞれが抱える近隣国衆との紛争に対し、和睦の仲介を買って出るなどして、この連携を軸とした地域秩序の構築を模索していたとみられる。

　そして、注目されるのは、この四通の書状のうち、祁答院嵐浦から肝付兼興宛て書状（『旧記前』二―二〇〇四）に見える次の記述である。

（前略）

一、金吾江連々被仰合候由承候、近来可然候、

一、初千代殿様へ御音書之通承候、是又肝要存候、

一、鹿児島辺之躰者、当時相聞候分者、其方偏御誘候之由、申散候、新納殿其方御隔心被相成候由可然之由、御校量共候なる、定被聞召及候らん、（後略）

最初の箇条の「金吾」（衛門府の唐名）とは、島津三郎左衛門尉こと島津相州家忠良（二九歳）のことであり、次の箇条の「初千代殿」とは、島津薩州家忠興の嫡男実久（八歳）の幼名である。相州家・薩州家という二大有力御一家への肝付氏の接近を、祁答院氏は「近来可レ然」、「肝要」と評価していることは注目に値しよう。その一方で最後の箇条では、「鹿児島辺」すなわち守護島津忠兼が、肝付兼興をしきりに「御誘」しており、新納氏との「隔心」を謀ろうとしていると、警戒感をあらわにしている。

この記述から、四か国にまたがる国衆同盟のスタンスが見えてくる。彼らは、守護島津氏（奥州家）を相対化して、彼らを中心とする新たな地域秩序の構築を目指しつつも、島津相州家、薩州家といった「一家中」との関係悪化は望まない。あるいは、彼らとの連携も模索していたとみられる。こうした、守護を相対化する国をまたぐ大同盟の存在も興味深いが、彼らの連携相手、すなわち島津奥州家に代わるパートナーとして、島津相州家と薩州家が名指しされていることは、こののち、両家が

守護家の座を争っていくことを考えたとき、注目に値しよう。

　文明年間の争乱の過程で、経済的基盤たる直轄領と直臣層を大きく縮減された守護島津氏は、「一家中」一揆による縛りもあいまって、永正年間に始まる「三州争乱」に対し、何ら有効な対策を打てないでいた。こうした状況を落ち着かせたい祁答院氏や肝付氏らは、肥後南部や日向山東の有力国衆を含み込む大きな連携により、新たな地域秩序の構築を目指していた。その完成のためには、当時、良好な関係にあった有力御一家の島津相州・薩州両家との連携が不可欠であり、とくに島津領国内各地の有力者と姻戚関係にあった薩州家忠興との連携は、守護島津忠兼の掣肘（せいちゅう）という意味でも大きな意味を持ったのであろう。

四か国同盟の崩壊

　有力国衆らが、島津相州・薩州両家を巻き込む形での同盟は、南九州における新たな秩序構築を目指しつつも、日向国庄内（都城盆地）では大きな軋轢（あつれき）を生んだ。北原久兼は、日向国山東の伊東尹祐と連携して庄内への本格侵攻を開始し、南北朝末期以来、庄内で隠然たる勢力を誇った樺山（かばやま）氏への圧力を強め、永正一八年（一五二一）五月、樺山長久（ながひさ）・広久（ひろひさ）（信久（のぶひさ））父子は、本拠野々三谷（ののみたに）（宮崎県都城市野々美谷町）から大隅国堅利小田（かたしりおだ）（霧島市隼人町）への退去を余儀なくされている（「支流系図」）。その後は、都城を本拠とする北郷忠相（ほんごうただすけ）（一四八七～一五五九）が、北原・伊東連合軍とこれと結ぶ新納忠勝に包囲され、孤軍奮闘していた。

北郷忠相と義兄弟の関係にある島津豊州家忠朝（ただとも）（忠相室は忠朝妹、忠朝室は忠相姉）は、のちに寧波（ニンポー）の乱を起こすことになる大永度遣明船の準備に対応しており、大内・細川両氏から遣明船警固や遣明船の建造依頼を受けていた（小葉田淳・一九四一年）。前回の永正度遣明船帰朝時の混乱収拾で豊後大友氏に貸しのある豊州家忠朝は、大友親敦（ちかあつ）（義鑑（よしあき））に和睦の仲介を依頼し、伊東尹祐の庄内進攻を食い止めようとしたが（『旧記前』二―一九五七・一九五八）、その後断続的に続いた和睦交渉は、伊東氏優位に戦況が進んだこともあり、なかなかまとまらなかった。

大永元年（一五二一）八月には、肝付兼興と豊州家忠朝の交戦も始まり（『本藩人物誌』）、同三年一一月には、伊東尹祐の娘婿新納忠勝が豊州家領に侵攻する事態に至っている（『旧記前』二―一九八五）。これは、伊東尹祐の軍事行動と軌を一にするものであり、同月、伊東尹祐・祐充（すけみつ）父子は、山東から庄内に大軍を率いて出陣し、北郷氏の支城となった野々三谷城を包囲するに至る（『旧記前』二―一九八六、『日向記』）。

しかし、この北郷氏・豊州家の危機は思わぬ形で回避される。同月一八日、総大将伊東尹祐が、野々三谷城近くの陣中で頓死したのである（享年五三、『日向記』）。一説には、北郷氏配下の兵道者（へいどうしゃ）による調伏（ちょうぶく）のためという（『本藩人物誌』）。翌月一〇日には、尹祐を補佐していた弟伊東祐梁も陣没し、伊東勢は庄内からの撤退を余儀なくされる。

こうして、四か国同盟の目的のひとつである庄内制圧が失敗に終わると、彼らの結束も崩れ始める。翌大永四年五月には、伊東尹祐の長男祐充（すけみつ）と北郷忠相の間で和睦が成立し（『日向記』）、その後、忠相の娘が祐充に嫁ぎ、同盟が成立している（「支流系図」）。さらに同年九月には、島津豊州家忠朝・新納忠勝・北郷忠相の間で和睦が成立し、庄内の危機は当面回避されるに至った。

この間、大永三年一二月には、北郷氏等救援の目的か、あるいは曽於郡での謀叛支援への報復のためか、守護島津忠兼は老中伊地知重周（いじちしげちか）を新納忠勝討伐に向かわせる。しかし、日向国槻野（つきの）（曽於市大隅町月野）の合戦で守護勢は大敗を喫し、伊地知重周も討ち死にしている（『旧記前』二―一九九〇～一九九二）。

槻野の戦いの戦死者を葬った「伊屋松千人塚」　鹿児島県曽於市

一五二〇年代中頃、南九州は新たな地域秩序形成を目指す四か国同盟が崩壊しつつも、守護島津氏＝島津奥州家の勢力回復もままならない、権力の空白状態にあったとみられる。

そして、まさにこの時期に、島津奥州家忠兼（勝久）から島津相州家貴久への〝家督譲与〟が実施されるのである。

第二章　島津本宗家家督の継承戦争

1、奥州家忠兼から島津貴久への家督移行――近世の認識

近世編纂物が記す家督移行と悔返

大永六年（一五二六）から翌七年にかけて、島津貴久（虎寿丸、一三～一四歳）は、島津本宗家＝奥州家忠兼（のちの勝久）の養嗣子となり、薩隅日三か国守護職を譲与される。しかし、その直後に忠兼は島津薩州家実久（一五一二～五三）と結託し、守護職譲与を悔返し、守護に復帰したとされる。

近世から近代初頭にかけて薩摩藩・島津家によって編纂された家譜・編纂物が、一連の過程と経緯についてどのように記述しているかを整理したのが、次の表1である。

①島津久通著『島津世録記』

薩摩藩二代藩主島津光久の家老島津久通（宮之城島津家当主、一六〇五～七四）が、慶安元年（一六四八）に記したもので、島津貴久の家督継承の経緯から寛永二〇年（一六四三）までの島津本宗家歴代の事蹟を記したもの。

大永六年初秋、「不学無道」で政事を顧みない奥州家忠兼の治世が長くないとみた薩州家実久

	史料名 成立時期	契機	忠兼・実久の対立時期	虎寿丸の鹿児島入部	虎寿丸の元服時期	忠兼から貴久への「守護職」譲与時期	忠兼の隠居・剃髪、忠良の剃髪	忠兼の変心、実久の挙兵	奥州家忠兼の鹿児島復帰
	「貴久記」 ※17世紀初頭	本宗家忠兼と薩州家実久の「不会」（不快？）により、忠兼と忠良が盟約。	大永6年（1526）初秋（7月）の頃	大永6年11月18日	記述なし	※天文14年（1545）の記事に、既に「守護之位」を譲られていたが、未だ「守護」と称しなかったとする。	大永7年3月中旬隠居の意向。4月15日、伊作に入り、その後遁世。忠良鹿児島にて剃髪。	大永7年5月11日、忠良鹿児島入港の際、忠兼の変心を知る。	大永7年6月26日、実久の奔走による。
①	『島津世禄記』 ※慶安元年（1648）	薩州家実久が継子を望んで本宗家忠兼と対立。忠兼が忠良に「国家安全之政」、次いで「国政」を託し「堅盟」を結ぶ。	大永6年（1526）初秋（7月）	大永6年11月18日	大永6年11月27日	大永6年11月27日、「位」を虎寿丸に禅譲すると同時に虎寿丸元服。	大永7年3月中旬隠居の意向。4月16日、伊作に入る。同29日、忠兼・忠良ともに剃髪。	大永7年5月7日以降、忠兼と実久が忠良領の日置・伊集院の城を攻撃。	時期不詳。薩州家実久、忠兼に請いて鹿児島に戻す。
②	「新編島津氏世録正統系図」 ※明暦3年（1657）～明治初頭	薩州家実久が本宗家忠兼に背いたため、忠兼が忠良に「国家安全之政」を託し、盟約。	大永6年（1526）初秋（7月）以降	大永6年11月18日	大永6年11月27日	忠兼の項：大永7年4月15日、貴久の項：大永6年11月27日（元服と同時）	大永7年4月15日鹿児島退去、翌日伊作に隠居。同29日に剃髪。	忠兼、実久の偽謀により変心。大永7年6月11日、実久挙兵。	大永7年6月26日、実久の奔走による。
③	『西藩野史』 ※宝暦8年（1758）	本宗家忠兼が義兄薩州家実久に「謀叛」。忠兼が忠良に賊を討つよう命じる。	大永6年（1526）11月以前	大永6年11月7日以降 ※明記せず	大永6年11月 ※明記せず	大永7年4月	大永7年4月15日鹿児島退去、翌日伊作に隠居。同29日に剃髪。忠良も剃髪し「愚谷軒日新斎」と号す。	実久、忠兼を説得。忠兼、実久に忠良追討を命じる。大永6月11日、実久伊集院を攻略。	大永7年6月21日
④	『島津世家』 ※明和3年（1766）	薩州家実久が本宗家忠兼の養嗣子になろうとして両者が対立。忠兼が忠良に「委任国政」。	大永6年（1526）秋以前	大永7年4月	大永7年4月	大永7年4月	※忠兼の剃髪について記すが、時期を明記せず	実久、川上忠克を派遣して忠兼を鹿児島に還し「守護位」に復す。実久、出水から出兵し、伊集院・日置を攻略。	大永7年6月
⑤	『島津国史』 ※享和2年（1802）	本宗家忠兼、義兄の薩州家実久に国政を任せていたが、嗣子を望んで対立。忠兼が忠良に国政を託す。	記述なし	大永6年11月18日	大永6年11月27日	大永6年11月27日	記述なし	大永6月、川上忠克を派遣して忠兼の守護職復帰を求める。同月11日、伊集院を攻略。	大永7年6月21日
⑥	「島津氏正統系図」 ※明治初頭	薩州家実久が本宗家忠兼に謀叛。忠兼、忠良に国政を委任。	大永6年（1526）初秋	記述なし	大永6年11月27日	大永6年11月27日（元服と同時）	大永7年4月15日、伊作に隠居。	記述なし	大永7年6月26日

表１　島津貴久家督継承記載の比較

は、自身を「継子(継嗣)」とするよう忠兼に要求する。このため両者の関係は悪化し、忠兼が相州家忠良に薩摩国南郷（日置市吹上町）を与えて「国家安全之政」への協力を求める。さらに同年一一月五日、忠兼は伊集院に赴き、同国日置（日置市日吉町日置）を与えて「国政」を委任するに至る。翌々日、忠兼が鹿児島に帰還するに際し、忠良が随行して「国政」委任の「堅盟」が成立したという。同月一二日、忠兼は忠良の嫡男虎寿丸を養子に迎えたいと要請。忠良は再三固辞したが、君命を断り切れず、同月一八日に虎寿丸を伴い鹿児島に入る。同月二七日、忠兼は虎寿丸に「位」を譲り、又三郎貴久と称した。同年一二月には、薩州家実久に属して謀叛を起こした大隅国帖佐城主辺川(へがわ)筑前守（忠直）を忠良が討ち、同月一二日、忠良は伊集院を与えられる。

翌大永七年三月中旬、忠兼は、福昌寺一三世住持・大鷹宗俊(だいおうそうしゅん)を忠良に遣わして隠居の意向を示し、忠良は伊作を隠居地として譲る。四月一六日、忠兼は伊作に移り、同月二九日には剃髪する。忠良も鹿児島で剃髪し、「日新(じっしん)」と号したという。同年五月六日、忠良は謀反を起こした島津昌久・伊地知周防介父子（重貞(しげさだ)・重兼(しげかね)）を討つために加治木に出陣し、翌日これを平定する。その後、忠良は鹿児島戸柱(とばしら)（鹿児島市春日町）に入港するが、そこで隠居していた奥州家忠兼が、薩州家実久と連携して日置・伊集院を攻めているとの情報を得、そのまま本拠田布施に撤退する。その後、薩州家実久は忠兼を奉じ、再び鹿児島に帰還させたという。

大永六年一一月二七日、奥州家忠兼が虎寿丸に「位」を譲り元服させたとあるが、この「位」が守護職を指すのかどうかははっきりせず、翌年四月の「隠居」と伊作退去との関係もよくわからない。この曖昧さは、次の②に引き継がれる。

②「新編島津氏世録正統系図」（東京大学史料編纂所蔵）

この系図（家譜）は、明暦三年（一六五七）成立の「島津氏世録正統系図」（『旧記雑録』には、「〇〇公旧譜」と記される、原本未確認）をベースに、一七世紀末から明治期までに増補改訂されて成立したものである（五味克夫・一九七八年、同一九八七年）。内容は、『旧記雑録』に分割収録されている「貴久公御譜」、「大中公御譜」と一致する。

記載内容は、細部を除き①とほぼ一致するが、①では明確でない島津忠兼の鹿児島復帰時期について、大永七年六月一一日に、薩州家実久が忠良領の伊集院・日置を攻略し、同月二六日、実久の奔走により、忠兼が鹿児島に再び入部したとする。また、忠兼の項と貴久の項で若干表現が異なり、忠兼の項では大永七年四月に「守護職」を貴久に譲ったとするものの、貴久の項では大永六年一一月に元服した際に「譲位」されたとする。

③得能通昭（とくのうみちあき）著『西藩野史（せいはんやし）』

薩摩藩士得能通昭（一七二九～八九）の編纂で、宝暦八年（一七五八）の成立。ほかの編纂物と違い、藩の公式編纂でも、記録所職員によるものでもない。

島津忠兼は、初め薩州家実久の姉を夫人としていたが、実久が「猖獗（しょうけつ）」（暴威を振るうこと）で、忠兼の寵愛に奢って権勢を振るうようになったため、実久に「謀叛」し争乱となった。忠兼は実久の勢力を恐れ、相州家忠良に「我に代て賊を討し民を安んせよ」と命じ、大永六年一一月、忠兼は忠良と「国政委任の約」を結んだという。そして、男子のいなかった忠兼は、「容貌魁梧神采俊発」（見た目大きくて立派で、風采も良く、機敏）であった忠良嫡男虎寿丸を養子に迎えた。以後の経緯は前出史料とほぼ同じであるが、忠兼が「位」を貴久に譲ったのは、大永七年四月のこととする。そして同月一九日、忠兼は伊作にて剃髪すると、忠良も剃髪して「愚谷軒日新斎」と号したとする。

④郡山遜志著『島津世家』

薩摩藩記録奉行の郡山遜志が、八代藩主島津重豪（一七四五〜一八三三）の命により、島津忠久から家久の事蹟を紀伝体で記したもの。明和三年（一七六六）の成立。

島津忠兼は薩州家実久の姉を夫人としており、実久は「貴威之勢」を背景に忠兼の嗣子となろうとする。しかし、忠兼がこの要求を退けたため、実久はこれに憤り「不臣之志」を示した。これに対応するため、忠兼は相州家忠良に「国政を委任」したという。また、虎寿丸の元服を大永七年四月のこととし、同時に「守護職」を譲られたとする点は、他の史料と異なる。

⑤山本正誼著『島津国史』

藩校造士館教授の山本正誼が、島津重豪の命により、④『島津世家』等をベースに編年体で編纂したもの。享和二年（一八〇二）の成立。割注で本文の典拠史料や編者の私見を記している。

典拠として、②のベースとなった「旧譜」を多く参照しており、記載内容も②と多く一致する。異なる点としては、当初、忠兼が義兄にあたる薩州家実久に「国政」を任せていたが、実久が嗣

三郎爲嗣與之阿多田布施高橋於是新納氏再嫁忠幸忠幸立菊三郎爲嗣與之邑如約菊三郎梅岳君之幼字也。冬十一月六日。梅岳君如伊集院謝恩。明日。公還鹿兒島。梅岳君從。公令本田紀伊守董親執梅岳君太刀。以寵異之。據梅岳君舊譜。黃套軍記。本田氏世爲公家御太刀役今令董親執梅岳君太刀是爲寵異御太刀役猶云執刀職。董親。親安之子也。據本田家總譜。本田親安見。第十三卷永正十一年。公未有繼嗣而梅岳君生子虎壽丸。公欲以虎壽丸爲嗣。十二日。遣村田越前守武秀。土持伊豆守政綱梶原備前守景豐。告梅岳君。梅岳君辭。弗許。十八日。召虎壽丸於伊作。二十七日。公加虎壽丸元服。賜名貴久。稱又三郎。是日遂傳守護職於又三郎。是爲　大中公。據島

『島津国史』大永６年11月条

子となることを望んだために対立し、忠良に国政を託したとする。また、忠兼から貴久への「守護職」譲与を、貴久の元服した大永六年一一月二七日としている。

⑥「島津氏正統系図」（尚古集成館蔵）

元治元年（一八六四）四月が最終記述であり、幕末から明治初頭にかけての成立とみられる。②の記述を簡略化して記したとみられ、ほとんど内容は変わらないが、忠兼から貴久への「守護職」譲与は、⑤同様、貴久の元服した大永六年一一月二七日に統一されている。

それぞれ、内容の精粗があるほか、忠兼から貴久への「守護職」譲与の時期について混乱がみられるものの、近世末にかけて、貴久の元服日に確定していったことがうかがえる。

また、薩州家実久との関係悪化により、奥州家忠兼が相州家忠良に接近していったとの理解はすべてに共通するが、その時期や忠兼・実久の関係悪化の理由については不明確である。①・④・⑤では、

薩州家実久が忠兼の養嗣子になろうとしたことがきっかけとする。また、⑤はその前提として実久が忠兼から「国政」を任されていたとする。そして、忠兼が忠良に接近すると、忠兼から忠良に「国政」を委任、あるいは忠良を「摂政」としたとの記述が目立ち、その流れで、忠兼から忠良への虎寿丸（貴久）養子縁組要請が説明される。さらに、この要請に対して忠良は再三固辞したにもかかわらず、忠兼の「厳命」によって虎寿丸の養子入りが決定したと記される。一連の流れは、あくまでも奥州家忠兼が主体的に動いたものであり、相州家忠良は受け身の立場であったことが強調されるのである。

相州家忠良に「国政」を委任したのも、強引に虎寿丸（貴久）を養嗣子にしたのも、貴久に「守護職」を譲ったのも奥州家忠兼であるにもかかわらず、それを薩州家の誘いにのって反故にし、守護に復帰したとする。客観的にみると、忠兼こそが諸悪の根源のようにも思えるが、①を除き、忠兼をさほど敵視はしていない。その一方で、③のように、薩州家実久が暗愚な人物として記述されるようになり、忠兼の変心、守護職悔返しも、実久の「偽謀」の結果と描かれているのは注目に値しよう。

「貴久記」の記述と信憑性

表1の右端に、「貴久記」という史料の記載内容を記している。この史料は、島津家文書中に複数の写本（「島津貴久記」、「貴久様御世始」、「貴久公記」）が確認でき、伊地知季通旧蔵本（東京大学史料編纂所蔵「島津家本」）は、『旧記雑録前編』・『同後編』にも分割収録されている。従来から、島津貴久

の家督継承とそれをめぐる紛争についての基本史料として使用されてきた（山口研一・一九八六年）。

島津家文書所収の写本には、どれも奥付（おくづけ）がないが、「貴久記」（配架番号四五―七〇）と「貴久様御世始」（配架番号四五―六一）は、島津家文書「中箱四番下」に収められていたものである。同箱は、「中世文書の写、織豊期から江戸幕府初期にいたる文書・史料の原本、写など」を収めたものであり、「早い時期の文書の写を収める箱だったと推定される」と、同文書を整理した山本博文氏が指摘している（山本博文・一九九九年）。また、玉里文庫本「貴久公記」（鹿児島大学附属図書館蔵）には、寛永一〇年（一六三三）七月吉日の奥付があり、それ以前の成立であることは間違いない。すなわち、「貴久記」は一七世紀初頭までには成立したものであり、①以降の家譜・編纂物の典拠史料・参考史料となっていたと推測できる。

ただ、「貴久記」は、忠良・貴久父子の行動を仏教的・儒教的価値観から正当化する一方で、薩州家実久や後述の本田董親（ただちか）を暗愚な人物として描くなど、貴久寄りの立場で書かれた編纂物と見るべきである。こうした性格をふまえた上で、「貴久記」の記載内容に注目してみよう。

まず、奥州家忠兼と相州家忠良接近の経緯である。忠兼と薩州家実久の「不会」（不快）を契機とし、大永六年（一五二六）一〇～一一月、忠兼が南郷と日置（いずれも日置市）を忠良に宛行って協力を求めたとする。また、同年一一月七日に、忠兼に随行して忠良が鹿児島入りした際、忠兼の剣を忠良御内の阿多加賀守が持ち、忠良の剣を本宗家御内の本田紀伊守（兼親ヵ）が持ったとして「互盟約之儀也」と記す。さらに、同月一二日には忠兼が、村田越前守（武秀）・土持伊豆守（政綱）・梶原備前守（景豊〈かげとよ〉）を使者として派遣し、忠良に嫡男虎寿丸を養子とすることを命じたとも記す。これらの記述は、前出①・④・⑤にほぼ同様の記述が見られ、「貴久記」を下敷きとしたことは明らかである。

このように、「貴久記」は①以降の参考史料であることは明白であるが、「貴久記」の記述が①以下と大きく異なる部分がある。それは、虎寿丸（貴久）の元服時期、そして「守護職」の譲渡について明記していないことである。

①以下の家譜・編纂物は、本宗家忠兼の要請により虎寿丸が養嗣子となり、大永六年一一月から翌年四月にかけて、忠兼の加冠により元服し、「又三郎貴久」となったことを明記、あるいは暗示している。しかし、「貴久記」には元服の記述がまったく見られない。虎寿丸が大永六年一〇月に鹿児島入りしたことは明記されるが、大永七年五月、忠兼の変心・実久の挙兵により鹿児島を退去する際も、「虎寿」と幼名で書かれている。この時点でいまだ元服していなかった可能性があろう。

また、大永六年一一月一二日、虎寿丸を養子に迎えたいとの要請の際、「宜しく守護職を禅〈ゆず〉らるべし」と述べ、同月二七日、忠兼が「御住所」（居城清水城ヵ）を渡したとするが、「守護職譲渡」とは記されていない。翌大永七年になり、奥州家菩提寺の福昌寺一三世住持・大鷹宗俊を通じて「隠居」の意向を示して、四月一五日には鹿児島を退去している。この時点で「守護職」を譲渡したとの解釈も可能であろうが、⑤以降に確定する、大永六年一一月の元服と同時に「守護職」継承との説とは矛盾をきたす。

さらに、「貴久記」天文一四年（一五四五）の記事には、「先年為虎寿丸、既に守護之位を得る」としながらも、忠兼から悔返されて以降は、「己ヲ責め、礼儀に駐（馴カ）い、いまだ守護を称さず」と記している。虎寿丸のまま守護を譲られたとの認識ながら、この時点でみずから「守護」と称することはなかったということになろう。

①以下の編者は、「貴久記」のこうした記述を知りながら、あえて忠兼の隠居にともない「守護職」は貴久に譲られたとし、⑤以降は、不確かな大永六年一一月の元服と守護職譲渡を一体のものと記すに至る。

このように、貴久側の立場で記された「貴久記」ですら、近世の家譜・編纂物とは矛盾を抱えているのである。貴久の家督継承をめぐる事実関係は、より良質な史料をもって再検証していく必要がある。

2、貴久家督継承の真相

奥州家忠兼と薩州家実久

奥州家忠兼が、当初、薩州家実久の姉、すなわち薩州家忠興の娘を正室としていたことは確かである（「正統系図」）。奥州家当主が薩州家から正室を迎えるのは前例があった。忠兼の祖父立久である。第一章—2で述べたように、立久は薩摩国内に隠然たる勢力を誇った叔父用久（持久）の娘を正室とすることでその支持を得、さらに用久の嫡男国久を自らの養嗣子とすることで、政権の安定化を図ったのである。

政権基盤が著しく弱体化していた奥州家忠兼も、南九州全域に婚姻関係に基づくネットワークを築き（第一章―4「島津薩州家の婚姻政策」）、領国内最大の権勢を誇った薩州家忠興の支援を得るべく、その娘を正室に迎えたのであろう。だとすれば、祖父立久の前例にならい、忠興の嫡男実久を自らの養嗣子に迎えていた可能性は否定できない。少なくとも、大永六年（一五二六）段階で一五歳の薩州家実久が、忠兼の後継を望んで関係が悪化したとの近世の編纂物の記述を鵜呑みにすることはできない。あるいは、実久の父忠興が、忠兼に実久を養嗣子にすることを条件に、奥州家の支援に乗りだした可能性もあろう。

島津薩州家実久の墓　鹿児島県出水市・龍光寺跡

それでは、なぜ忠兼は薩州家実久との関係を断ち、相州家忠良と組むに至ったのか。その一つの要因が、大永五年一〇月九日の、薩州家忠興の死没であろう（「支流系図」）。薩州家実久の姉と奥州家忠兼の縁組み（そして実久自身の養子縁組み）が忠興の権勢に基づくものであれば、その死の影響はきわめて大きい。当時、弱冠一四歳の実久に政治力を求めるのは難しいだろう。この間隙をうまく突き、奥州家忠兼の新たな後見人として立ち現れたのが、御一家筆頭の島津相州家運久（一瓢斎）・忠良父子だったのである。

島津奥州家老中の交替

島津奥州家から相州家への家督譲与を再検証した山口研一氏が注目したのは、守護島津氏を支える直臣（御内）のトップ、「老中」であった（山口研一・一九八六年）。

「老中」とは、守護家家政機関のトップであり、史料上「奉行」とも称される。文明年間（一四六九～八七）以降、守護の知行宛行時に発給される「坪付」（宛行われる所領とその田数を書き上げたもの）に二人以上で署名した。文明年間には、奥州家の譜代被官である村田経安と平田兼宗が務めていたが、両氏が忠兼の父忠昌と対立して失脚すると、大隅国府近くの清水（霧島市国分清水）を本拠とする譜代被官本田兼親と、同じく譜代被官の伊地知氏（重貞・重周父子）が務めるようになる。さらに、忠兼の兄忠治期以降は、本田・伊地知両氏に加え、桑波田景元、大隅国溝辺（霧島市溝辺町）を本拠とする肝付兼演（大隅国高山を本拠とする肝付氏の庶流）らが加わるようになる。

永正一六年（一五一九）に本宗家家督を継いだ忠兼も、当初、父兄以来の老中を引き継いだとみられるが、山口研一氏は、相州家貴久を養嗣子に迎えてから、その構成が大きく変わったことに注目する。大永七年（一五二七）三月二二日付の調所恒房宛ての坪付には、平田職宗・肝付兼演・梶原景豊・土持政綱・池袋宗政・村田経董（武秀）の六人が連署しており（『旧記前』二―二〇八六）、それまでの老中は肝付兼演のみである。村田・平田の両氏は、文明年間末に失脚した一族を復権させたものであり、何らかの理由で老中の大幅な改替が行われたのは確かである。しかも、彼らのうち村田経董・土持政綱・梶原景豊は、前出「貴久記」や近世の家譜類に、忠兼の命を受けて嫡男虎寿丸（貴久）を養嗣子に迎えたいと、相州家忠良に要請した使者と重なり、土持政綱は後年、虎寿丸（貴久）が鹿児島を脱出するのを手助けしたとして討たれている（『本藩人物誌』）。山口研一氏は、この点を重視し、奥州家忠兼から相州家貴久への家督継承は、この改替された新しい老中主導で行われたのではないかと指摘したのである。

本宗家家督をめぐる抗争の背後には、守護家を支える老中ら直臣団（御内）に路線対立があり、男子のいない忠兼の後継、そして守護家の後見をめぐって、島津薩州家派と島津相州家派の駆け引きがあったと考えるのが自然であろう。

島津相州家と奥州家忠兼

忠兼から貴久への家督移譲の前、おそらく大永三年（一五二三）頃のものとみられる、年欠九月二一日付相州家忠良宛ての奥州家忠兼書状（『島津』一一二二）には、「庄内之時宜、更々無尽期候、我々若輩之事候、毎々被加御思案、万端御指南事、憑存候外無他候」とある。前章の最後でふれたように、この頃庄内（都城盆地）には伊東尹祐（ただすけ）が侵攻し、予断を許さない状況にあった。こうした状況への対応のため、忠兼は忠良に対して「指南」を求めており、忠良が「外交」顧問的な役割を期待されていたことがわかる。この頃すでに、相州家忠良は奥州家忠兼の後見人的立場になりつつあったということになろう。おそらく、忠兼と忠良の接近は、守護直臣層内の島津相州家派の発言権が高まった結果であり、それまでの老中が失脚し、あらたな老中への改替が図られたのもこの頃と考えていいだろう。

　この老中改替には、当然、島津薩州家側からの反発が予想されるが、先述のように大永五年一〇月、薩州家忠興は四〇歳の若さで没している（鹿児島大学附属図書館蔵「略御系図」）。おそらく、大永三年の段階で、薩州家忠興は病気等の理由で発言力が低下していたのであろう。

　次に、奥州家忠兼が伊集院入りして相州家忠良と交渉に至る過程を検証したい。

　先にみた近世の家譜類の多くは、まず大永六年一一月、奥州家忠兼が忠良に薩摩国（日置）南郷を与え、次いで忠兼が伊集院に入り、同国日置北郷を与えたということになっている。しかし、島津貴久の姉婿樺山善久（よしひさ）（幸久、一五一三～九五）の記録である「樺山玄佐自記（げんさじき）」は、若干異なる記述をしている。

> 其次年（大永六年）、従伊作金吾様、南郷を桑波田依御奉公、彼城御知行也、太守忠兼様以之外御驚、伊集院江御発足、貴久様虎寿丸殿と奉中時、御養子の御契約有而、金吾様（忠良）以御同道、忠兼様鹿児島へ御帰陣也、

　近世の家譜類は、忠兼からの南郷宛行が先行して、桑波田氏の忠良帰属という順番をとるが、この史料は、桑波田氏が忠良に帰属した結果、忠良が南郷を知行することになり、それに大いに驚いた奥

州家忠兼が、伊集院にやって来て忠良との交渉、という流れになる。当時、樺山善久は一三歳であり、この頃の記述は伝聞であろうが、少なくとも同時代人の記録であり、近世の家譜類より信憑性は高い。桑波田氏とは、大永五年頃まで老中を務めていた桑波田景元（観魚）であろう（小瀬玄士・二〇一三年）。老中を解任された桑波田氏は、忠良を頼ってその配下となり、その結果、桑波田氏が所管していた守護領南郷が忠良の支配下となったのである。事前に忠兼から忠良に宛行われていたのなら、忠兼が大いに驚く必要はない。忠兼は、突然忠良が守護領を奪ったため、至急交渉が必要となり、伊集院に赴いたとみるべきであろう。

さらに、忠興の死没による島津薩州家の影響力低下、島津相州家忠良の台頭は、島津薩州家方直臣団の焦りを誘った。

大永六年に比定できる一一月六日付の河田氏宛て島津忠兼書状には、「吉田へ敵相支候之由風聞候」とあり（『旧記前』二―二〇五二）、蒲生・帖佐方面から「敵」＝薩州家方が吉田に侵攻していることがうかがえる。これに対し忠兼は、「金吾之衆」＝島津三郎左衛門尉忠良（金吾は衛門府の唐名）の軍勢を率いて出陣するつもりであったと記している。「貴久記」は、薩州家方であった大隅国帖佐の辺川筑前守忠直の謀叛、吉田出陣を同年一二月、つまり貴久の養嗣子決定後のこととするが、実際はそれ以前から島津薩州家方の軍事蜂起は始まっていたのである。

島津薩州家方の反撃が開始されるなか、島津相州家と奥州家忠兼との交渉が始まる。同年一一月五日付の肝付兼演宛て島津忠兼書状には、「今日五日、一瓢、虎寿丸殿同道ニて此方へ被越、少も無心

一宇治城から伊集院中心部を望む　鹿児島県日置市

元事有間敷候」とあり（「肝付」一一六五、『旧記前』二―二〇五二）、相州家一瓢斎が孫の虎寿丸を連れて、伊集院にいた忠兼のもとを訪れている。さらに、その二日後、一一月五日付の肝付兼演宛て島津忠兼書状には、「金吾中合子細候而、於伊集院参会、鹿児島へ同道申候、今日又嫡子虎寿丸被呼寄候、如此無二申談候間、其外ニ方角不可有指事候」とある（「肝付」一一六六）。これ以前に、忠兼と金吾＝忠良との会談が実現してそのまま鹿児島に共に入り、この日、忠良嫡男虎寿丸も鹿児島に呼び寄せられ、同盟が成立したということであろう。

ポイントは、近世の家譜類とは異なり、交渉の最初から忠良の嫡男虎寿丸が登場している点である。そして、「少も無心元事有間敷候」、あるいは「其外ニ方角不可有指事候」と、この交渉に一定の緊張関係があったことがうかがえる。大隅国西端での島津薩州家方直臣の蜂起という事態、そして突然の相州家による南郷奪取という事態に際し、奥州家忠兼は自ら伊集院に来て、相州家一瓢斎・忠良父子と交渉にあたったのである。そして、忠良の支援を取り付けて鹿児島に戻り、翌月、忠良の軍勢によって大隅国帖佐の辺川忠直追討が実現することを考えると、相州家による軍事的支援と引き替えに、何らかの合意（「申合子細」）が結ばれたと推測される。その合意とは、南郷に加え、日置北郷の領有、そして忠良嫡男虎寿丸を忠兼の養嗣子にすることだったのではないか。前出の「樺山玄佐自記」が、忠兼の伊集院発足直後に「御養子の御契約」、そして忠良を同道しての鹿児島帰還という記述になっていることは、この推測を裏づけよう。

忠良嫡男虎寿丸（貴久）が奥州家忠兼の養嗣子となったのは、決して忠兼自身の要請だったのではない。島津薩州家方の蜂起を背景として、島津相州家一瓢斎・忠良父子が、相州家方守護直臣らと結託し、南郷を奪取した上で忠兼を伊集院に引き出し、軍事的支援と引き替えに虎寿丸を忠兼の養嗣子とすることを認めさせたのである。この一連の流れは、平和的な家督の禅譲というより、相州家による〝クーデター〟と見るべきであろう。

虎寿丸への「国譲」と元服準備

奥州家忠兼に虎寿丸を養嗣子とすることを認めさせた相州家忠良は、大永六年（一五二六）一二月、薩州家実久の支援を受けて蜂起した辺川（へがわ）忠直の籠もる大隅国帖佐（ちょうさ）本城・新城（姶良市鍋倉）を攻略する。この記述に続いて、「樺山玄佐自記」は次のように記す。

> 従其於鹿児島虎寿丸殿江御国譲之被成御祝言、金吾様（忠良）爰より相模守と奉申、（中略）其刻忠兼様より御代虎寿丸殿様江御譲渡給ふ、同諸侍・御内衆無残若君様へ御奉公別儀有間敷之旨、致御神判之由被仰含、御法躰在之、如伊作御隠居候也、相州様も在御法躰、日新と号せらる、

時期を明記していないが、帖佐攻略が一二月であることを考えると、翌大永七年のことであろう。

忠兼から虎寿丸に「国譲」、すなわち島津本宗家家督と三か国守護職が譲渡され、島津三郎左衛門尉忠良は、「相模守」を名乗ったとする。さらに忠兼は、諸侍・御内衆（守護直臣）に、虎寿丸へ奉公する旨の起請文提出を命じた上で剃髪し、伊作に隠居したとする。

やはりこの史料でも、虎寿丸が元服し、貴久と名乗ったとは記されていない。代わりに忠良が、父一瓢斎に代わって「相模守」を襲名しており、幼少の当主虎寿丸を忠良が補佐する体制をとったとみられる。

それでは、この「国譲」はいつおこなわれたのだろうか。

大永七年に比定できる、六月一六日付の土持右馬頭（親栄カ）宛て島津豊州家忠朝書状は、この家督譲与について記した数少ない一次史料である（『旧記前』二―二〇一〇）。この文書に、「鹿児島家督之儀、相州嫡男虎寿丸殿江被相譲、忠兼事者、去卯月中旬之比、薩州伊作院隠居候」とあり、忠兼は家督を譲った後、四月中旬頃に伊作に隠居したようである。家督の譲渡は、大永七年正月から四月ということになる。前出「貴久記」の、同年三月中旬に忠兼が隠居したとの記述は、かなり信憑性のあるものとみていいだろう。

ところで、島津家文書に「年中行事等条々事書」という史料が残されている（『旧記前』二―一九三八）。内容は、正月から八朔（はっさく）に至る島津本宗家の恒例行事や琉球使節への対応や臨時行事について先例を列挙したものであり、戦国末以降、島津本宗家にとっての「旧例」として重視されたものである。

この史料を分析した小瀬（こせ）玄士氏は、末尾の連署者（田島駿河守〈伊地知久純（ひさずみ）カ〉・伊地知越後守・本田因幡守〈兼親〉・桑波田観魚〈景元〉・石井旅世・大寺宮音〈安勝（やすかつ）〉・肝付越前入道〈兼固（かねかた）〉）から、これが大永五・六年の五月から本田兼親が離反する大永七年までのものと比定した。そして、彼ら御内の一部が、虎寿丸（貴久）の養子入り前後に相州家に呈するために作成し、奥州家忠兼の父忠昌と、虎寿丸の祖父一瓢斎（相州家運久、初名忠幸）の元服、代始めの先例を確認して、虎寿丸の元服と奥州家忠兼からの家督移譲を準備していたと指摘した（小瀬玄士・二〇一三年）。

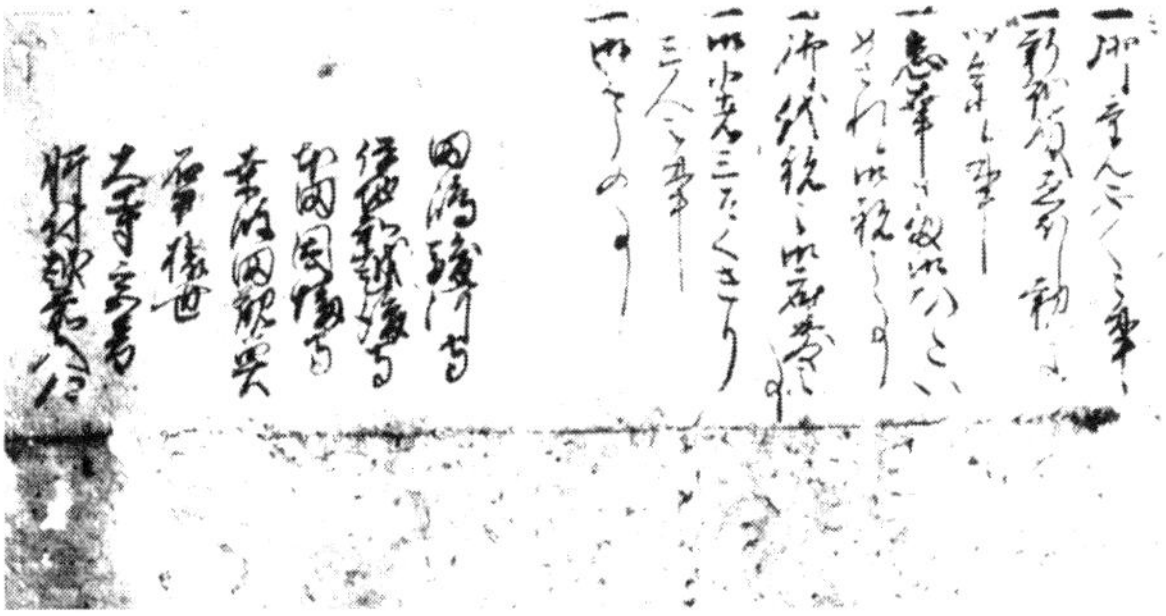

年中行事等条々事書末尾部分　「島津家文書」　東京大学史料編纂所蔵

連署者のうち、本田兼親と桑波田景元は、大永五年までに忠兼によって老中から外されている。虎寿丸への家督交替を見越して、みずからの地位を確保しようとの意図もあるが、守護家が重ねてきた先例をよく知る御内らが、相州家によるクーデターを裏で支えていたことは注目される。

そして、順調にいけば、忠兼の隠居後まもなく、このまとめられた先例に基づき、虎寿丸の元服、一連の代始めの儀式が実施される計画だったのだろう。しかし、この計画は実行に移されなかったようである。

3、奥州家勝久の復権と薩州家実久の台頭

「国譲」の影響と奥州家忠兼の悔返

奥州家忠兼の「国譲」前後とみられる大永七年（一五二七）二月、相州家忠良、大隅国生別府(おいのべっぷ)城の樺山信久（広久）、大隅国溝辺(みぞべ)の肝付兼演（忠兼老中）の三氏は、契状を取り交わして同盟を結ぶ（「樺山」一六五～一六七）。「樺山玄佐自記」によると、忠兼から虎寿丸への「国譲」の際、忠良が「相模守」を襲名したのと同時に、樺山信久が「美濃守」、肝付兼演が「越前守」を名乗ったといい、大隅中部の有力御一家・御内による同盟を前提として、「国譲」の形をとるクーデターが実行されたのであろう。

なお、その直後には、樺山信久の嫡男善久（のちの玄佐）が、忠良を烏帽子親(えぼしおや)として元服し、忠良の次女（虎寿丸の姉）御隅(おすみ)（一五一一～九〇）の婿となっている。これにより、反島津相州家方との競合地域である鹿児島北東部を固めようとしたのだろう。さらに、この前後には、忠良の長女御南（一五一一～八一）が、大隅南部の有力国衆で、永正年間の四か国国衆同盟の一角を担った肝付兼興の嫡男兼続(かねつぐ)（一五一一～六六）に嫁ぐとともに、兼興の二女が虎寿丸の室となっている。これにより、錦江湾(きんこうわん)周辺に相州家忠良を中心とした同盟関係が築かれつつあった。

しかし、その一方で、虎寿丸による家督継承を認めない勢力も、島津薩州家を中心に一定の勢力をもっていた。前出の六月一六日付土持右馬頭（親栄カ）宛て島津豊州家忠朝書状にも、「薩摩南方辺者鹿児島雖義絶、互戦防等之事者、当時無之候歟」とある。「薩摩南方」とは薩摩半島を指し、具体的には川辺・加世田の島津薩州家領とその与同勢力を意味する。彼らは当然このクーデターに反発し、忠良・虎寿丸父子とは「義絶」し、一触即発の状況にあると、日向国飫肥の豊州家忠朝は認識している。

樺山玄佐夫妻画像　個人蔵　鹿児島県歴史資料センター黎明館保管

さらにこの書状には、「守護譜代之家人等、亦寄々少々新納忠勝随逐候、彼弓矢弥事起分候」とあり、鹿児島でのクーデターの混乱に乗じて、志布志の新納忠勝が守護直臣を自らの配下に収め、大隅国府周辺地域への軍事行動を起こしている状況を危惧している。まさにこの時期、島津領国は無政府状態と化し、各地で紛争が勃発しようとしていた。

いったんは成功したかにみえた、島津相州家一瓢斎・忠良父子によるクーデターであったが、思わぬ形で破綻してしまう。

忠兼による「国譲」後まもない、大永七年五月、辺川忠直討伐後に大隅国帖佐に配されていた島津昌久（相州家忠良の義兄）が、帖佐に東隣する加治木の伊地知周防介重貞・重兼父子とともに薩州家実久方となり蜂起する。伊地知重貞は、奥州家忠治期までの老中であり、文明一三年（一四八一）には、桂庵玄樹（けいあんげんじゅ）とともに『大学章句（だいがくしょうく）』を刊行した教養人としても知られる人物である。それまで奥州家を支えた有力譜代被官のなかに、相州家によるクーデターに反発するものは多かったとみるべきであり、彼らは薩州家実久と連携していったのであろう。この蜂起に対し、相州家忠良はすぐさま対応し、同年五月中に帖佐・加治木両城を攻略し、島津昌久、伊地知父子を討ったという。しかし、薩州家実久は、この忠良出兵の間隙を見逃さなかった。

忠良が加治木に出陣している隙を狙い、薩州家実久は伊作に「隠居」していた奥州家忠兼を取り込むことに成功し、実久は大軍を率いて相州家の支配下にあった伊集院・日置を攻略する。その時期は、大永七年五月とも、翌六月ともされる。「貴久記」によると、同年六月二六日、奥州家忠兼は実久に擁されて鹿児島への再入部を果たしたという。その直前の六月一七日、忠兼は「三州太守」として新田八幡宮（薩摩川内市）に水田三町を寄進しており（『旧記前』二—二一〇〇）、この時点で島津本宗家家督＝薩隅日三か国守護職を虎寿丸から悔返していたことは間違いない。ここに、島津相州家一瓢斎・忠良父子によるクーデターはあえなく失敗に終わったのである。

なお、翌大永八年三月二九日、奥州家忠兼改め「勝久」は、大隅北部の有力国衆菱刈重副を大和守に任じている（「菱刈」二—4）。鹿児島復帰から翌三月までに、忠兼から勝久に改名したようである。

忠良・虎寿丸の田布施撤退

相州家忠良が、奥州家忠兼の「心替（こころがわり）」と薩州家実久の伊集院・日置進攻を知ったのは、帖佐攻略を終え、鹿児島戸柱（とばしら）（鹿児島市春日町）の湊に着岸した際だったといい（「貴久記」など）、その時期は大永七年（一五二七）五月とも六月ともされる。忠良は家臣の進言により、そのまま田布施（たぶせ）（南さつま市金峰町）に退去する。鹿児島清水城にいたと見られる虎寿丸（貴久）も、まもなく（「新編島津氏世録正統系図」は六月一一日とする）園田清左衛門尉ら側近たちに守られ、薩州家実久方の追っ手をかわしつつ、鹿児島を脱出したという（『島津世禄記』等）。

貴久が匿われたという聖宮跡　鹿児島市

なお、このとき、相州家方老中土持政綱（弓伴）は、薩州家実久が虎寿丸を毒殺しようと企んでいるのを知り、虎寿丸脱出を助け、のちにその責任を問われると居宅に火を掛け自害したという（『本藩人物誌』）。

鹿児島を脱出した虎寿丸であったが、「貴久記」以下、近世の編纂物の多くによると、「幼稚之御心」ながら義父忠兼と「一書之契約」があるとして、わざわざ敵地の伊作に至り、忠兼と対面したという。この行動を「神妙」だと感涙した奥州家忠兼は、三日間虎寿丸を歓待し、その後、田布施に送り届けたという。虎寿丸を田布施まで案内したという長谷場讃岐の孫大蔵が、寛文七年（一六六七）八月一九日に記した覚書（おぼえがき）は、虎寿丸が潜伏した小野（鹿児島市小野町）から田布施までの逃走ルートを細かく記しているが、伊作に立ち寄ったとの記述はない（『旧記前』二—二〇九三）。おそらくこの話は、戦国末までに成立したエピソードであり、貴久がたとえ裏切られても〝孝行〟を忘れない賢君であったことを示し、奥州家忠兼（勝久）との父子「契約」は決して無効にはならなかったことを強調するために創作されたのであろう。

居城の田布施に撤退後の相州家忠良は、大永七年七月二三日、伊作城（日置市吹上町中原）を奪回すべく夜襲をかける。「貴久記」によると、同城「西之城」には「市来衆」が籠もっていたといい、薩州家方の軍勢が入っていたようである。大永七年に比定できる七月三〇日付隈江匡久（くまえまさひさ）書状（「山田」一五九）は、二三日夜に忠良が伊作城を攻略したことを記しており、この時点で伊作を回復したのは間違いない。

しかし、相州家忠良の反撃もここまでだったとみられる。「樺山玄佐自記」によると、鹿児島を攻略した薩州家勢は、同年七月七日、相州家忠良と同盟関係にあった樺山広久の居城生別府城を包囲するに至り、虎寿丸に起請文を提出していた「廻・敷根・上井・宮内・曽於郡・加治木・帖佐其外」は一転して勝久（忠兼）の復帰を支持し、「虎寿丸様も田布施・阿多・高橋三ヶ所に引、御籠鳥の如し」と記している。大隅の守護直臣の多くが勝久復帰を支持すると、相州家忠良に対抗できる力はなかったということであろう。

大永末年の大隅中部情勢

相州家の失脚により、大隅国府周辺から帖佐にかけての錦江湾沿岸部（霧島市から姶良市）は、混乱状況に拍車がかかっていく。当時、大隅国府周辺には、清水城（霧島市国分清水）に元老中本田兼親の子親安と孫董親（一五〇五～?・）がおり、曽於郡城（同市国分重久）には庄内の北郷忠相が進出していた。そのほか、国府に隣接して同国最大の宗教権威である大隅正八幡宮とその社家があり、錦江湾沿岸部には、廻・敷祢・上井といった中小領主が盤踞していた。さらに、北方の溝辺（同市溝辺町）には、老中肝付兼演、西方の生別府（同市隼人町小浜）には樺山広久・善久父子がおり、彼らが相州家忠良と契状を取り交わしていたことは、既述のとおりである。

大永七年（一五二七）六月、奥州家勝久が鹿児島に戻り復権すると、「樺山玄佐自記」によると、中小領主の多くが勝久支持に転じ、相州家方であった樺山広久は、勝久方から包囲され、同年八月、嫡男善久（相州家忠良婿）を人質に出して降ったと記す。なお、包囲された際、同史料によると、島津豊州家忠朝の舎弟忠秋が、薩州家実久の奉行松崎丹波守・福昌寺（大鷹宗俊カ）・談議所とともに樺山広久の説得にあたったという。薩州家実久の主導による奥州家勝久の鹿児島復権を、有力御一家で日向国飫肥・櫛間の領主島津豊州家が支持していたことがうかがえる。また、豊州家忠朝と姻戚関係にある北郷忠相も、翌大永八年六月に奥州家勝久から「大隅国財部院」を宛行われており（『旧記前』二―二二二四）、勝久・実久を支持したとみられる（西森綾香・二〇〇六年）。

一方、本田氏は大永六年、奥州家勝久が、清水に隣接する守護直轄領の曽於郡城をいったん兼親に

曽於郡城跡　鹿児島県霧島市

宛行っていたにもかかわらず、同族で勝久側近だった本田次郎左衛門尉親尚(ちかなお)に改替したことを恨んでいた。このため、勝久の鹿児島復帰に際し、「本田は曽於郡之御恨より、新納殿を頼ミ、忠兼様江ハ不致出仕」と「樺山玄佐自記」は記している。前章―4で既述したように、新納忠勝は大永三年に奥州家勝久が派遣した軍勢を撃破しており、反勝久方であった。前出の大永七年六月一六日付土持右馬頭（親栄ヵ）宛島津豊州家忠朝書状（『旧記前』二―二〇一〇）に、「守護譜代之家人等、亦寄々少々新納忠勝随逐候、彼弓矢弥事起分候」とあるように、新納忠勝は、大隅国府周辺の守護被官を傘下に収めて進出しつつあった。本田氏はこの新納氏と結託して、奥州家勝久に対抗しようとしたのである。

このように、奥州家勝久の復権により、大隅国府周辺では、奥州家＋薩州家方と反奥州家方の本田・新納両氏の対立が激化したとみられる。大永七年一一月二八日、本田・新納連合軍は、おそらく奥州家方だったとみられる大隅正八幡宮社家と合戦となり、同社を全焼させてしまう（「樺山玄佐自記」など）。薩隅日三か国は、「当国総劇」（『旧記前』二―二一二六）、「三州動乱」（『旧記前』二―二一四五）と称されるような、混乱・紛争状態に突入していったのである。

大内義興の和睦勧告と享禄二年の和平会議

この混乱状況の収拾を図ろうとした人物がいた。日向国飫肥・櫛間の領主島津豊州家忠朝（一四六六～一五四〇）である。忠朝は、この状況に強い危機感を抱き、前出の大永七年（一五二七）六月一六日付土持右馬頭（親栄ヵ）宛書状（『旧記前』二―二〇一〇）では、「当家之破滅時至候」とまで記している。

こうした状況に、遣明船派遣で島津豊州家と協力関係にあり、大永三年五月に起きた寧波（ニンポー）の乱の収拾を図りたい周防の大内義興（一四七七～一五二九）は、大永八年七月二三日、豊州家忠朝に使僧伝（でん）芳院（ほういん）を派遣し、「毎事匠作有御一味、静謐之調儀可然候」と、「匠作」＝修理大夫勝久を軸とした和平実現を求める（『旧記前』二―二二二五・二二二六）。同日付で義興は、反奥州家勝久方の新納忠勝に対し、「近年匠作与不和之由、其聞候、（中略）以前々筋目、早々御和睦之儀可然候」と、奥州家勝久との和睦を促している（『旧記前』二―二二二七）。大内義興は、「前々筋目」すなわち相州家一瓢斎・忠良によるクーデター以前の、島津奥州家を軸とする政治秩序への回帰を求めたのである。

この大内義興の求めに対し、同年一〇月、豊州家忠朝は大内義興の重臣杉興重（すぎおきしげ）への返信で、「何様勝久如本意、可属無為候哉」と、勝久の本望どおりに無為（和平）が実現するだろうと自信を示している（『旧記前』二―二二三二）。しかし、無為を望む忠朝の意思に反し、奥州家勝久は庄内（都城盆地）北部に進出していた伊東祐充（すけみつ）（祐充、一五一〇～三三、北郷忠相の娘婿）と連携し、新納氏との軍事抗争を続けており（『旧記前』二―二二三四）、和平は困難を極めた。

島津豊州家忠朝の墓　宮崎県日南市

相州家貴久の前半生を記した「貴久記」は、大永七年七月の伊作城攻略を記した後、なぜか天文二年（一五三三）二月に記事が飛ぶ。この間、すなわち享禄年間（一五二八～三二）に、相州家にとっては不都合な動きがあったためとみられる。それが、島津豊州家忠朝による和平工作である。

享禄二年（一五二九）四月、豊州家忠朝が、奥州家勝久と新納忠勝の和睦仲介に動いていることがうかがえる（『旧記前』二―二二四七）。さらに、同年六月には、大隅国衆の祢寝清年（一五一〇～六四、勝久の義兄）・肝付兼続も和睦仲介に乗りだしたようであり、新納忠勝だけでなく、祢寝・肝付両氏も鹿児島の奥州家勝久のもとに出頭することで和平を実現しようとしたようである（『旧記前』二―二二四七・二二五三）。豊州家忠朝は、新納氏と奥州家の単独講和を模索したのではなく、各地の有力国衆が一堂に鹿児島に会し、守護に復帰した奥州家勝久に見参（げんさん）を果たすことで、再び奥州家を中心とする政治秩序を回復させようとしたのである。

同年六月一七日、新納忠勝の鹿児島出府が実現し、豊州家忠朝の取次により、勝久との見参が実現する（『旧記前』二―二二五六）。これ以前に、大隅国府の本田董親・同親知も鹿児島入りして勝久と国衆等の取次を担っており、七月一日までに、大隅国生別府城の樺山善久、同国国衆の祢寝清年・肝付兼続、薩摩国給黎（きいれ）領主の島津忠誉（島津忠国七男忠弘の嫡男）、薩州家実久の家臣阿多飛騨も鹿児島入りしている。

彼ら有力御一家・国衆が鹿児島に一堂に会したのは、勝久への見参だけが目的だったのではない。紛争当事者同士が会し、守護勝久の御前で個別に和睦することで、領国全体の和平を実現し、守護権威の上昇を図ろうとの意図があったようである。まさに、守護勝久のもとでの〝和平会議〟が実現したのである。新納忠勝の鹿児島出頭を豊州家忠朝が仲介したことは既述のとおりであり、同じく鹿児島に出頭した祢寝・肝付両氏が席次をめぐって争いになった際も、豊州家忠朝が関係の修復に動いている（「山田」一五一）。一連の和平会議は、豊州家忠朝の献身的な周旋活動の賜物であった。

相州家の和平会議参加

個別和平交渉の具体例としては、薩摩国指宿（いぶすき）をめぐって対立していた頴娃氏と島津忠誉の和平交渉がうかがえるほか（「空山日々記」『旧記前』二―二五五）、相州家と薩州家の和睦も議題にあがっていた。

新納忠勝の鹿児島出頭直前の六月一三日、新納氏重臣隈江匡久（くまえまさひさ）は、山田忠豊（やまだただとよ）宛て書状のなかで、「相州へ飛脚御まいらせ候、去十一帰来候、又六郎殿可有御出頭候」と記している（「山田」一五〇）。相州とは、相州家日新斎（忠良、享禄二年以降、「日新」と署名）のことであり、新納氏の鹿児島出頭にあわせて、「又六郎殿」が鹿児島に出頭すると返事している。島津又六郎なる人物は、享禄年間

（一五二八～三二）から天文五年（一五三六）ごろまで史料上に現れる人物であり、天文五年四月には、近衛尚通から助力を求められているが（『島津』六五六）、人名比定がなされていない（金井静香・二〇〇三年）。少なくとも、日新斎からの返事に出頭させるとあり、近衛家からの書状が島津家文書に現存することから、日新斎に近い親族であることは間違いない。

推測の域を出るものではないが、この又六郎とは、島津貴久（当時一五歳）のことではないだろうか。後年の「島津家正統系図」をはじめとする系図・家譜類は、貴久の仮名を「又三郎」、次弟忠将（一五二〇～六一）の仮名を「又四郎」、末弟尚久（一五三一～六二）の仮名を「又五郎」とする。これは島津本宗家当主の仮名が代々「三郎」・「又三郎」であり、貴久が大永七年（一五二七）の元服と同時に家督を譲られたとの建前から、そのように表記されているにすぎず、一次史料で、貴久が「又三郎」と名乗った事実は確認できない（後年、三郎左衛門尉と名乗る）。既述のように、相州家のクーデターが失敗した時点で貴久が元服していたとは断定できず、田布施退去後に元服したとしたら、本宗家代々の仮名である「又三郎」ではなく、「又六郎」と名乗ったとしてもおかしくはないだろう。

この推測の妥当性はともかく、この時点で、日新斎が近しい親族を鹿児島に出頭させ、勝久に見参させるということは、この和平会議の開催そのものを認めるということであり、ひいては奥州家勝久の守護復帰を認めたということになる。それが、勝久の養嗣子になっていた貴久本人だったとしたら、きわめて大きな決断だったろう。

さらに、和平会議開始後の七月一〇日付け隈江匡久書状には「相州御出頭相定候」、そして「実久・相州御間、御和融之義、是又御料理最中候」と記されている（「山田」一五一）。相州家日新斎本人の鹿児島への出頭が決定し、薩州家実久・相州家日新斎の和睦締結に向けて、「御料理」すなわち協議・交渉が行われていたのである。「樺山玄佐自記」によると、相州家からは日新斎の父一瓢斎（運久）と前出「又六郎殿」が、薩州家からは治部大輔（薩州家国久四男秀久の子忠将ヵ）と阿多飛騨守が出頭していたといい、彼らによって和睦交渉が行われたのであろう。日新斎が薩州家との和睦交渉に応じ、自らも鹿児島出頭の決意を示したことは、やはり和平会議そのものを承認し、守護島津勝久を軸とし、豊州家忠朝主導で構築されつつある政治秩序に加わることを示している。

ここに、相州家日新斎はクーデターによる政権奪取、つまり嫡男貴久を本宗家家督とする企みを断念するに至ったとみていいだろう。もちろん、こうした経緯は、大永七年の勝久（忠兼）から貴久への家督譲渡を有効とみる、「貴久記」から近世の家譜・編纂物につながる歴史認識とは矛盾するものであり、なかったことにされたのである。

それでは、この和平会議そのものは成功したのであろうか。「樺山玄佐自記」によると、御屋形様（勝久）は、鹿児島に出仕した衆とは誰とも対面せず、「た、私之寄合計」となってしまったため、「一人二人ツ、在所江帰」ってしまい、この会談をお膳立てした豊州家忠朝も、「ものさひしげに」帰帆してしまったという。しかし、実際に勝久は多くの御一家・国衆と見参しており、誰とも対面しなかったというのは事実に反する。ただ、この和平会議によって島津奥州家を中心とする政治秩序が回復したとは言いがたい。

実際、この年の秋から再び争乱が始まっていく。九月には、大隅北端の国衆菱刈重州が薩摩国大口（伊佐市）に進攻を開始し、翌享禄三年七月には、肥後相良氏とともに島津忠明の守る大口城を攻略している（『菱刈町郷土誌　改訂版』）。さらに、享禄二年一一月には、大隅国曽於郡を共同支配していた北郷忠相と本田董親が対立するに至り、春山原（霧島市国分重久字春山）の合戦で北郷勢が勝利して以来、翌年五月まで両氏の抗争が続いている。

豊州家忠朝が構想した守護島津勝久を中心とする政治秩序再構築は、和平会議の招集まではこぎつけたものの、結局、画餅に帰したとみるべきであろう。軍事的・経済的基盤が脆弱なままの島津奥州家が、守護家としての権威のみで領国全域の領主間紛争の調停者たりうることはできない状況になっていたのである。

貴久の初陣と奥州家勝久の出奔

再び争乱が広がるなか、相州家日新斎・貴久父子は勢力拡大を図る。享禄四年（一五三一）八月二三日、相州家日新斎・貴久とその家臣伊集院忠朗は、薩摩国頴娃の国衆頴娃左馬允兼洪（一五〇六～三八）と契状を交わし、同盟を結んでいる（『旧記前』二―二一七九）。相州家領の南側、河辺郡・加世田別符は薩州家実久の所領であり、頴娃氏との同盟により、薩州家の動きを牽制する意図があったのだろう。

そして、天文二年（一五三三）三月、日新斎は、桑波田孫六（栄景カ）の守る南郷城（日置市吹上町永吉）を攻略すると、これを「永吉」と改め、貴久・忠将兄弟がこれに入った（「樺山玄佐自記」、「貴久記」）。「貴久記」は明記していないが、おそらくこの南郷城攻略戦が、島津貴久・忠将兄弟にとって初陣になるのだろう。同年八月、奥州家勝久は、平田左馬介（清宗）を派遣して永吉城奪回を命じるが、後詰めの日新斎に撃破され、同年一二月には、日置（日置市日吉町）も相州家が支配下においている（「貴久記」）。

こうしたなか、再び奥州家勝久排斥の動きが始まる。当時、勝久は末弘伯耆守（秀綱、あるいは忠重）・碇山氏・小倉氏ら側近を重用していたが、鹿児島に入った薩州家実久が末弘伯耆守を谷山皇徳寺で殺害したという（「樺山玄佐自記」）。「貴久記」は、川上昌久ら一六名が連判状で勝久に対し、薩州家実久を「推立」てるよう諫言したにもかかわらず聞き入れなかったため、末弘伯耆守を殺害したとする。若干記述が異なるが、勝久の直臣層に川上昌久ら薩州家実久擁立派が現れるようになり、彼らによって勝久側近の末弘伯耆守が粛正されたのであろう（山口研一・一九八七年）。なお、「新編島津氏世録正統系図」は、末弘氏殺害を天文三年一〇月二五日のこととする。

南郷（永吉）城跡　鹿児島県日置市

末弘氏殺害に驚いた奥州家勝久は、正室の実家である大隅国衆祢寝清年のもとに逃れる。薩州家実久は、豊州家忠朝・新納忠勝

島津奥州家勝久の墓　鹿児島市・福昌寺墓地

の仲介により、いったん勝久と和睦し、勝久は再び鹿児島に戻る。しかし、天文四年四月、鹿児島に復帰した勝久は、末弘伯耆守肅正の張本人である川上昌久を誅殺した上で、当時、大隅国帖佐（姶良市）に進出していた祁答院重武（嵐浦）と同国横川（霧島市横川町）に進出していた北原氏に支援を求めた。その一方、鹿児島衆（守護直臣）らは、谷山に進出していた薩州家実久のもとに走り、同年一〇月頃に薩州家勢と祁答院勢の戦いとなる（「樺山玄佐自記」）。

　この戦いに勝利した薩州家実久は、奥州家勝久に対し、「諸事実久を御頼と御契約なれは、末弘江生涯をさせつる、国をも従爰以後、実久可存之旨御神判有し」と、国政を実久に委任する旨の勝久起請文（御神判）を提示したという（「樺山玄佐自記」）。これに対し勝久は、「実久尤也、最前如御約束、実久御代を押而御進退可有也、（中略）今日より我者屋形と云へる名を別まて」と言い、「屋形」の地位を薩州家実久に譲るかたちで帖佐に退去していった（「樺山玄佐自記」）。その後、勝久は鹿児島復帰を図るが、二度と鹿児島の地を踏むことはなく、天正元年（一五七三）一〇月一五日、豊後国沖ノ浜（大分県大分市）で没している（「正統系図」）。

なお、このとき勝久は、島津本宗家伝来の重宝・古文書類の多くを持ち出したようであり、それが後年、島津貴久・義久父子を苦しめることになる。

薩州家実久の守護就任と新納氏の没落

「樺山玄佐自記」は、奥州家勝久の鹿児島退去に続いて、次のように記す。

> か丶る程に、伊集院栫へ其外吉田・大隅衆皆実久を用る、実久鹿児島へ被打入、守護之御振舞と見得けり、豊州・北郷、右衛門太夫殿を以御懇切也

伊集院をはじめとする守護直轄領の直臣たち、そして大隅の御内・国衆の多くが薩州家実久を支持し、実久は「守護」として振る舞うようになったとする。これに対し、豊州（忠朝）・北郷忠相は、右衛門大夫（忠朝の甥忠隅）を使者として、「懇切」すなわち懇ろな関係を結ぼうとしたということであり、いち早く薩州家実久支持の立場を示したことになろう（西森綾香・二〇〇六年）。山口研一氏は、樺山玄佐（善久）が「守護」だと断定しないのは、相州家貴久の義弟としての立場上の「曲筆」（事実を曲げて書いた文）だとした上で、勝久家臣団の支持を得て、勝久に代わって鹿児島に入り、しかも「屋形」号を譲られたという事実をもって、薩州家実久がこの時点で守護職を継承したとしている（山口研一・一九八六年）。筆者も山口氏の説に同意したい。

前守護奥州家勝久による積極的・主体的譲渡を前提としないという意味において、大永七年（一五二七）の貴久による本宗家家督継承も、天文四年（一五三五）の薩州家実久による守護職継承も、

本質的には違いはないのである。

相州家一瓢斎・日新斎父子がクーデターにより貴久を本宗家家督に据えようとした際は、奥州家勝久（忠兼）の身柄を確保していたにもかかわらず、有力御一家・国衆の支持が広がらず失敗に終わった。薩州家実久は、奥州家勝久の身柄を確保していなかったが、いち早く御一家・国衆の支持獲得に動いたようである。「樺山玄佐自記」は次のように記す。

其脇実久、豊州（忠朝）御相談之為、先北郷殿江入御、従其飫肥江被越山、北郷讃州（忠相）・本田紀州（董親）被召列、始中終御談合と也、それより志布志江御越、祢寝（清平）・肝付（兼続）も被参、実久守護の御望の御地躰を被仰候歟、忠勝へ其比肝付・本田なとも新納（忠勝）之進退なれはにや、此儀無承引、

実久は、北郷氏の本拠庄内都城（みやこのじょう）（宮崎県都城市）を経由して島津豊州家の本拠飫肥（おび）（宮崎県日南市）に入り、北郷忠相・本田董親・豊州家忠朝と談合すると、さらに新納氏の本拠志布志（しぶし）（志布志市志布志町）に入り、新納忠勝・祢寝清平（きよひら）・肝付兼続と談合に及んだ。談合の内容は、「守護の御望の御地躰」を仰られたのだろうとある。意味が取りづらいが、守護として承認してほしいと同意を求めたとみられるが、新納忠勝が同意しなかったため、肝付兼続・本田董親も薩州家実久の就任に同意しなかったようである（西森綾香・二〇〇六年）。

山口研一氏も指摘するように、薩州家実久への支持は大隅・日向両国にも広がっており、強固であったようにみえる（山口研一・一九八六年）。ただ、なぜか新納忠勝は実久を支持しなかった。薩州家実久が御一家・国衆の同意を取り付けるなか、新納忠勝は、北原氏を頼って日向国真幸院般若寺（まさきいんはんにゃじ）

（湧水町般若寺）に遷っていた奥州家勝久のもとを訪れていたという（「樺山玄佐自記」）。

その際の手日記（伝達・協議事項を列挙したもの）とみられる天文五年三月一一日付の文書が、『旧記雑録』に収められている（『旧記前』二―二二七五）。冒頭に「御屋形様就御進退之儀」とあることから、般若寺に逼塞を余儀なくされている奥州家勝久の復権を画策していたとみられる。全部で一五か条からなるが、そのうち四か条で「相州」すなわち相州家日新斎に関する記述がある。新納忠勝は勝久に対し、相州家日新斎との連携を勧めたと思われる。具体的には、この直前に行われた相州家日新斎・貴久父子による伊集院奪取（後述）を承認した上で、樺山善久・肝付兼演・蒲生茂清の三氏と連携して日新斎を「御使」とし、勝久派の祁答院重武（嵐浦）と「境目之校量」に当たらせるというものである。薩州家実久との和睦を模索しつつ、旧敵ではあるが、相州家日新斎を中心とする対抗軸を作ろうという構想であろう。

「樺山玄佐自記」には、「されは豊州・北郷殿・本田、於飫肥之内談、新納殿此事（筆者注：薩州家実久の守護就任）於無同心、先新納殿を責亡し、其後南方へ可被向」とあり、豊州家忠朝・北郷忠相・本田董親の三氏の内談により、新納氏攻撃を決定したという。この内談の時期は定かではないが、これ以前から北郷氏・豊州家と新納氏は敵対関係にあった。薩州家実久が鹿児島から奥州家勝久を追放する二か月前の天文四年八月、北郷忠相と豊州家忠朝は、新納領の財部・末吉・松山・梅北に進攻し、庄内（都城盆地）から新納氏を排除しようとしていた。これに対し、新納忠勝は北原氏と母の実家伊東氏に救援を求めている（「三代日帳写」）。北郷氏と豊州家が、いち早く薩州家実久支持を打ち

志布志城模型写真　鹿児島県歴史資料センター黎明館蔵

出した以上、新納氏としてはこれに乗るわけにはいかず、奥州家勝久を庇護する北原氏を通じて対抗軸を形成せざるをえなかったのであろう。

しかし、新納氏の動きは間に合わなかった。北郷忠相と豊州家忠朝を中心とする勢力は、天文六年正月に財部（曽於市財部町）・梅北（宮崎県都城市梅北町）両城を攻略すると、破竹の勢いで新納領に進攻し、同年七月までに本拠志布志城を包囲（近世の家譜類は、翌天文七年のこととする）。新納忠勝は降伏して志布志を去り、新納氏の旧領は、北郷・豊州家・肝付・祢寝・本田の各氏が分割併呑したという（「三代日帳写」）。

ここに、南北朝期以来、二〇〇年にわたり日向南部の有力御一家として君臨してきた新納氏は、あえなく没落したのである。ただ、新納忠勝が残した策に従い、奥州家勝久は相州家日新斎との連携に踏み切り、相州家日新斎・貴久父子もこれを利用して、薩州家実久に決戦を挑んでいく。

4、島津貴久の「太守」就任

島津義久の誕生と入来院氏

相州家日新斎・貴久父子が薩摩国南郷を攻略する直前の天文二年（一五三三）二月九日、貴久（二〇歳）の長男虎寿丸が、伊作城内で誕生する。のちの義久である。母は、薩摩国入来院（薩摩川内市入来町・樋脇町）の国衆入来院重聡（しげさと）の娘（?～一五四四）であり（雪窓夫人（せっそうふじん））、同四年七月二三日には二男忠平（ただひら）（のちの義弥（よしたか）・義弘（よしひろ））、同六年七月一〇日には、三男歳久（としひさ）を生んでいる（「正統系図」）。

当初、貴久は大隅国衆肝付兼興の娘を室としていた。その時期は、貴久が奥州家忠兼（勝久）の養嗣子となった大永六年（一五二六、貴久一三歳）前後とみられるが、この室は二〇歳の若さで亡くなっている（「肝属氏系図文書写」所収「伴家系図」）。次に室となったのが、この入来院重聡の娘である。

入来院氏と相州家の婚姻関係成立には、もちろん政治的意図があった。享禄元年（一五二八）九月から同四年にかけて、入来院重聡は、島津薩州家家臣山崎豊前守成知（しげとも）の守る百次城（ももつぎ）（岩田ヶ城、薩摩川内市百次町）攻略を目指し、四度にわたり進攻するものの、いずれも撃退されている（『川内市史』上巻・六一一～六一三頁）。さらに、天文元年一〇月、入来院重聡の娘婿東郷重朗（とうごうしげあき）は、薩州家勢と薩摩国中郷（薩摩川内市中郷町）で交戦しており（『旧記前』二―一八二二）、同年一二月には、入来院重聡の

伊作城跡　鹿児島県日置市

嫡男重朝が薩州家の支配下にあったとみられる平佐城（同市平佐町）を攻略している（『旧記前』二―二二八六）。

渋谷一族は、川内川下流域の権益をめぐって、薩州家と対立していたようである。前出の天文五年三月一一日付新納忠勝手日記に、「実久、入来・東郷間之事、何れも和平之事」とあるのは（『旧記前』二―二二七五）、これを裏付けよう（山口研一・一九八六年）。そして、同じく渋谷一族の祁答院重武（嵐浦）は、前述のように、大隅国帖佐に進出して奥州家勝久方となり、天文四年一〇月に薩州家実久と鹿児島で交戦して敗退しているように、鹿児島を退去した勝久を庇護している。

島津薩州家実久は、相州家日新斎・貴久父子と入来院氏をはじめとする渋谷一族にとって共通の敵であり、入来院重聡の娘と貴久の婚姻は、薩州家に対する共同戦線の成立を意味しよう。そして、祁答院氏が奥州家勝久を庇護したことは、渋谷一族を介して勝久と日新斎・貴久父子を結びつけることとなる。

奥州家勝久との連携

天文五年（一五三六）三月七日、相州家日新斎・貴久・忠将父子三人は、伊集院（一宇治城カ、日置市伊集院町）を攻略する（「貴久記」）。前出の同年三月一一日付新納忠勝手日記に、「相州就伊集院之儀之事、先以御家之可為御再興之事」とあるのは（『旧記前』二―二二七五）、このことを指そう。「貴久記」によると、相州家は伊集院攻略を真幸に逼塞中の奥州家勝久に注進し、勝久は「入国之基成」と大いに喜んだという。相州家による伊集院進攻は、奥州家勝久との連携とその承認のもとで実施された可能性が高い。

なお、この「入国」という表現は、その後の勝久発給文書にたびたび登場する。同年に比定される六月三日付で入来院氏家臣に宛てられた勝久書状は、入来院重聡の嫡男重朝（相州家貴久義兄）の忠節を賞し、「入国」したならば「七嶋之内一所」を与えることを約している（「入来院」一三・一四）。おそらく「入国」とは、勝久の鹿児島復帰を意味しているのだろう。勝久が入来院氏に期待したのは、鹿児島復帰への支援であった。

伊集院攻略に成功した相州家日新斎・貴久父子は、伊集院周辺の諸城、さらに鹿児島へと続くルート上の諸城攻略に着手する。天文五年九月に神殿城（日置市伊集院町上神殿）、一一月に長崎栫（同町土橋）、一二月に石谷城（鹿児島市石谷町）を接収すると、翌天文六年正月、薩州家方の肥後助西（恕世）の籠もる竹之山城（日置市伊集院町竹之山）を攻略する。この竹之山城攻撃には入来院勢が合力していたらしく、「貴久記」は「他之勢ヲ借事是始也」と特筆している。さらに翌二月には、相州家勢は犬迫栫（鹿児島市犬迫町）を攻略し、薩州家勢は鹿児島から谷山への撤退を余儀なくされたという（「貴久記」、「樺山玄佐自記」）。

同年三月、奥州家勝久は入来院氏に対し、「入国之企」への奉公を賞し、「満家院之内郡山之城并卅町」（鹿児島市郡山）を宛行っている（「入来院」四五）。勝久の認識では、相州家・入来院氏の鹿児島への軍事行動は、あくまでも「入国之企」、すなわち勝久の鹿児島復帰のためのものであった。だからこそ、勝久は入来院氏に対して相州家への合力を命じ、恩賞も勝久自ら宛行ったのである。

また、貴久はそのまま守護所たる鹿児島に入ることもしなかった。代わりに入ったのは、大隅国府周辺を制圧しつつあった本田董親であり、島津奥州家のかつての居城である東福寺城（鹿児島市清水町）に番衆を入れ、あわせて向島（桜島）を「拝領」したという（「樺山玄佐自記」）。この年一二月二四日、奥州家勝久は本田董親に対し、「鹿児島荒田名八十町」（鹿児島市荒田町ヵ）や「向嶋地頭」を「今度之仍忠節」宛行っている（『旧記前』二―二三一六）。鹿児島に貴久ではなく本田氏を入れたのも、奥州家勝久の意向だったとみるべきだろう。

このように、奥州家勝久との連携を背景に、薩摩半島北部で着実に勢力を固めつつあった相州家日新斎・貴久父子であったが、奥州家勝久を軸とした政治秩序の再構築を目指していたとは考えにくい。天文六年九月、貴久は家臣上原尚近（なおちか）に対し、「薩州日置庄之内古垣名上原屋敷」の坪付を発給している（『旧記前』二―二三一五）。貴久自身による、知行保証の初見史料であり、この頃から独自の知行制を確立しつつあったとみてよい。また、前述のように翌年七月、日向国南部で新納氏が没落しており、一部の一族を相州家は受け入れている。のちに戦国島津氏きっての猛将として活躍する新納忠元（ただもと）（一五二六～一六一一）が、父祐久とともに相州家家臣となったのもこの頃であった（「新納忠元勲功記」）。相州家は、来たるべき薩州家との決戦に備え、着実に地盤を固めつつあった。

加世田攻略

「貴久記」によると、薩州家実久は天文六年（一五三七）四月上旬、和泉から加世田に入ったという。そして五月二日、相州家と薩州家の「和平」（和睦）が成立したと記す。相州家日新斎は、現時点での勢力圏の内、伊集院・鹿児島・谷山・吉田を薩州家に割譲するとともに、実久を「守護と可仰」と提案し、代わりに加世田（南さつま市加世田）・川辺（南九州市川辺町）を相州家に去り渡すよう要求した。しかし、実久はこの提案に乗らず、両家は決裂するに至ったという。

この和睦はほかの同時代史料では確認できず、その後の相州家による加世田進攻が、あくまでも薩州家実久の不義によるものであることを明確化するために創作された可能性もある。ただ、鹿児島から薩州家勢を駆逐して以降、しばらく薩州家との全面抗争に踏み切れなかったのも確かであり、それだけ薩州家の軍事力とその支持勢力が大きかったと考えられる。

相州家日新斎・貴久父子が、薩州家との全面抗争に踏み切ったのは、天文七年一二月のことであった。同月一九日頃から前哨戦が始まっており（『旧記前』二―二三二四）、同月二八日酉刻（午後四時頃）、日新斎・貴久・忠将の父子三人率いる相州家勢は出陣し、薩州家の薩摩半島における拠点であった加世田別府城（南さつま市加世田武田）へ夜襲をかける。激戦の末、翌二九日の寅刻（午前四時頃）に本城を攻め落とし、城将阿多飛騨守ら多くが討ち死にしたという。さらに午刻（一二時頃）、川

日新斎が建立した加世田の六地蔵塔　鹿児島県南さつま市

辺方面から後詰めに来た大寺越前守・鎌田加賀守政真に対し、貴久・忠将兄弟が打って出てこれを撃破したという（「貴久記」、「箕輪伊賀入道覚書」）。

日新斎が、まず最初に加世田攻略を目指したのは、祖父伊作久逸が討ち死にした地で雪辱を果たすためともされるが、中世前期以来の要港である万之瀬川河口を制圧し、薩州家の本拠である薩摩北部との連絡ルートを断つ目的があったことは確かであろう。以後、相州家では、加世田方面を日新斎が、鹿児島方面を貴久が担当し、薩摩半島に残る薩州家方拠点の攻略に当たっていく。

なお、加世田攻略後まもない天文八年正月一一日、日新斎は吉書始を行っている（『旧記前』二—二三四〇）。吉書始（奏）とは、平安期以来、改元・年始など事が改まったときに吉書を奏聞する儀式であり、武家でも、年頭などに将軍らが吉書を総覧して花押を据える儀式が行われた。南九州において、どの程度のクラスの領主が吉書始を行っていたのかはっきりしないが、これが相州家当主による吉書始の初見である。加世田攻略直後に行われているとともに、貴久ではなく日新斎が行っていることも注目される。この時点では、貴久が「守護」（太守）であるという認識はなく、日新斎が相州家当主として領域支配を担う存在であったことを物語ろう。

紫原合戦に勝利し薩摩半島を統一

天文八年（一五三九）三月、島津貴久は鹿児島上之山（鹿児島市城山町・新照院町、現在の城山）に栫を築き、ここに出陣する。「樺山玄佐自記」は「於紫原谷山衆出合軍あり」と記し、おそらく貴久が出陣した上之山を攻撃しようと、谷山の薩州家勢が紫原（同市紫原）に出陣し、貴久勢と交戦するに至ったということになろう。月毛の馬に乗り指揮を取った貴久は、谷山本城（同市下福元町）から出撃してきた祢寝播磨守ら数十人を討ち取り、宇宿・波之平（同市宇宿・東谷山）まで追撃したという（「樺山玄佐自記」）。「貴久記」や「箕輪伊賀入道覚書」は、この戦いを三月一三日のこととする。

この戦いに勝利したことにより、谷山にあった薩州家方の三城（谷山本城・苦辛城・神前城）は支えることが難しくなったようである。まず、翌三月一四日には、苦辛城主平田式部少輔宗秀が帰順し、城主祢寝播磨守を失った谷山本城の衆は、神前城に撤退する。同月二四日（二六日とも）には、神前城が開城し、城主大野駿河守（忠悟カ）以下、多くの薩州家一族・家臣等が投降し、谷山の薩州家の拠点はすべて陥落した。また、神前開城前には、頴娃・指宿の国衆頴娃小四郎（兼友カ、一五二九～四八）と、喜入の御一家島津忠俊（一五〇八～四九）が貴久に見参しており、薩摩半島南部の有力領主ふたりが相州家へ従属したことになる（「貴久記」、「箕輪伊賀入道覚書」）。

時を同じくして、加世田の日新斎は、三月二八日、川辺古殿（南九州市川辺町古殿）まで出陣し、川辺高城（松尾城、同市川辺町松尾）城主鎌田加賀守政真が降伏・開城している。さらに翌日には、本城の平山城（同市川辺町平山）も開城し、四月一日に日新斎が同城への入城を果たしている（「貴久記」、

図2　鹿児島周辺図

「箕輪伊賀入道覚書」）。

ここに、島津相州家日新斎・貴久父子は、先に見参を果たして従属した頴娃・島津（のちの喜入氏）領、そして日新斎の義弟・佐多半閑斎（忠成、一四九八～一五四九）が領する知覧（南九州市知覧町）を含めて、薩摩半島統一を果たしたとみていいだろう。

一方、島津薩州家からみると、天文六年の加世田陥落により、薩摩半島の拠点は薩摩北部との連携を断たれてしまい、紫原合戦は、起死回生のための最後の懸けだったのだろう。一連の薩摩半島での攻防で、薩州家実久が陣頭指揮をとった気配はない。おそらくは、本拠和泉にいたものと考えられる。

薩摩北部では、相州家方の入来院氏らとの抗争が続いていたとみられ、天文七年五月には、入来院重朝が薩州家方の百次地頭山崎成智を討ち取ったと伝えられる（『本藩人物誌』）。肥後相良氏の史料である『八代日記』によると、同年四月一三日、「薩州真久」なる人物が佐敷（熊本県葦北郡芦北町）に現れ、相良長唯（のちの義滋）・為清（のちの晴広）父子と会談している。真久とは読みから考えて、実久のことであろう。さらに翌天文八年一〇月には、相良長唯と起請文を交わしている（『相良』三二三）。相良氏と渋谷一族との関係を考えると（拙稿二〇一一年）、相良氏に渋谷一族との和睦仲介を依頼した可能性もあろうが、結果的にこの外交交渉は間に合わなかった。

薩摩北部での軍事対立による薩州家戦力の分断、これが相州家に利したのであり、その意味では相州家が奥州家勝久と連携した効果は大きかったと判断できよう。ただ、薩摩半島から薩州家勢力を排除できた今、奥州家勝久と連携する意味はなくなったのであり、相州家日新斎・貴久は、自立した権力確立へと舵を切っていく。

老中制度の確立

相州家が薩摩半島を統一した直後の天文八年（一五三九）四月吉日、伊集院忠朗と村田経定が連署して、薩州家方の拠点だった神前城近くの伊佐智佐権現（現在、鹿児島市和田町に所在）に対し、谷山郡内の修理田・祓田三反を与える坪付を発給している（『旧記前』二―二三五四）。先述のように、これ以前の知行関係の坪付発給は、事例は少ないものの、日新斎あるいは貴久が単独で署判する形で発給されていた。それがこの頃から、重臣の連署で発給されるように転換していったとみられる。

伊集院忠朗は、島津相州家譜代の家臣で、村田経定は代々守護家たる奥州家の老中を務めてきた村田氏の直系であり、父経董（武秀）は先述のように、虎寿丸（貴久）を奥州家勝久の養嗣子に迎えようとした、相州家方老中のひとりだった人物である。村田氏が加わっていることからみて、相州家は譜代家臣に奥州家老中を加える形で、新たな老中制度を構築したとみられる（山口研一・一九八六年）。天文九年に比定されている年欠七月二六日付の島津豊州家家臣日置久参（久岑カ）書状に、「貴久様之御老中」・「鹿伊之老中」とあるのも、この推測を裏付けよう（『旧記前』二―二二四九、大山智美・二〇〇九年）。

そして、「樺山玄佐自記」によると、天文六年頃から「鹿児島麓所々」に人々を移したとあり、打ち続いた戦乱によって荒廃した守護所鹿児島の再建に乗りだしたようである。そして、島津貴久は上之山（現在の城山）に現れ、東福寺城の「御番」に村田越前守（経定）を任じたと記す。守護所の再建と奥州家重臣の登用による老中制度確立は、島津相州家みずからが守護家たらんとする方向性を示したものと理解できよう。

市来攻略と相州家一瓢斎の死

相州家による薩摩半島統一により、守護所鹿児島近隣の薩州家の拠点は、串木野（くしきの）・市来（いちき）（いちき串木野市、日置市東市来町）のみとなっていた。島津貴久は、天文八年（一五三九）閏六月、市来攻略に乗り出す。同月一七日、まず市来本城の西側に位置する平之城（ひらの）（日置市東市来町長里）を攻略する（「貴久記」、「箕輪伊賀入道覚書」、「樺山玄佐自記」）。

ここで注目されるのは、市来攻略戦に従軍した諸将である。島津貴久・忠将兄弟以下、貴久の義兄入来院重朝、同じく義兄樺山善久、喜入領主島津忠俊、薩摩知覧領主の佐多半閑斎、頴娃・指宿領主の頴娃小四郎（兼友カ）、蒲生若狭守（親清カ）、種子島氏（恵時カ）が従軍し、貴久の義兄で大隅高山領主の肝付兼続、祢寝清年、大隅加治木領主の肝付兼演、大隅下大隅領主の伊地知重武（一五〇六〜四七）も兵を出したという（「貴久記」、「箕輪伊賀入道覚書」）。

天文二年の日置南郷攻略以降、島津相州家はほとんど独力で薩州家方と対峙し、薩摩半島を攻略していった。他氏の援軍で目立ったものは、天文六年の竹之山城攻めにおける入来院重朝くらいである。それが、島津貴久による紫原合戦、そして谷山三城攻略により、周辺御一家・国衆の見参が相次ぎ、彼ら従属御一家・国衆を動員しての初めての合戦が、この市来城攻めだったのである。

この段階で従属した国衆らの過半は、つい先日まで島津薩州家実久あるいは奥州家勝久を「守護」として支持してきたものたちであり、彼らを動員して薩州家の拠点を鹿児島周辺から排除すること自体に大きな意味があったのだろう。江戸期に記される、御一家・国衆に起源をもつ島津氏家臣らの家譜に、この天文八年の市来城攻めへの従軍が記されるのは、島津貴久を祖とする戦国・近世大名島津家の初発段階から、同家へ忠節を尽くしてきたことをアピールするのに最も適した戦いと、後年認識されたためであろう。

平之城攻略後、「無比類能城（ひるいなきよきしろ）」（「樺山玄佐自記」）とされる市来本城（日置市東市来町長里）への包囲が続き、同月二七日には、本城東南側の大日寺口で大きな合戦があり、島津忠俊・樺山善久・蒲生親

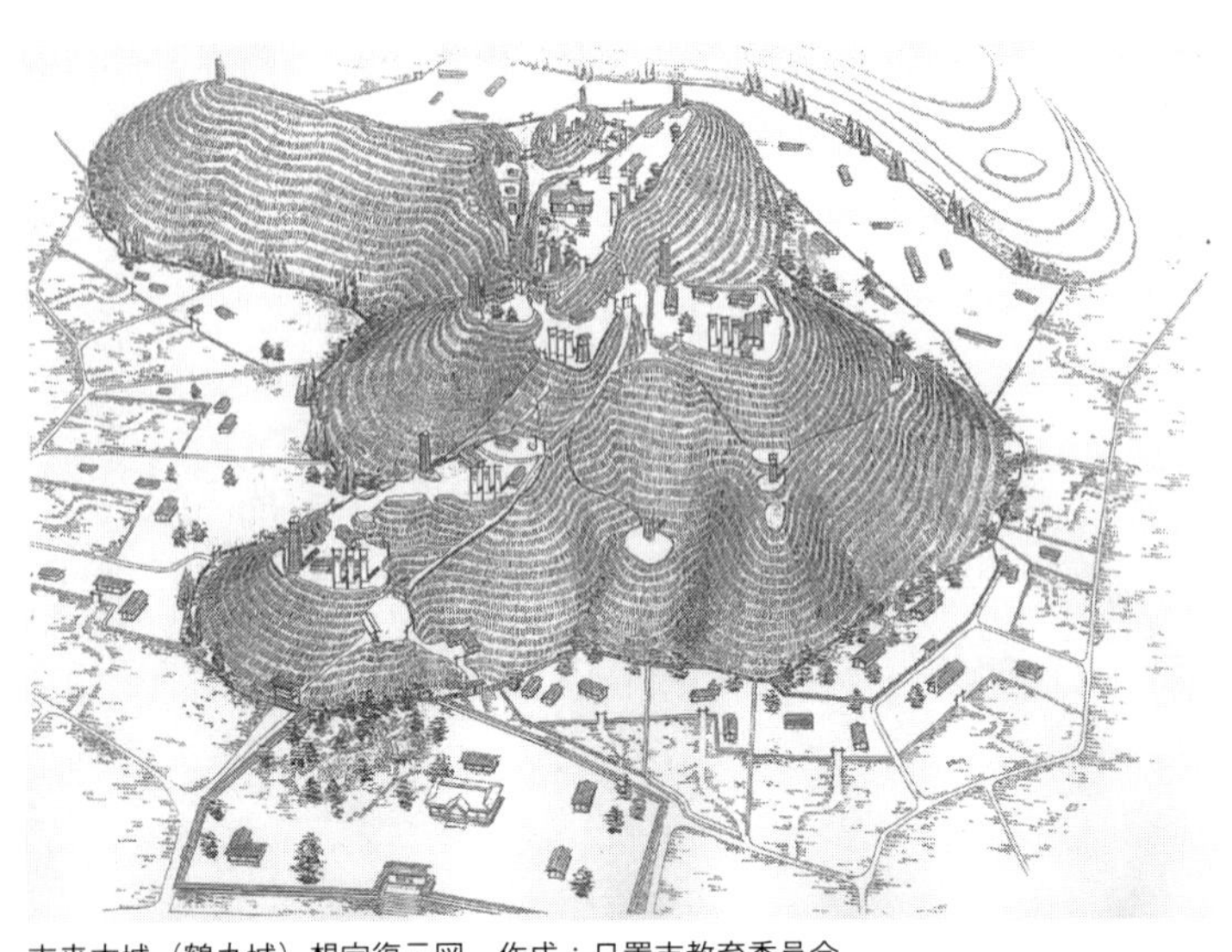

市来本城（鶴丸城）想定復元図　作成：日置市教育委員会

清が奮戦したことが特筆されている（『旧記前』二―二三七二～二三七七）。そして、翌々月の八月四日、島津忠将・伊集院忠朗らが率いる相州家勢は再び市来本城を包囲する。すると、同月二八日、薩州家実久の舅で串木野城主の川上忠克（忠克二女が実久の後室）が開城して和泉に撤退する。これにより孤立した市来本城は、同月二九日、城主新納常陸守（忠苗カ）と実久の叔父筑前守忠房が降伏し、翌九月一日、島津貴久は市来本城入城を果たす（「貴久記」、「箕輪伊賀入道覚書」）。

　これとほぼ同時期に、入来院重朝が川内川左岸の百次（薩摩川内市百次町）を薩州家から奪還したといい（『本藩人物誌』）、南北からの挟撃を恐れて開城を余儀なくされたのであろう。さらに、入来院重朝は、隈之城（薩摩川内市隈之城町）も攻略し、川内川左岸一帯の宮里・平佐・碇山・天辰・高江・寄田（いずれも薩摩川内市）を領有するに至ったという(『本藩人物誌』)。

これにより、薩摩国の川内川以南は島津相州家の勢力圏となったのであり、これを最後に、島津薩州家実久の相州家に対する軍事的抵抗はなくなる。相州家日新斎・貴久父子は薩摩国における覇権を確立したといえ、薩隅日三か国においても軍事的・政治的に頭抜けた存在となったことは間違いない。

なお、市来城攻めの最中、天文八年七月一日に相州家日新斎の父、貴久の祖父である一瓢斎(運久)が没している(享年七二、『旧記前』二―二三六八、「略御系図」)。近世以降の家譜類では、一連の家督継承の過程をすべて日新斎(忠良)・貴久父子の功績として記すが、既述のように、虎寿丸(貴久)の奥州家への養子入り、そして享禄の和平会議など、要所要所でこの一瓢斎が登場している。虎寿丸元服時の先例としても、一瓢斎の元服儀礼が参照されており(小瀬玄士・二〇一三年)、御一家筆頭として長きにわたり君臨してきた彼の存在が、忠良の台頭、貴久の養子入りに大きく影響していたことは疑いようがない。決して、常盤(伊作善久未亡人)の〝美貌〟に惑わされて忠良に家督と所領を譲っただけの人物ではなかったのである。

一連のクーデターの〝絵図〟を画いたのも一瓢斎だった可能性がある。あるいは、本宗家家督＝守護職を継げなかった父友久の無念を、孫虎寿丸の養子入りにより晴らそうとしたのかもしれない。このクーデターそのものは失敗に終わったものの、相州家の後継者たる貴久が鹿児島を制し、多くの御一家・国衆を従属下に収めた状況を見届けつつ亡くなったのは、本望だったろう。

島津貴久の「太守」化

市来・串木野制圧後の天文九年（一五四〇）三月、島津奥州家の菩提寺である福昌寺（鹿児島市池之上町）の一四世住持・恕岳文忠（一四六二～一五四八）は、島津貴久による福昌寺復興について記し、貴久から袖判を得ている（『旧記前』二―二三九三・二三九四）。これによると、天文六年以降の「国家喪乱」により福昌寺は荒廃したが、天文八年の春、貴久が宇宿の旧寺領を寄進し、再興を命じたという。

ここで恕岳は、貴久を「三州大府君藤原貴久」と呼び、「当寺中興大壇越」と記している。「府君」とは、中国漢代の地方行政単位である「府」の太守の敬称である。つまり「三州大府君」とは、薩摩・大隅・日向三州「太守」＝守護という意味である。福昌寺住持恕岳は、この時点で島津貴久を薩隅日三か国守護と認識していたことになる。これは、寺の復興費用を保証してくれた人物へのリップサービスにとどまるものではない、重要な意味を持つ。

福昌寺は、応永二年（一三九五）、島津奥州家二代元久によって創建され、同家の菩提寺となった。しかも、同寺は単なる菩提寺以上の機能を何度か果たしている。

応永一八年八月六日、奥州家元久は、自身の妹と伊集院頼久との間に生まれた初犬千代丸を後継指名して死没した。しかし、元久の弟で日向国穆佐院（宮崎県宮崎市高岡町）にいた島津久豊は、この家督継承を認めず、長駆鹿児島に駆けつけて福昌寺に入り、前当主元久の位牌を奪い取ったとされる（「山田聖栄自記」）。さらに、同年閏八月閏一〇月には、兄元久らの福昌寺への寄進状を安堵しており

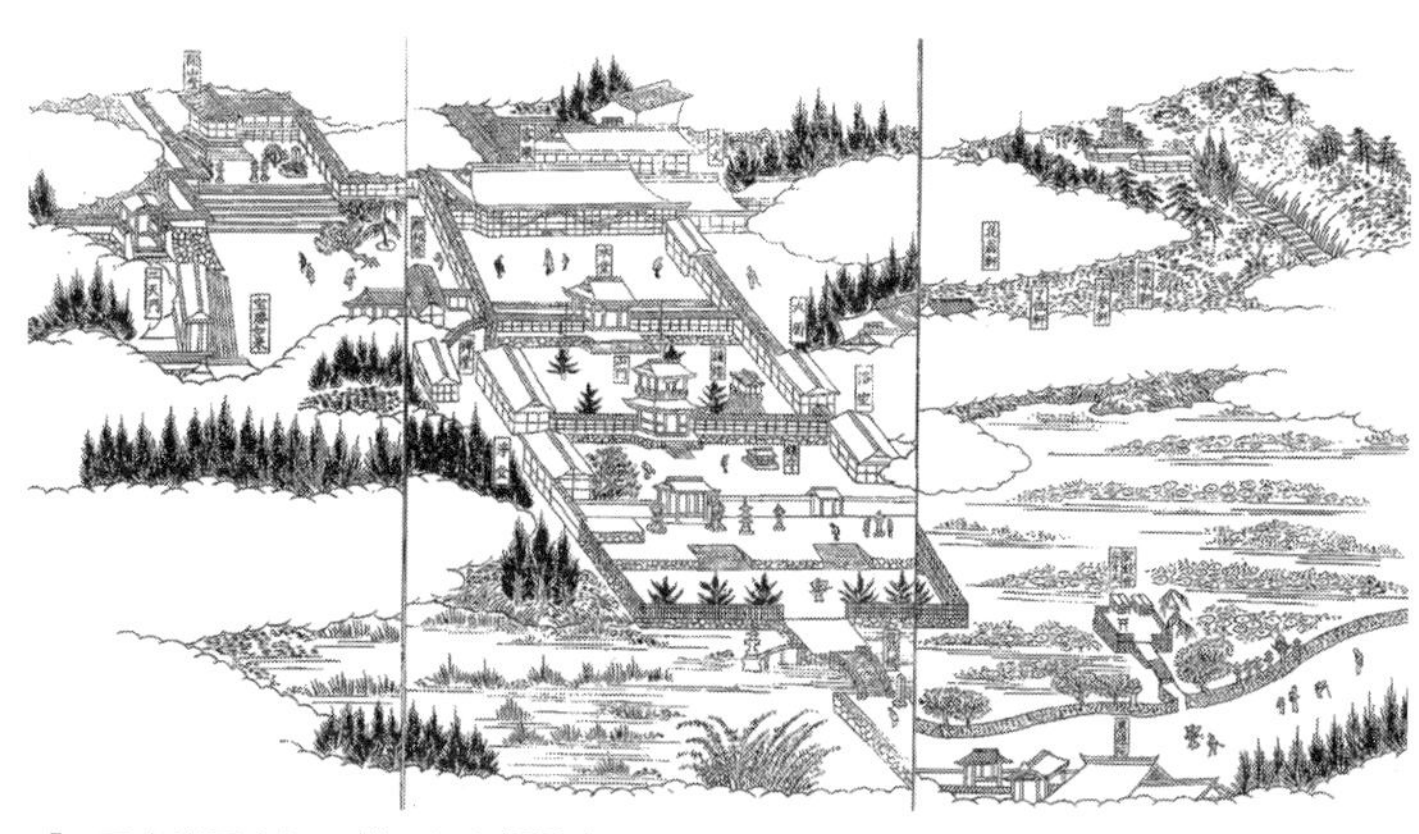

『三国名勝図会』に描かれた福昌寺

（『旧記前』二―八四九）、福昌寺の掌握とこれに保護を与えることが、強引な家督継承・奪取を正当化するために利用されていた（拙著・二〇一五年）。

さらに、永享一一年（一四三九）二月一八日、福昌寺三世住持・仲翁守邦（奥州家元久嫡男、一三七九～一四四五）は、「本寺大檀那」である島津持久（島津薩州家の祖、実久の高祖父）に対し、島津久豊らの寄進状への安堵・諸役免除を求めたことを記し、持久から袖判を得ている（『旧記前』二―一二一六）。折しも持久（用久）は、兄忠国に代わって本宗家家督＝薩隅日三か国守護職の継承を目指しており、仲翁守邦は彼を「大檀那」と呼ぶことで、それを承認・正当化したのである（拙著・二〇一五年）。

このように、本来の家督継承とは異なる形で、島津本宗家の家督継承（奪取）を目指す者は、福昌寺を取り込み、その所領を保証することで、本宗家家督としての正統性を獲得しようとした。おそらく、島津貴久も福昌寺住持恕岳文忠も、こうした先例を知った上で、同様の安堵申請、それへの証判付与を行ったとみられる。つまり、島津貴久ははっきりと奥州家勝久と決別し、みずからが薩隅日三か国守護であることを内外にアピールしたのであり、しかも、福昌寺を保護することで、自身こそが島津奥州家の正統なる継承者であると主張する道を選択したと理解されよう。

第三章　大隅国への進出

1、一六世紀前半の大隅・日向情勢

大隅国府周辺の状況

天文九年（一五四〇）、薩隅日三か国「太守」を自認するに至った島津貴久であるが、その勢力圏は依然、薩摩国南部のみであり、三州全域に支配を及ぼすまでには多くの障害があった。貴久がこれから相対する諸勢力を確認する意味でも、ここで視野を広げ、大隅国中部と日向国南部の状況を確認しておきたい。

第二章―3「大永末年の大隅中部情勢」で整理したように、大永六・七年（一五二六・二七）の島津相州家によるクーデターまで、大隅国府周辺から西方の始羅（あいら）郡（現在の始良市域）にかけては、守護島津氏（奥州家）の直轄領が多く点在するとともに、本田氏をはじめとする守護被官（御内）が配置され、奥州家の権力基盤となっていた。しかし、クーデター前後から、この地域には諸勢力が進出するなどして草刈り場化し、「隅州乱劇（ぐうしゅうらんげき）」（『旧記前』二―二四四五）と呼ばれるような混乱期に突入していった。

まず、大隅国府周辺では、曽於郡(そのこおり)（霧島市国分重久）をめぐって守護譜代被官であった本田氏が内訌を繰り返し、その間に北からは庄内（都城盆地）の北郷忠相(ほんごうただすけ)、南東からは新納忠勝が進出を図った。大永六年五月には、北郷・新納両氏が連携してこの地域に進攻し、北郷氏が曽於郡城を制圧したようである（「三代日帳写」、『旧記前』二—二〇三三～二〇三四）。以後、この両氏と本田氏が鼎立する状況にあった。

一方、始羅郡の帖佐や加治木（始良市）の守護被官は、島津薩州家を支持して相州家忠良の討伐を受けており、加治木はその後、クーデターを支持していた溝辺の老中肝付兼演に与えられたとみられる。また、始羅郡と大隅国府の中間に位置する要衝生別府(おいのべっぷ)城（霧島市隼人町小浜・野久美田）には、島津貴久の姉婿樺山善久がおり、この方面を相州家忠良が重視していたことは確かである。

大永七年五月に相州家忠良によるクーデターが失敗し、奥州家勝久が復権すると、この地域は奥州家勝久・薩州家実久派と、反奥州家派に分裂し、生別府の樺山氏を除く旧守護被官の多くは、勝久・実久支持の立場をとるが、本田董親(ただちか)と新納忠勝は反奥州家派として動き、同年一一月二八日には、対立する大隅正八幡宮社家との戦闘により、同社を炎上させている（「樺山玄佐自記」など）。また、この混乱に乗じて、横川・溝辺には大隅北部から北原氏が、隣国薩摩からは渋谷一族の祁答院(けどういん)氏が帖佐に進出し、享禄二年（一五二九）正月には、祁答院重武（嵐浦）が帖佐新城・本城（始良市鍋倉）を攻略している（『旧記前』二—二一三七）。天文四年、薩州家実久と対立した勝久からの要請受けて支援に向かい、さらに出奔した勝久を庇護したのが、このとき守護直轄領を押領した祁答院・北原両氏だったのは皮肉である。

既述のように、享禄二年六〜七月、鹿児島において和平会談が開催され、奥州家勝久と敵対していた本田董親をはじめとして、新納忠勝・樺山善久ら紛争当事者が一堂に会し、いったんは和平が実現している。しかし、この和平も長くは続かず、同年一一月には、北郷氏と本田氏の対立が表面化した。そして、本田董親・親尚が北郷氏の曽於郡城攻略を図り、北郷忠相と春山原（霧島市国分重久字春山）にて合戦している（「三代日帳写」）。この戦いは北郷氏の勝利に終わったようであるが、本田董親は、帖佐に進出していた祁答院重武と連携し、翌享禄三年に念願の曽於郡城奪取を果たしている（「三代日帳写」）。

天文六年には、大隅国衙周辺にたびたび進出していた新納氏が没落しており、本田氏は大隅国府周辺のほぼ全域を勢力下に収め、守護被官という立場を脱して国衆化していったとみられる。樺山善久が、この時期の本田董親を「無双人（むそうにん）」とよぶほど（「樺山玄佐自記」）、その勢力は侮り難いものとなっていたのである。

北郷・豊州家両氏の日向南部制圧

日向国庄内（都城盆地）も、永正年間（一五〇四〜一一）以降、慢性的争乱状態にあり、都城（宮崎県都城市都島町）の北郷氏、野々三谷（ののみたに）（同市野々美谷町）の樺山氏に加え、北の真幸院（まさきいん）（宮崎県えびの市・小林市）から北原氏、山東（宮崎平野）から伊東氏、南の救仁院（鹿児島県志布志市）・末吉（同県

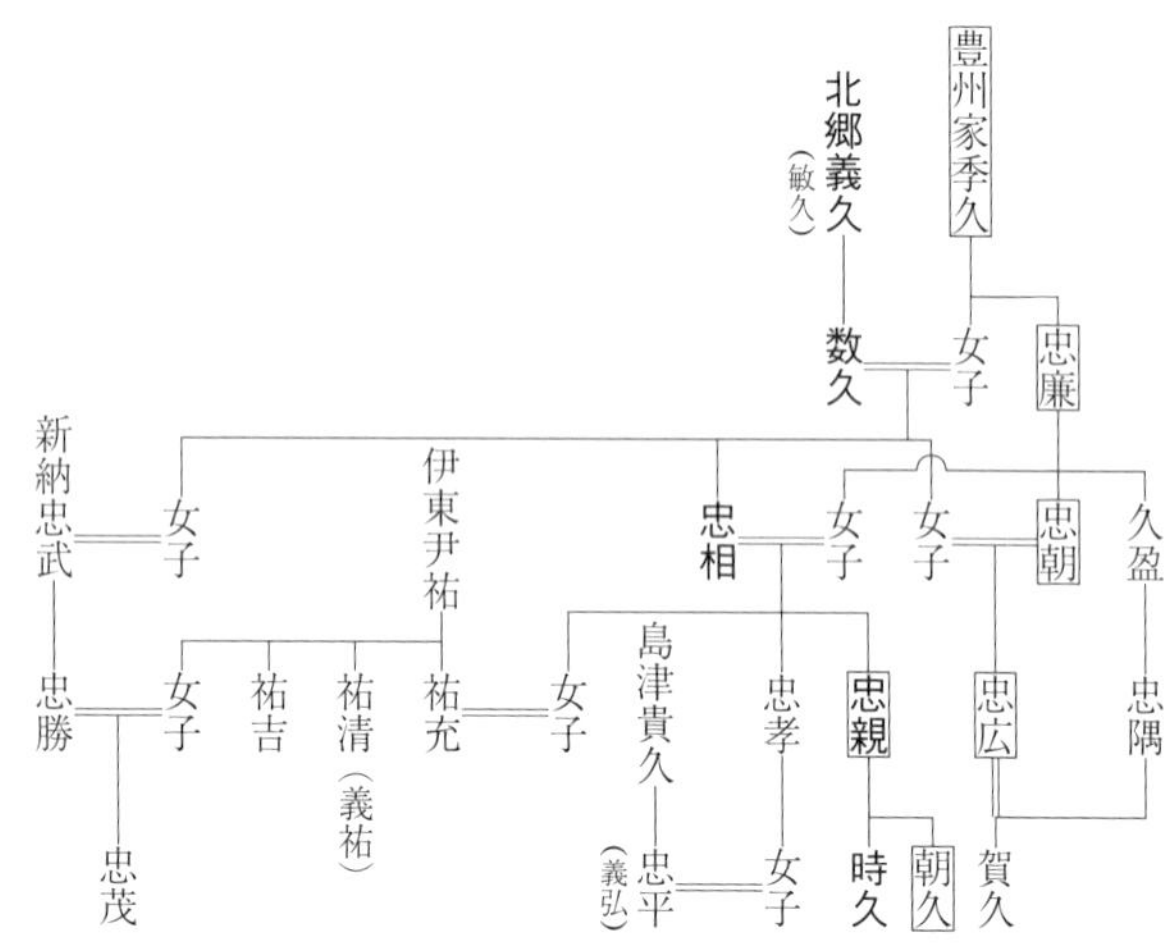

系図5　北郷氏・島津豊州家・伊東氏関係図　※太字は北郷氏当主、□は豊州家当主

曽於市）から新納氏が進出を図り、これら五氏による激しい攻防が繰り広げられた。

庄内の北部三俣院（都城市高城町・山之口町付近）は、伊東尹祐(ただすけ)の支配下にあり、山田（同市山田町）や志和池(しわち)（同市上水流町）を押さえる北原氏と連携して、徐々に島津氏一族領へと進攻していった。永正一八年（一五二一）五月には、この圧力に屈し、樺山長久・信久父子（前出樺山善久の祖父・父）が、野々三谷から大隅堅利(かたしり)小田(おだ)（霧島市隼人町）への退去を余儀なくされている（「樺山玄佐自記」）。さらに、大永二年（一五二二）四月の小鷹原(こたかばる)の戦いで、北郷勢は伊東勢に大敗を喫し、窮地に立たされた。

これに対し、北郷忠相は、重縁を結んでいた飫肥領主島津豊州家忠朝（忠相室は忠朝妹、忠朝室は忠相姉）を通じて、遣明船警固などで豊州家と協力関係にあった豊後大友氏に伊東氏との和睦仲介を依頼する（『都城市史　通史編中世・近世』二九一～二九七頁）。しかし、伊東尹祐は娘を新納忠勝の室とし、南北から北郷氏領を挟撃する形をとった（『旧記前』

二―一九八五)。大永三年一〇月、満を持して伊東尹祐はみずから庄内に出陣したが(『旧記前』二―一九八六)、野々三谷城攻略直前の同年一一月八日に陣中で頓死し、伊東氏の庄内進攻は停止する。

尹祐没後の伊東氏は、長男祐充(すけみつ)(初名祐裔、一五一〇～三三)が家督を継ぎ、翌大永四年に北郷忠相と和睦が成立。忠相の長女が祐充の室となっている(『日向記』)。和睦成立後、北郷忠相は新納忠勝とともに大隅曽於郡進出を図ったのは既述のとおりである。その後、相州家によるクーデターが勃発するも、北郷・島津豊州家両氏は相州家には組みせず、大永七年に奥州家勝久が復権するとこれを支持する。大永八年五月、北郷忠相は反勝久方の新納忠勝と敵対し(「三代日帳写」)、六月二〇日には、勝久から新納領だった大隅国財部院(曽於市財部町)を宛行われ(『旧記前』二―二二一四)、大義名分を得ている。

天文元年(一五三二)一一月に入ると、北郷氏は北原氏と組んで伊東祐充との同盟を破棄。伊東氏の三俣院支配の拠点である高城攻撃を開始する(「三代日帳写」)。さらに、翌天文二年八月、伊東祐充が二四歳の若さで没すると(『日向記』)、その後継をめぐって山東(宮崎平野)では内訌が勃発し、この間隙に乗じて、北郷忠相は島津豊州家と共に三俣院への圧力を強める。同年一一月に伊東氏は勝岡城(宮崎県三股町)を放棄し、翌天文三年閏正月には、北郷忠相が高城城代を調略してこれを接収した。たまらず、残る梶山城(かじやま)(三股町)・山之口城(都城市山之口町)の伊東勢は逃亡し、ここに北郷忠相は庄内北部から伊東勢を駆逐することに成功する。

天文四年四月、既述のように奥州家勝久は直臣らの支持を失って、薩州家実久の介入を招き、同年一〇月、祁答院・北原両氏を頼って鹿児島を出奔する。北郷忠相・豊州家忠朝は、いち早く薩州家実久の守護職自称を支持したとされるが（「樺山玄佐自記」）、これは新納氏領攻略を認めさせるためであったとみられる。同年八月、北郷忠相・豊州家忠朝は、庄内の新納領である梅北（都城市梅北町）・財部・末吉（曽於市）・松山（志布志市）への進攻を開始し、天文六年七月末までに本拠志布志城に迫って、新納忠勝を降伏させるに至っている（「二代日帳写」、一説には天文七年）。これにより、要港志布志から庄内南部に広がる旧新納氏領は、現在の曽於市域を北郷氏が、志布志市域を島津豊州家が接収し、両氏は全盛期を迎えることになる。

なお、島津貴久が薩州家方の拠点市来城を攻略した天文八年九月、真幸院般若寺に匿われていた奥州家勝久が、北郷氏の本拠庄内都城に移り（『旧記前』二―二三八〇）、その嫡男益房丸（のちの忠良、一五三六～一六一八）も、同時期に大隅国祢寝氏領内から島津豊州家領内に移っている（『旧記前』二―二二四九）。北原・祢寝両氏は、島津貴久の薩摩国における覇権確立という事態をうけ、勝久父子の存在が邪魔になったのであろう。一方、日向南部の支配を確立した北郷忠相・豊州家忠朝は、あえて奥州家勝久を庇護することで、「太守」化しつつあった島津貴久を牽制しようとしていたとも考えられよう（大山智美・二〇〇九年）。

伊東義祐の家督継承と飫肥進攻の開始

伊東氏では、天文二年（一五三三）八月に祐充が若くして没すると、島津本宗家と同様、家督をめぐる抗争が勃発している。祐充の叔父伊東祐武（尹祐弟）、祐充の次弟祐清（尹祐二男）、祐充末弟祐吉（尹祐三男）の三つ巴の争いとなるが、最終的には天文五年七月、伊東祐清が佐土原城に入り、家督を継承したようである（『日向記』）。祐清は、まもなく将軍足利義晴から偏諱を賜り、義祐と名乗る（宮地輝和・二〇一二年）。戦国伊東氏の全盛期を築く伊東義祐（一五一二～八五）の登場である。

ただ、家督をめぐる内訌は尾を引いており、天文一〇年七月、大淀川南岸の長嶺（宮崎市長峰）・穆佐（宮崎市高岡町）を地盤とする長倉能登守ら一族が蜂起する（長倉能登守の乱、『日向記』）。伊東義祐は、長倉氏の背後に真幸院の北原氏がいると見て、北郷忠相に北原氏への攻撃を求めている（『旧記前』二―二三九七）。この時点で、伊東氏と北郷氏は良好な関係にあったと思われるが、北郷氏の盟友島津豊州家は、長倉能登守を支援した。

伊東義祐画像　堺市中央図書館蔵

豊州家は、当主忠朝が前年三月に没し、長男忠広（母は北郷忠相の姉、一四六五～一五五〇）が家督を継いでいた。忠広は、重臣日置美作守（久遂カ）を長倉氏への援軍として派遣したが、同年九月、日柱の戦いで長倉・豊州家連合軍は伊東義祐勢に大敗を喫し、長倉能登守・日置美作守ともに討ち死にしている（『日向記』、「殉国名藪」）。

この戦いの結果、伊東義祐は山東の抵抗勢力を一掃することに成功した。そして、一転して島津豊州家領である飫肥への進攻を決し、同年一〇月には瀬平（日南市富士）に陣城を構築している（『日向記』）。こうして、永禄一一年（一五六八）まで二十数年にも及ぶ飫肥をめぐる伊東氏と島津豊州家の攻防が始まったのである。

2、生別府・加治木をめぐる攻防

反相州家十三人の蜂起

島津貴久が薩隅日三か国の「太守」を自認するに至った翌年の天文一〇年（一五四一）一二月、思わぬ動きが起こる。「樺山玄佐自記」によると、豊州家忠広・北郷忠相・祢寝（清年ヵ）・伊地知（重武）・廻（久元ヵ）・敷祢（頼賀ヵ）・上井（為秋ヵ）・清水（本田董親）・加治木（肝付兼演）・祁答院（良重）・入来院重朝・東郷（重治）の一三人が、談合の上、生別府城（霧島市隼人町小浜・野久美田）への攻撃を決し、同城を包囲したという。

これを記した生別府城主・樺山善久は、既述のように島津貴久の姉婿であり、大永六・七年のクーデター以来、ほぼ一貫して相州家忠良（日新斎）・貴久父子を支持しつづけた。紛争の絶えない大隅国衙周辺にあって、貴久がもっとも信頼した御一家かつ親族であったといえよう。その樺山氏への攻撃は、直接的ではないものの、島津貴久自身への敵対行動であることは間違いない。特に、貴久の義

生別府城・加治木現況写真　鹿児島県霧島市

兄(妻の兄)であり、天文八年の市来攻略までともに島津薩州家と戦ってきた入来院重朝や、大永のクーデターで相州家忠良(日新斎)と契状を取り交わした肝付兼演が、この生別府城=樺山氏攻撃に加わったのは誤算であったろう。

これにより、大隅国府周辺から薩摩国北部の川内川流域、そして日向国南部の有力御一家・国衆が、一気に島津貴久に敵対することとなったのであり、前年の「太守」化への反発とも捉えることができるだろう。

加治木城攻防戦と生別府開城

これに対し、相州家日新斎・貴久父子は、翌天文一一年(一五四二)三月、生別府城下の小浜(霧島市隼人町)に出陣する。また、これに呼応して横川(霧島市横川町)から北原祐兼の弟兼孝も出陣し、溝辺で本田董親勢を撃破し、加治木で日新斎・貴久と対面を果たす(「樺山玄佐自記」、「箕輪伊賀入道覚書」)。両軍は共同して肝付兼演の居城加治木城を攻撃するも大敗を喫し、北原氏は北原周防介

（一説には、兼孝の子）が討ち死にしている。北原氏の支援があったにもかかわらず、有力国衆らが結束すると、これを圧倒するほどの軍事力を島津貴久はいまだ持ち得ていなかったのであろう。

その後もしばらく生別府城の樺山氏は持ちこたえたが、その間、島津貴久は一三人の反相州家方の外交的切り崩しを進めていたようである。同年一一月一三日、島津貴久は本田董親と契状を取り交わし、単独で和睦を成立させる（『旧記前』二―二四四二）。そして同月二七日、日新斎・貴久は、喜入領主の島津忠俊（樺山善久の妹婿）を樺山氏のもとに派遣し、生別府からの退去を勧めて説得にあたらせた。おそらく、本田氏との和睦の条件が樺山領の割譲だったのだろう。

樺山善久はこの勧めを受け入れ、同年一二月六日、大隅国小浜・堅利・日置・山中・中野・東之別府・楠原七五町を返上し、谷山福本（鹿児島市上福元町・下福元町）に七五町を賜ることを条件に、生別府城から退去した（「樺山玄佐自記」、「箕輪伊賀入道覚書」）。樺山氏にとっては、永正一八年（一五二一）に日向国野々三谷城から退去して以来、二度目の本拠明け渡しであり、苦渋の決断であったろう。しかし、これにより樺山善久は、相州家日新斎・貴久父子から厚い信頼を受けることになり、重臣として島津氏の躍進を支えていくことになる。

樺山善久が退去した一二月六日、島津貴久は本田董親に対し、樺山氏の旧領である大隅国小浜名・城付怒久見田（ぬくみだ）など四四町を「奉公賞」として宛行い（『旧記前』二―二四四四）、同氏を懐柔することに成功する。貴久は、身内である樺山氏を犠牲にすることで、十三人の反相州家同盟の一角を切り崩したのである。

ここで注目すべきは、本田董親と貴久の関係である。一一月一三日に交わされた董親宛貴久起請文の一条目には、「承候ごとく、此方よりも聊も隔心存ぜず候、御丁寧においては、向後頼み存ずべき外、他事あるべからず」（書き下し文に改変）とあり、対等な関係にあるもの同士の和睦という形をとっている（『旧記前』二―二四四二）。

そもそも本田氏は、鎌倉初頭以来の島津本宗家譜代被官であり、南北朝期以降は大隅国守護代、董親の祖父兼親は奥州家老中を務めていたことが確認できる。しかし、この起請文の文言は、本宗家被官に対するものではない。先述のように、本田氏は北郷氏や新納氏を排除して大隅国衙周辺を制し、大隅正八幡宮を傘下に収め、上井氏・敷根氏らかつての守護被官を従属下におくことにより、国衆化したとみるべきであろう。島津貴久は、本田董親をかつての守護被官（老中）としてではなく、自立した国衆と認めた上で、樺山氏の旧領を割譲して従属させることで、とりあえずの安定を図ったのである。

3、有力御一家による守護承認と本田氏の自立

伊東勢による飫肥進攻の本格化

天文一四年（一五四五）に入ると、伊東義祐の飫肥進攻が本格化していった。

二年前の天文一二年には、一説によれば種子島に鉄砲が伝来しており、『日向記』巻第五には、この年、「日向ノ津々ニ唐船十七艘入来故、異国ノ珍物数不知、浦々大ニキワイケリ」との記述がある。島津豊州家領内の油津（あぶらつ）・外之浦（とのうら）は、遣明船寄港地であるとともに、大永度遣明船では大内船を建造するなど（『旧記前』二―一九四一〜四三）、対外交易上重要な港であった。後述のように、この頃になると多くの中国（明）の民間船が日本沿岸に押し寄せるようになり（後期倭寇（わこう））、南九州沿岸部の人々も倭寇に取り込まれていった。明の地理学者鄭若曾が倭寇対策のために著した『籌海図編（ちゅうかいずへん）』（嘉靖四一〈一五六二〉年成立）には、倭寇の出身地として大隅・日向・種子島が記されている（田中健夫・二〇一二年）。倭寇の頭目のひとりである王直（おうちょく）（五峯（ごほう））の船に同乗したポルトガル人による種子島への「鉄砲伝来」、そして前出の日向国内の港への「唐船十七艘」来航も、こうした倭寇の活動が活発化した結果といえよう。

日向伊東氏の正史といっていい『日向記』にこの記述があるということは、日向南部沿岸部のこうした動きは、伊東義祐も掴んでいたはずであり、これこそが同氏が南下政策、すなわち飫肥進攻を本

格化させた理由であろう。決して長倉能登守の乱の恨みを晴らすためではなかった。

天文一二年七月と同一三年一〇月の二度にわたり、島津豊州家忠広は、同家菩提寺とされる太陽寺（たいようじ）（大養寺とも、のちの志布志永泰寺）の住持好意（こうい）を豊後府内に派遣し、大友義鑑に和睦仲介を依頼する。しかし、伊東義祐は豊州家側に所領の割譲を迫り、和睦は不調に終わっている（『日向記』）。そして、和睦交渉決裂直後の天文一四年正月、伊東義祐は水ノ尾（日南市宮浦鬼ヶ久保）に出陣する。二月には飫肥城近くの中ノ尾砦（同市殿所中ノ尾）を追い崩し、豊州家の居城飫肥本城（同市楠原）を攻撃するに至る。豊州家は、伊東氏に対する出城であった鬼ヶ城（日南市東弁分城ヶ平）からの撤退を余儀なくされ、徐々に飫肥本城に対する包囲網が狭まりつつあった（『日向記』）。忠広の叔父北郷忠相は、これを放置するわけにもいかず、大きな決断を下す。

北郷・豊州家らによる守護承認

天文一四年（一五四五）三月、北郷忠相は甥豊州家忠広もしくはその養子忠親（ただちか）（忠相長男）を伴い、伊集院にて島津貴久（三二歳）に見参する。この見参について、「樺山玄佐自記」は、次のように記す。

> 扨忠朝一子豊州（忠広）は病者ニ而、右衛門太夫（忠隅）之子二郎三郎（賀久）殿彼家相成しか、北郷讃州（忠相）、伊集院江以参上、貴久様守護と可奉仰被申、不知案内の人々是をよろこふ、其前勝久様御国譲之上は、今更事笑敷取持哉と傍におもふ者も有り、

島津豊州家忠広画像　宮崎県日南市・榎原神社蔵

また、「箕輪伊賀入道覚書」は次のように記す。

　天文一四年乙巳三月十八日ニ豊後守忠親・北郷讃岐守忠相其外一門一家普代随身ノ侍等参会シテ、貴久ヲ奉補任守護職、唱千秋、祝万歳、令崇之、

前者では、豊州家忠広が病気のため家督を譲ったと北郷忠相が伊集院に参上して報告したと読め、後者では、豊州家忠広の養子忠親と北郷忠相が見参したとする。

忠親が、本来家督を継承するはずだった豊州家忠隅の子賀久（よしひさ）に代わって豊州家家督を相続するのは、翌天文一五年二月のこととされ（「本藩人物誌」）、どちらが正しいのかはっきりしないが、病気のために家督たりえない忠広が養子を迎えることを報告がてら伊集院に参上したのであろう。そして、見参に際し、北郷・豊州家両氏は、島津貴久を「守護」として「仰ぎ奉る」、あるいは「守護職」に「補任し奉った」という。とくに後者の史料では、両氏だけがそうした意思を表明したのではなく、「一門・一家・譜代・随身ノ侍」が一同に集まって、守護職継承をお祝いしたと記している。

北郷忠相・豊州家忠広としては、島津貴久を守護として認め、その従属下に入ることで、飫肥城に

迫りつつある伊東義祐に島津家全体で対応することを求めたとみられる。

なお、前者の筆者樺山善久は、「すでに貴久の守護としての地位は、大永七年の奥州家勝久による「国譲」によって確定しており、何を今さらと思うものもいた」（おそらく善久本人の感想）と記すが、多くのものたち（不知案内の人々）にとって、北郷・豊州家両氏という日向南部を支配する有力御一家による承認が、貴久の地位を確かなものとする上で大きな意味をもったと認識していたのであろう。そして、島津貴久側も、両氏の出頭にあわせて「一門・一家・譜代・随身ノ侍」を参集させ、各層がそろって承認するという演出をすることで、貴久の薩隅日三か国守護としての地位確立を内外に示そうとしたのだろう。

参議町資将の下向

島津貴久が、北郷氏や島津豊州家らから守護職継承を承認された天文一四年（一五四五）春、ひとりの公卿（くぎょう）が京から南九州に下向していた。参議町資将（まちすけまさ）（一五一八～五五）である。その目的は、近衛邸新造費用上進の催促であり、前関白近衛稙家（たねいえ）（一五〇二～六六）の使者として下向したようである（金井静香・二〇〇三年、林匡・二〇〇五年）。そして、結果的に北郷・豊州家両氏らによる貴久の守護承認に出くわし、その祝言を述べることにもなった（「貴久記」・「箕輪伊賀入道覚書」）。

近衛家は、平安期にまで遡ると島津氏にとって旧主にあたり、南北朝期以降は交流が絶えていたが、延徳元年（一四八九）以降、「家門由緒」に基づき島津本宗家側から近衛家に接近するようになり、

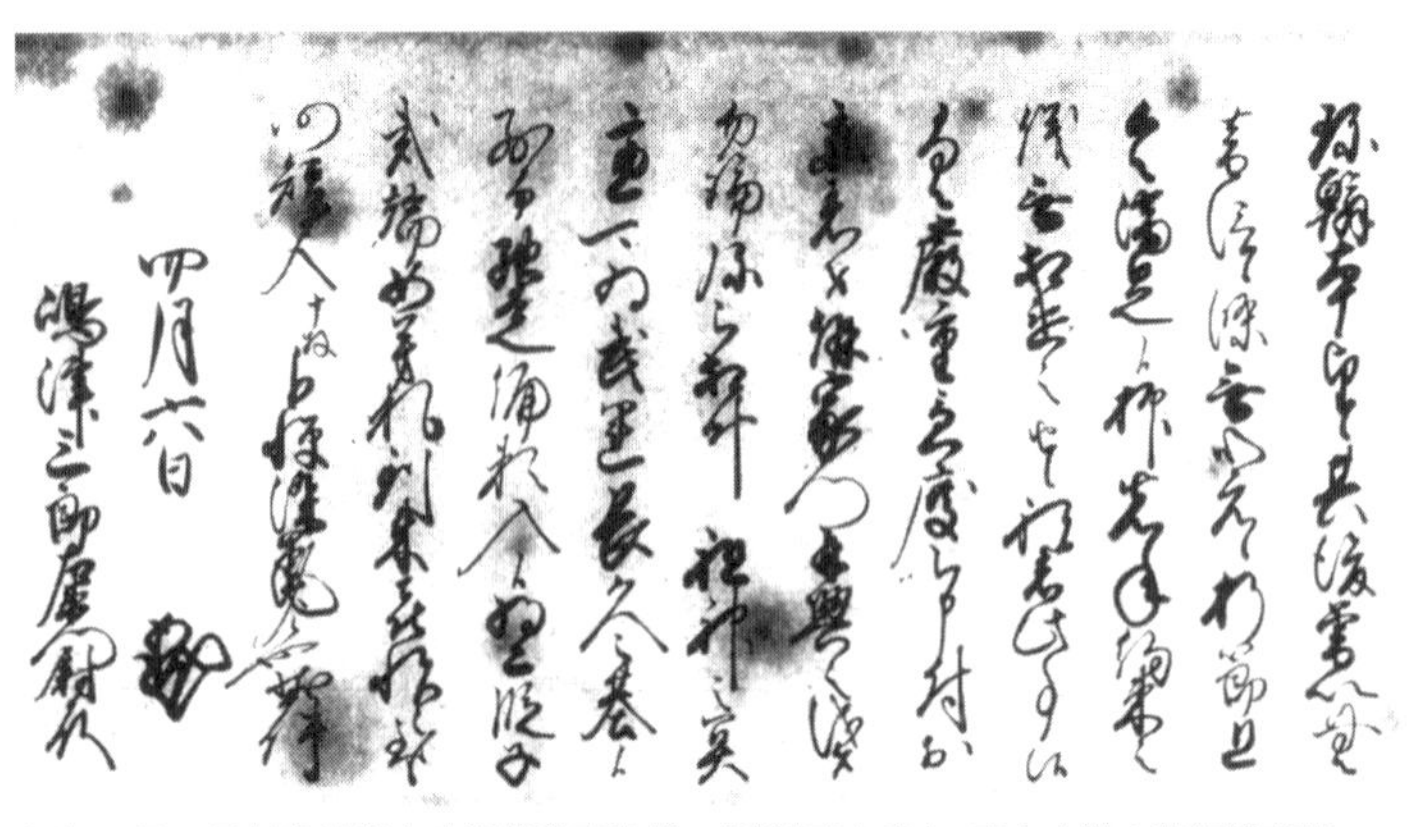

年欠４月６日付島津貴久宛近衛稙家書状　「島津家文書」　東京大学史料編纂所蔵

徐々に交流が再開する。永正年間（一五〇四〜二一）以降は、稙家の父近衛尚通（ひさみち）（将軍足利義晴の舅、一四七二〜一五四四）側から積極的に島津氏側に働きかけ、古典授与や官職推挙と引き替えに金銭的援助を求めるようになった（金井静香・二〇〇三年）。

しかし、大永六・七年のクーデター以降、島津本宗家を代表するのが誰なのかはっきりしないなか、天文五年四月、近衛家側は「島津八人方」に書状と短冊（たんざく）を送り（『後法成寺関白記』）、状況を見守っていた。

この八人宛ての書状は、没落前の新納忠勝と島津又六郎（既述のように島津貴久の可能性あり）、そして島津豊州家忠朝、北郷忠親宛てのものしか残っていないが（林匡・二〇〇五年）、当時、「屋形」を自称していた薩州家実久もこの八人の内に含まれていたと推測される（金井静香・二〇〇三年）。「島津八人」には、少なくとも相州家・薩州家・豊州家・新納氏・北郷氏といった、島津本宗家を継承しうる、あるいはその継承に影響力を持つ有力御一家が含まれていた。

天文一四年の現任公卿町資将の派遣は、その後の島津領国における政治的進展、すなわち島津貴久の権力確立という事態を受け、「貴久との関係をさらに緊密化」する意図があったとされる（同上）。こうした背景を考えると、先述の北郷・豊州家両氏による島津貴久への見参と守護承認が大々的に行われたのは、この近衛家からの使者を意識し、同家の交渉対象が島津貴久であることを見せつける意図があったとも推測される。

しかし、この重要な使者である町資将への対応は、島津貴久の直臣ではなく、従属国衆である本田董親が担っていた（大山智美・二〇〇九年）。天文一二年一〇月、京とつながりをもつと見られる連歌師・高城珠玄（たきしゅげん）が鹿児島の貴久のもとを訪れているが（『旧記前』二―二四六一）、彼は本田氏のもとに滞在していたようであり、翌年五月、貴久は本田董親に対し、高城珠玄を鹿児島に連れてくるよう依頼している（『旧記前』二―二四七二）。町資将の下向以前から、本田氏は連歌師を通じた京との文化的交流があった可能性が高い。資将の下向も、こうした交流のなかから事前に知っており、周到に準備していたのであろう。

町資将の最も大きな目的は、島津本宗家を継いだ貴久への近衛邸新造費用負担の催促であった。資将を接待した本田董親に対し、翌天文一五年二月の書状で近衛稙家は、「対貴久忠功無比類之由、於家門本望候」と記しており、あくまでも島津貴久の〝家臣〟として扱っている（「本田」七〇）。しかし、島津貴久は新造費用上進を約束しながら、それをなかなか実行に移さなかったようで、天文一七年二月に至っても費用は「京着」せず、近衛稙家と町資将は本田董親に対して催促している（「本田」

八〇・八七）。こうした過程で、近衛家側の本田董親への評価が高まり、同氏の官位獲得運動へとつながっていくのであり、逆に島津貴久は、対京都交渉という点で本田氏に大きな遅れをとってしまう。

本田氏の官位獲得運動と自立化

天文一五年（一五四六）六月、本田董親は伊勢・高野山参詣に向かう家臣に、近衛稙家・町資将・本庄将久（ほんじょうまさひさ）に対する書状と進物を持たせている。このときは、董親が詠んだ歌の添削を稙家に依頼するなどしているが、真の目的は官位獲得であった。権中納言となった町資将は董親の依頼を受けて奔走したようであり、同年八月一一日、董親は資将を上卿（しょうけい）（担当公卿）として「従五位下紀伊守」に任じられている（「本田」六三）。この時点で董親は、官位の上では無位無官であった島津貴久の上位に立ったことになる。

こうした近衛家らによる本田氏への厚遇は、単に町資将を接待したからではない。天文一四年以降の交流のなかで、本田氏は大量の「唐物（からもの）」（中国大陸・朝鮮・琉球からの輸入品）を近衛家以下に献上していた。なかでも「沈香（じんこう）」は、当時の公家社会で珍重されており、本田氏への評価を高めたとみられる（伊集守道・二〇〇八年）。それ以前に、本田氏が傘下に収めた大隅正八幡宮領宮内（霧島市隼人町）は、錦江湾における主要港湾が所在しており、このルートで唐物を入手していたとみられる（林匡・二〇〇五年）。

このように、近衛家や町資将にとって本田董親は、政治的にも経済的にも重要なパートナーに急浮上していったと見られるが、町資将は依然として、島津貴久への「取次」としての立場も求めていた。天文一六年四月、資将は董親に対し、賀茂社造営費調達のために社司縫殿助が下向することを伝え、「太守」（島津貴久）が「御分国中奉加」を下知（命令）するよう求めている（「本田」一〇九）。

これに対して本田董親は、同年一一月、町資将の使者本庄将久に、「隅州之内之面々半分」は「当時者鹿児島へ不忠之刻候条、奉加判無之候」（現時点で鹿児島の貴久に対し忠誠を誓っていないので、奉加に応じる者はいない）と述べ、それでも拙者（董親）と愚息（重親）は奉加に加判し、銭千疋を寄進すると記している（「本田」一一二）。「太守」である島津貴久は大隅全域を掌握していないとアピールするとともに、自らは要請に応じる姿勢を強調している。明らかに、貴久との「取次」を逸脱した行動であり、董親の狙いが見て取れる。

これより前の同年六月二日、本田董親は町資将や本庄右兵衛尉（前出将久の親族）に対し、嫡男重親（のちの兼親、一五二八～？）への「官爵」授与を働きかけるとともに、多くの唐物を進上している（「本田」一一一・一一五～一二〇）。これに対し、町資将は再び奔走したようであり、同年九月一五日、資将を上卿として、本田重親は「従五位下左京大夫」に任じられている（「本田」一一九）。左京大夫は、室町前期においては幕府重臣である御相伴衆や探題クラスが任官する官途であり、一六世紀以降、任官者は拡大するものの、先例や相応の家格が必要とされた（木下聡・二〇一一年）。この官途獲得の目的について、伊集守道氏は、「大隅守護であること、近衛家一流であることをもって京都政権と直接繋がり、島津氏権力編成からの脱却を志向していた」とする（伊集守道・二〇〇八年）。最終的に本田氏が大隅国守護職に任じられることはなかったが、先述のように、本田氏は島津貴久の大隅不掌握を強調しており、近衛家との関係を梃子に島津貴久の従属国衆という立場から自立し、大隅国守護職への就任を図ろうとしたことは確かであろう。

有力国衆の官位獲得

島津貴久は、領国内における権力確立、御一家・国衆らによる守護承認は重視したものの、幕府を中心とする京都政権との関係は、近衛家から積極的な働きかけがあったにもかかわらず、さほど重視していなかったように見える。官位もこの時点では求めておらず、前述のように、近衛家から依頼された近衛邸新造費用も調達していない。この間に、本田董親・重親父子は島津氏を超越する官位を手に入れたのである。

本田氏以外にも、日向山東の国衆伊東義祐が、天文六年（一五三七）に従四位下に叙位、同一〇年八月に大膳大夫に任官（『日向記』、宮地輝和・二〇一二年）。大隅国衆菱刈重州が、同八年三月に相模守に任官（「菱刈」二―8）。同国国衆種子島時尭が、同一〇年四月に弾正忠に任官（「種子島家譜」三〇）。肥後国衆相良長唯（ながただ）（義滋（よししげ））が、同一四年に宮内大輔に任官するなど（「相良」三八一・三八二、『八代日記』）、周辺国衆が次々と京都に働きかけて、官位を獲得している。特に、大隅の菱刈氏が、島津相州家代々の受領（ずりょう）である「相模守」に正式に任じられたことからは、強い対抗意識が感じられる。こうした対朝廷・幕府交渉に、島津貴久は完全に遅れをとっており、逆に貴久からの自立を図るものたちにとっては大きな武器ともなっていたのである。
島津貴久は、自立を図ろうとするものへの軍事的圧力とともに、対京都交渉ルートの確立に迫られていた。

4、大隅国府周辺の平定

本田氏「錯乱」と伊集院忠朗の大隅出兵

天文一七年（一五四八）二月、全盛期を迎えた本田氏に内訌が勃発する。同年三月一〇日、大隅高山の国衆肝付兼続（省釣）は、相州家日新斎に対し、本田氏の「慮外」の「錯乱」により、本田因幡守親貞（ちかさだ）（董親叔父）・野口父子ら多数が肝付領に立ち退いてきたことを知らせている（『旧記前』二―二五七二）。

この「錯乱」の経緯について、「貴久記」等は、同年正月に無実の家臣を本田董親が殺害し、翌月本田親貞らが董親に諫言したにもかかわらず、董親がこれを無視したため他出に及んだとする。さらに「貴久記」は、本田董親の人となりについて、「政道を正さず、朝暮奇物を翫（むさぼ）り、民費を思わず、日夜逸遊を事とし、しかのみならず利を愛し、他之嘲弄を顧みず、重色国の基を傾けるを知らず」と酷評しており、その酬いだと説いている。しかし、これは後日、島津氏が本田氏を討ったことを正当

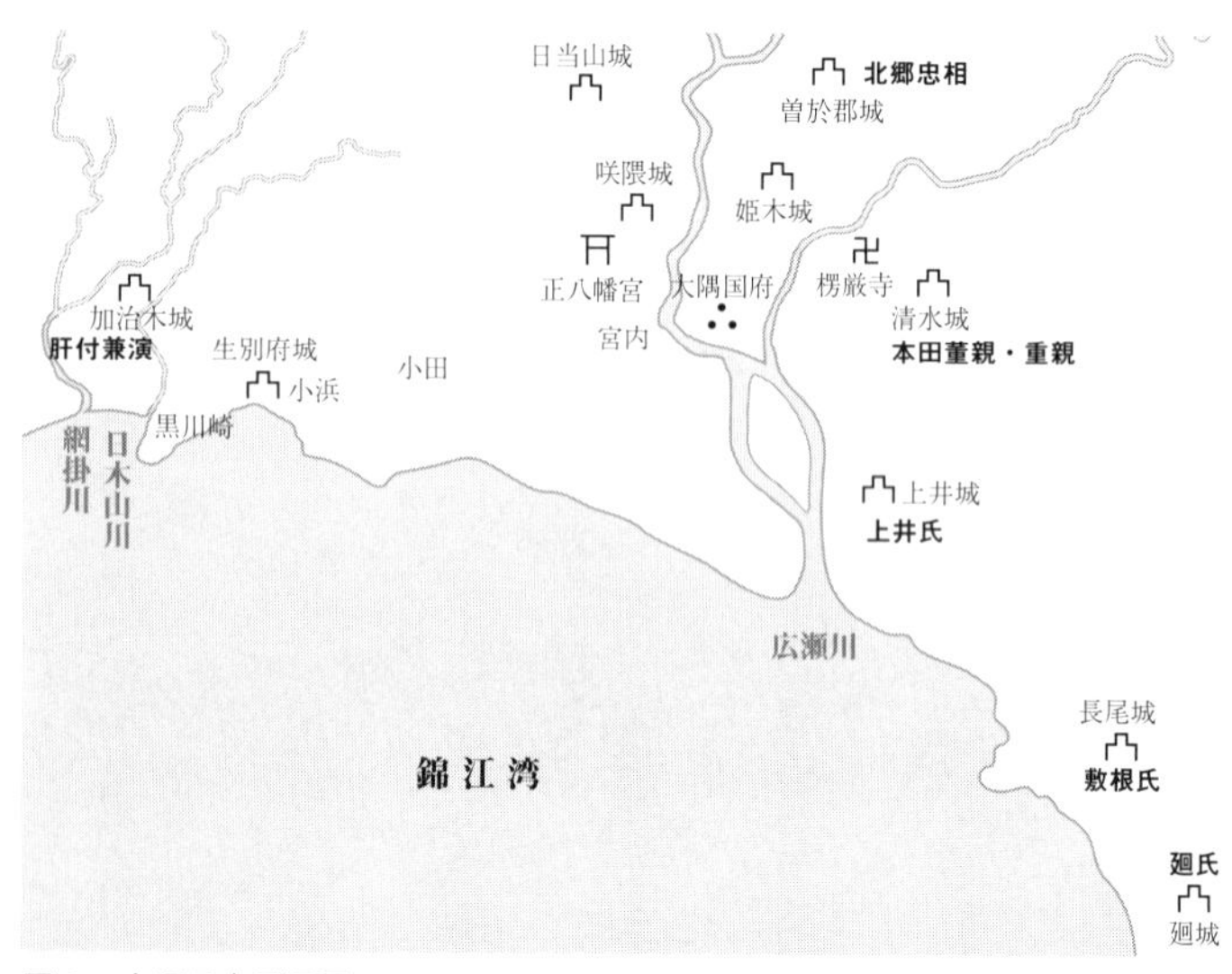

図３　大隅国府周辺図

化するための言説であり、事実かどうかは明らかではない。

ただ、この「錯乱」はすぐに反乱を招き、同年三月一一日、本田親貞の子刑部少輔親知（ちかとも）は、上井氏（為秋カ、上井城主）と結託し、姫木城（霧島市国分姫城）で挙兵するに至る（貴久記）。本田董親はすぐに同城を包囲するも敗退。これを口実に、周辺国衆の介入を招いてしまう。北からは横川の北原伊勢守が日当山城（ひなたやま）（霧島市隼人町西光寺）を奪い、西からは帖佐の祁答院勢、加治木の肝付兼演勢が小浜（同町小浜）に進攻し、生別府城を奪取したという（「貴久記」・「箕輪伊賀入道覚書」）。

こうした事態に対し、再び戦乱に巻き込まれる恐れが出てきた大隅正八幡宮では、社家の留主（るす）・桑幡両氏が使者を島津貴久のもとに送り、宮内（みやうち）（同社から錦江湾にかけての広域名称）への派兵・保護を依頼する（「貴久記」・「樺山玄佐自記」）。

島津家中では、鹿児島と宮内の間（大隅国始羅郡）に、祁答院氏や肝付兼演といった敵対勢力がいることから、派兵に反対する声もあったようであるが、生別府を奪回したい樺山善久の仲介もあり、島津日新斎・貴久父子は、宮内への派兵を決断する（「樺山玄佐自記」）。

大隅正八幡宮は大隅国一宮であり、同国最大の宗教権威であった。鎌倉期までは同国内に多くの社領を有し、留守・桑幡両氏をはじめとする社家は、同社を代表する政治勢力でもあった。このため、戦国期には争乱に巻き込まれ、大永七年（一五二七）一一月二八日、本田・新納両氏が宮内に進攻し、既述のように兵火で社殿が全焼している。

しかし、宗教権威としての地位は揺るがなかったとみられ、焼き討ちの張本人である新納忠勝自身が、同年一二月二日に再興費用として銭一万疋を寄進し、新納家の勝利と「子孫万葉安全」を祈願している（『旧記前』二―二一一〇）。また、新納忠勝没落後の天文一一年（一五四二）一二月一五日、忠勝の孫安千代丸が同社に奉じた願文（がんもん）では、新納家没落の原因を社家への攻撃で「神敵」となったためとし、社家の沢氏に「百度之御祓」を依頼している（『旧記前』二―二四四五）。

大隅国支配のためには、正八幡宮のご加護が不可欠であり、それは有力社家への庇護によって実現するものとの意識があったとみていいだろう。島津貴久にとって、帖佐・加治木の祁答院・肝付両氏を放置したまま宮内に派兵することは、極めてリスクの高い軍事行動であったろうが、正八幡宮社家からの援軍要請は大隅進出を図る上で最も有効な大義名分であり、最大のチャンスとみて派兵に踏み切ったのであろう。

天文一七年三月二五日、老中伊集院忠朗を大将とする島津勢は、鹿児島を出港し、桜島白浜を経て、翌日大隅宮内に入った（「貴久記」、「箕輪伊賀入道覚書」）。伊集院忠朗は、宮内を見下ろす隈之城（咲隈城、霧島市隼人町内）に在番していた本田氏家臣を謀り、これを奪取して橋頭堡とした（「樺山玄佐自記」）。しかし、宮内の諸勢力すべてが島津氏に同意しているわけではなく、北原・祁答院・肝付の諸勢に包囲された状況下で、伊集院忠朗は早々に鹿児島撤退を図る。しかし、樺山善久が撤退反対を主張し、強風のために迎えの船が来なかったため、隈之城を補強（取誘）し、四月四日、攻め寄せた北原・肝付・蒲生・渋谷四氏の軍勢をなんとか撃退したという（同上）。

同日付で、伊集院忠朗は正八幡宮社家の留守・桑幡・沢の三氏に対し、近年「相違」の正八幡宮領を社衆中に返還し、新たに所領を寄進する旨の証文を送っており（『旧記前』二―二五七〇）、社家衆を味方につなぎ止めることでなんとか勝利を収めたようである。そして、伊集院忠朗の「兵法の謀」により、生別府城・日当山城を攻略すると、北原勢とともに姫木城に籠もっていた本田親知を調略し、北原勢を撤退させることに成功する（同上）。その時期は諸説あるが、同年四月二八日、伊集院忠朗・新納康久ら島津家老中五名は、田中右衛門尉に対し、生別府城近隣の堅尻名（霧島市隼人町小田・野久美田付近）の坪付を発給しており（『旧記前』二―二五七四）、この頃までに安定的支配が実現したことは確かであろう。

本田・北郷両氏との和睦成立

天文一七（一五四八）年五月二二日、島津勢はついに本田董親の居城・清水城（霧島市国分清水）に迫り、同城の曲輪のひとつと見られる新城を攻略するに至る（「貴久記」、「箕輪伊賀入道覚書」）。ここに来てようやく本田董親との和睦交渉が開始された。まず、同月二四日、島津貴久の使者佐多半閑斎（忠成、薩摩国知覧領主、日新斎義弟）・島津忠俊（同国喜入領主）が咲隈城に入り、この両氏と伊集院忠朗以下、諸侍・社家衆・出家が太守貴久への忠節を誓い、正八幡宮の四足門にて一味神水を行ったという（「貴久記」）。その上で、清水城下の楞厳寺（霧島市国分清水二丁目）にて、島津忠俊・佐多半閑斎・新納尾張守（忠征カ、豊州家家臣カ）・伊集院忠朗、社家留守若狭守・廻氏（久元カ）・敷根（頼賀カ）・上井（為秋カ）、清水城からは北郷忠相・本田重親（親兼、董親長男）が出席して、無事の相談（和睦協議）が成立する（同上）。

かつて本田氏配下にあったとみられる、錦江湾沿岸部の廻・敷根・上井の三氏が、この時点ですでに島津氏に帰順していることがわかる。なお、このとき帰順した上井為秋の孫が、のちに島津義久の重臣となる上井覚兼（一五四五～八九）である（当時四歳）。また、これより前、本田董親の娘を孫時久（一五二〇～一五九六）の室に迎えていた日向庄内（都城盆地）の北郷忠相は、本田氏の後詰めとして清水城近隣に出陣しており、曽於郡城（霧島市国分重久）を北原氏に渡さないことを条件に、和睦協議への参加を承諾したという（同上）。庄内において、北郷氏は北原氏と激しく争っており、北原氏の排除と引き替えに、本田氏との和睦を仲介したのであろう。この協議をふまえ、宮内に来た島津日新斎は、北郷忠相と協議するとともに、本田重親に清水七五町を安堵することで、同氏の帰順が決まった。

そして、この翌月の六月一一日、島津貴久は北郷忠相と契状を取り交わしている（『旧記前』二―二五八八）。一条目に「世上如何様転変候といえども、相違なく隠密に申し合わすべきの事」、二条目に「肝付に対し、隔心御同前申すべきの事」とあり、肝付に対し、共同して対抗していくことを申し合わせた、秘密同盟ということになろう。天文一四年三月、北郷忠相は島津豊州家とともに島津貴久を「守護」と承認したが、その後、具体的な協力関係を築いていたわけではない。むしろ、本田氏領への進攻に対しては、本田氏側についていたとみるべきだろう。しかし、この時点で両氏は対等に近い形で軍事同盟を結ぶに至ったのである。

「肝付」が加治木の肝付兼演を指すのか、大隅高山の肝付省釣（兼続、貴久義兄）を指すのかはっきりしない。同年二月に、肝付省釣は日新斎に書状を出して本田氏「錯乱」を伝えており、いまだ島津相州家とは良好な関係にあったとみられる。その一方で、この年、北郷忠相が肝付兼続領だった大隅国恒吉（つねよし）を攻略したとも伝えられており（「新編伴姓肝属氏系譜」）、後述のように、貴久は北郷忠相と結んで、肝付兼続との手切れを約束したとみていいだろう。

本田氏の没落、大隅国府周辺の制圧

いったんは和睦が成立したものの、天文一七年（一五四八）八月、本田董親は北原氏・祁答院氏・加治木の肝付兼演と結託して、再び島津氏に反旗を翻す。すかさず伊集院忠朗らは清水城を包囲し、同月晦日、本田董親・重親父子は北郷忠相を頼って庄内（都城盆地）に落ち延びていった（「貴久記」、「箕輪伊賀入道覚書」）。南北朝期以来、二〇〇年にわたり大隅国府周辺に盤踞し、一時は島津貴久を凌ぐ官職を獲得した本田氏は、あえなく没落したのである。

同年九月、清水城に入った島津貴久（三五歳）は、同城から曽小河村（霧島市国分上小川・下小川）を次弟忠将に与え（『旧記前』二―二五九〇、「樺山玄佐自記」）、老中伊集院忠朗を隣接する姫木（姫城）の地頭とし、姫木城で島津氏に寝返った本田親知は、薩摩国谷山の山田に移された（「貴久記」）。また、伊集院忠朗とともに宮内死守に尽力し、生別府城奪取に成功した樺山善久は、そのまま旧領を安堵され、島津日新斎が生別府城を長浜城と改名したという（「樺山玄佐自記」）。

清水城跡　鹿児島県霧島市

錦江湾沿岸部の廻・敷根・上井の三氏はそのまま本領安堵となったが、一五世紀末から一六世紀初頭にかけて、大隅の〝火薬庫〟ともいうべき紛争地域であった大隅国府周辺は、島津貴久の親族や老中で固められ、一転して島津氏による大隅支配の一大拠点となったのである。

5、加治木進攻と島津貴久の修理大夫任官

北郷氏と島津豊州家の一体化

本章第三節冒頭で記したとおり、北郷・豊州家両氏が島津貴久を「守護」として承認した背景には、天文一四年（一五四五）以降に本格化する伊東義祐の飫肥（おび）進攻があった。同年春までに、伊東勢は飫肥院を南北に流れる広渡川（ひろとがわ）より東側の諸城を落とし、豊州家の居城である飫肥城（宮崎県日南市板敷）に迫りつつあった。

そんななか、島津豊州家当主忠広は「病者」であったといい（「樺山玄佐自記」）、従姉妹の島津忠隅の子賀久を養嗣子としていた。しかし、その賀久も天文一五年正月に没し（『日向記』）、翌月、北郷忠相の長男ですでに家督を継承していたとされる尾張守忠親（ただちか）（一五〇四～七一）が、豊州家の養嗣子として飫肥城に入ったという（「三代日帳写」）。ここに、北郷氏と豊州家は一体化したといってよく、忠親の実父北郷忠相と忠親長男北郷時久は、全面的に飫肥救援に乗り出す。天文一六年四月には、飫肥南郷に新城（日南市南郷町中村甲・下方）を構えて、一族の北郷忠直（ただなお）を城主とし、同年九月には飫肥城南東の丘陵に新山城（にいやまじょう）（同市星倉）を築き、伊東方への抑えとした。

しかし、同年一一月には、目井城（めいじょう）（同市南郷町中村乙）が伊東氏に寝返り、南郷新城も伊東勢に攻略され、城主北郷忠直が討ち死にしている（「三代日帳写」）。翌天文一七年正月には、再び豊後守護大

友義鑑の使者真光寺（しんこうじ）が日向に下向し、伊東氏との和睦の仲介に乗り出す。北郷忠相は、三俣高城（都城市高城町）などの割譲を条件に和睦を模索するも、強気の伊東義祐は妥協せず、和睦交渉は決裂した（同上）。北郷忠相が島津貴久と契状を取り交わした天文一七年六月の段階で、伊東勢は飫肥城周辺に七か所の陣を構え、飫肥城は危急存亡の秋（とき）を迎えていた。北郷忠相が貴久と本田氏との和睦を仲介し、貴久との同盟に踏み切ったのは、飫肥への救援を求めるためだったのだろう。

天文一八年三月、島津貴久は、本田氏攻略の大将であった老中伊集院忠朗に、三百余の兵を付けて飫肥城に派遣する。伊集院忠朗・北郷忠相・豊州家忠親連合軍は、同年四月四日、伊東勢の包囲網のひとつ、飫肥城北東の丘陵上にある要衝業毎ヶ辻（ごうまい）（伊東側は中ノ尾とよぶ、日南市板敷）を攻撃し、番代伊東治部少輔ら伊東勢三〇〇弱を討ち取る大勝を収め、同月一〇日、伊東勢は七か所の陣すべてを引き払い、山東（宮崎平野）へと撤退したという（「三代日帳写」・「日向記」）。

守護島津貴久の本格参戦により、とりあえず伊東義祐の飫肥進攻には待ったがかかり、飫肥はしばしの安定を得たのである。この勝利直後の四月一六日、豊州家忠広は、養子忠親に家督を譲り、櫛間に隠居したという（「三代日帳写」）。

中ノ尾供養塔　宮崎県日南市

なお、まもなく業毎ヶ辻（中ノ尾）には島津氏によって敵味方供養塔が建立され、昭和九年（一九三四）に国の史跡に指定されている（中ノ尾供養塔）。

貴久の加治木進攻

飫肥での勝利により、とりあえず日向方面を安定化させ、北郷・豊州家両氏との結束を固めた島津貴久は、懸案の加治木攻略に乗り出す。のちに「六年弓箭」と呼ばれる（『旧記前』二―二六一〇）、大隅国始羅郡に盤踞する反島津方国衆との抗争の開始であった。

加治木の領主は、肝付兼演（出家して以安と名乗る）・兼盛（一五三三～七八）父子であった。既述のように、兼演は、大永七年（一五二七）の相州家一瓢斎・忠良によるクーデター前後に、忠良と契状を取り交わしており、奥州家忠兼（勝久）から虎寿丸（貴久）への「国譲」に際して、「越前守」を襲名するなど、当初は相州家方であった。しかし、天文一〇年（一五四一）一二月、本田董親を中心とする反相州家方蜂起に兼演も加わり、翌年三月、島津貴久・北原氏連合軍から本拠加治木城（姶良市加治木町反土）を攻撃されるも、これを撃退している。貴久にとって、新たに攻略した大隅国府周辺と鹿児島との間で最も厄介な敵対勢力であった。

天文一八年五月一九～二〇日、島津貴久は清水城を出陣し、長浜側から加治木に進攻し、黒川崎（黒川岬、日木山川左岸）に布陣する（「貴久記」・「箕輪伊賀入道覚書」・「年代記」）。肝付勢とこれを支援する祁答院氏・入来院氏・蒲生氏等の諸勢は、日木山川対岸に向陣を取ったようであり、両陣の間で激戦が行われたようである（同上）。この戦い以前に、薩摩国北部の川内川流域に盤踞する渋谷一族と、肝付兼演・蒲生範清（のりきよ）ら大隅西部の国衆との間で、反島津貴久同盟が成立していたことがうかがえる。

加治木城跡と黒川崎　鹿児島県姶良市

黒川崎での対陣は半年に及び、天文一八年一一月二四日（一説には二〇日）、伊集院忠棟（ただむね）の嫡男忠倉（ただあお）が、敵陣に火矢を放ち、おりからの北風で敵陣は焼失したという（「年代記」・「貴久記」）。このタイミングで、北郷忠相とその子豊州家忠親が和睦仲介を申し出て、一二月に和睦が成立する（「樺山玄佐自記」・「貴久記」）。

和睦が成立したとみられる同年一二月七日から九日にかけて、肝付兼盛と豊州家忠親（「肝付」五六二）、祁答院良重（よししげ）（一五二六～六六）と豊州家忠親（『旧記前』二―二六三六）、肝付兼盛と北郷忠相（「肝付」五六一・五六三）との間で、翌天文一九年二月二〇日には、入来院重嗣（しげつぐ）（重朝嫡男）と豊州家忠親との間で契状が取り交わされている（『旧記前』二―二六四四）。

入来院氏の契状を除き、前書はほぼ同文で、一条目に「此度、和融御媒介につき、守護御分別、已後において御相違の時は、余儀なく御同前義仰せを蒙り候、御貴家いよいよ頼み奉るべき事」とある。肝付氏らが、貴久を「守護」と認識した上で敵対していることがわかるとともに、和睦に際して守護貴久との間に何らかの合意があり、それに貴久が「相違」があったときは、中人（仲裁者）である北郷・豊州家両氏が肝付氏等を支持する旨を確約したことがうかがえる。

その上で、一二月一一日、肝付父子、蒲生範清、渋谷一族の親族らが大隅清水に赴き、島津貴久のもとに出頭することで和睦が成立している（「貴久記」・「樺山玄佐自記」など）。

なお、肝付氏の和睦の条件は、樺山善久領との「堺村」を肝付領として認定する「加治木判形」（安堵状）を貴久が発給することだったらしく、伊集院忠倉らが長浜城に赴いて樺山善久の説得にあたり、どうにか合意を得ている（「肝付」五六四・五六五、「樺山玄佐自記」）。実際の「判形」発給は、翌年四月であり、長浜城付きの小浜六町を除く「大隅国加治木」が肝付越前入道（兼演）に安堵されている（「肝付」五六六）。

この合戦は長陣となっており、必ずしも貴久方の圧勝というわけではなかったのであり、肝付氏側も所領の裁定にあたって強気に出ている。また、北郷・豊州家両氏も、貴久に従属しつつも「中人」たりうる一定の自立性を保った存在であったことがうかがえる。貴久が「守護」であることは、もはや敵対勢力も認めるところではあったが、政治的・軍事的に圧倒的な権力にまでは上昇しえていないことは明らかであろう。

黒川崎での鉄砲実戦使用の実否

天文一八年（一五四九）の黒川崎の戦いを、現存史料で確認ができる、鉄砲を実戦で使用した最初の戦いとする説がある（伊地知茂七・一九二〇年、杉山博・一九六五年、三木靖・一九七二年、洞富雄・一九九一年）。鉄砲を使用したのが島津貴久方なのか（伊地知茂七・一九二〇年、杉山博・一九六五年）、肝付兼演方なのか（三木靖・一九七二年）、見解が分かれているが、そもそも鉄砲使用の記述は、たった一つの史料で確認できるのみである。それは、「新編島津氏世録正統系図」であり、『旧記雑録前編』では、「貴久公譜」として収録されている（『旧記前』二―二六二九）。その記述は次のとおりである。

　同六月朔日、越前守（肝付兼演）築対陣也、両陣相去不過一町、渋谷氏・蒲生氏又増勢、来而日日飛羽箭、発鉄砲、経数月、驚人之耳目、

（意訳）

六月一日には肝付兼演が対陣を築いた。両陣の間は一町（約一〇九ｍ）足らずであり、渋谷氏・蒲生氏もまた軍勢を増やし、来たりて日々羽箭（矢）を飛ばし、鉄砲を発して、数ヵ月を経た。これは人々を驚かせた。

一方、同時期の戦況について、比較的成立の早い史料と思われる、「箕輪伊賀入道覚書（みのわいがにゅうどうおぼえがき）」は次のように記す（『旧記前』二―二六二七）。

　同五月廿日、催向陣隅州ノ勢ヲ押寄、加治木黒川崎ニ陣ヲ取ル、敵軍モ向陣ヲ取リ、其堺纔ニ百

歩ニ過ザレバ、敵味方日々向ヒ合、喚叫テ戦フ聲、雷ノ落ルカト驚カセリ、

（意訳）

五月二〇日、島津勢は大隅の軍勢で押し寄せ、加治木黒川崎に陣を取った。敵軍も向陣を取り、（両陣の）境は百歩ほどしか離れていなかったため、敵味方が日々向かいあい、叫んで戦う声は雷が落ちるようで、（人々を）驚かせた。

また、十七世紀初頭に編纂されたとみられる「貴久記」は、次のように記す。

同五月廿日、催隅州之勢ヲ推寄黒川崎ニ被着陣ヲ、敵軍亦取向陣ヲ、其堺ヲ事纔一町計也、日々箭師時々闘諍、見聞人々驚目ヲ動耳ヲ、

（意訳）

五月二〇日、大隅の軍勢を率いて黒川崎押し寄せ着陣。敵軍もまた向陣を取った。その境を隔てること一町（約一〇九ｍ）ほどで、日々弓を打ち合い、時々合戦となり、見聞の人々を驚かせた。

この記述に限らず、「箕輪伊賀入道覚書」の記述と「貴久記」の記述はよく似ており、前者が後者の種本（たねほん）とみられる。第一章―1で整理したように、「新編島津氏世録正統系図」は、明暦三年（一六五七）成立の「島津氏世録正統系図」をベースに、一七世紀末以降に増補改訂された編纂物であり、史料的価値はさほど高くない。成立の順番としては、「箕輪伊賀入道覚書」→「貴久記」→「新編島津氏世録正統系図」となる。

前者ふたつに「鉄砲」の記述がなく、「新編島津氏世録正統系図」にだけ「鉄砲」の記述が登場す

るのは、見聞した人々が合戦時の声に驚いたとの記述を潤色したことにほかならない。つまり、この史料を根拠に、黒川崎の戦いが鉄砲の実戦使用の初見と断定することはできないのである。

ただ、この戦いで鉄砲が使用された可能性を否定することもできない。桐野作人氏が指摘するように、このときの戦いには、種子島時尭の家臣が貴久方として参戦しており、戦死者も出している（「種子島家譜」、桐野作人・二〇一七年）。時尭は、ポルトガル人から鉄砲を購入した人物であり、国産化に成功してすでに数年が経過している。ある程度量産化に成功しているならば、実戦に使用してもおかしくはないだろう。

御内（内城）への移住

『旧記雑録前編』所収の「年代記」（『旧記前』二―二六四二）は、天文一九年（一五五〇）条に、「此年、貴久麑島ニ遷」と記している。また、「新編島津氏世録正統系図」は、「天文十九年庚戌十二月十九日、貴久、去伊集院而移居麑島者也」と記している（『旧記前』二―二六五一）。

『島津国史』は、これらの史料を典拠として、「此年、御内を創建す。御内は清水城の南に在り、公（貴久）鹿児島に遷る。蓋し御内に居す。」と記しており、この年、島津奥州家の居城であった清水城（鹿児島市坂元町）の南に、新たに「御内」（内城）を築き、伊集院の一宇治城からここに移ったと理解している。

また、文政五年（一八二二）の「文政五年鹿児島城絵図」（鹿児島大学附属図書館蔵玉里文庫）には、

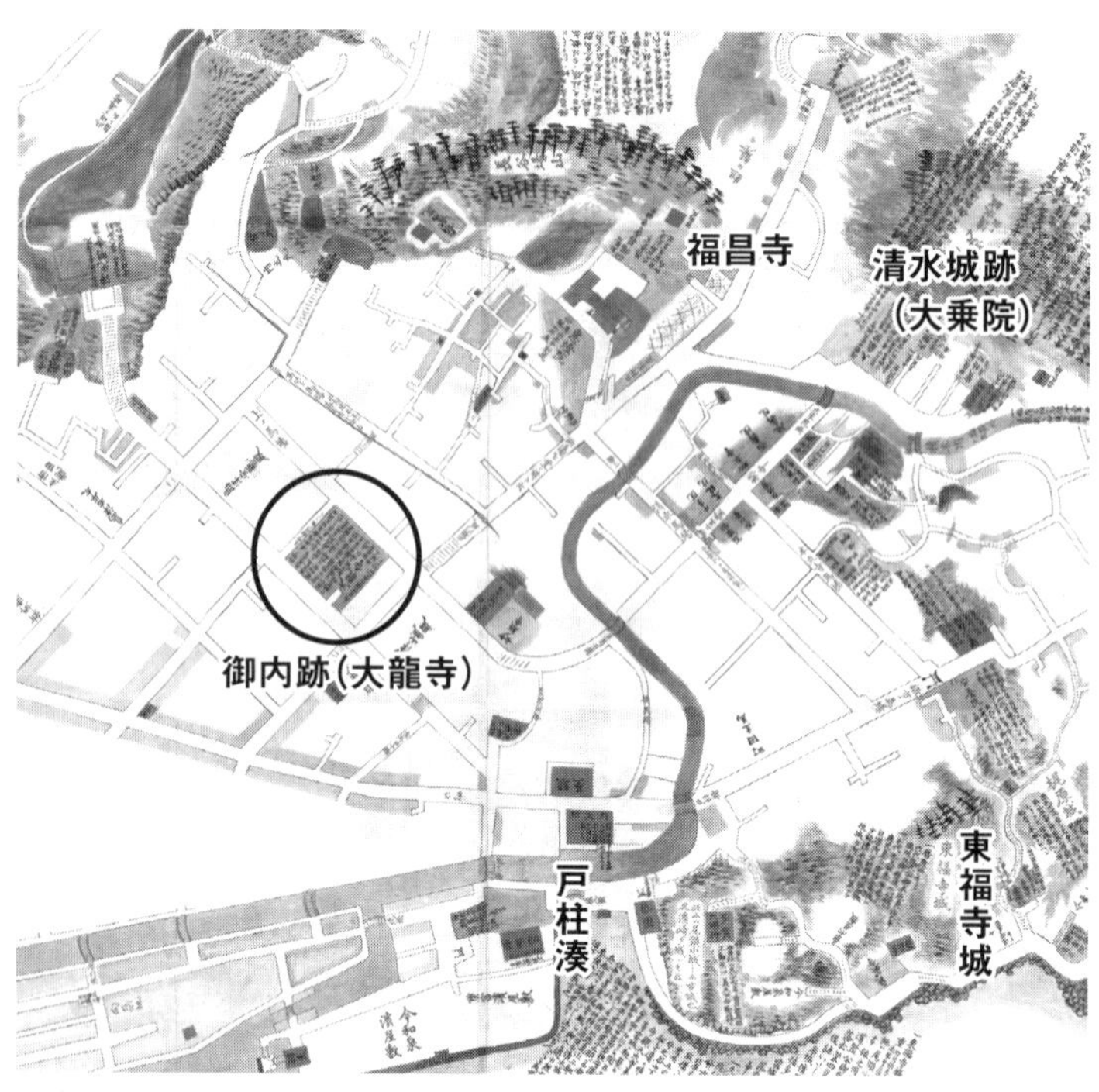

文政五年鹿児島城図　鹿児島大学附属図書館蔵「玉里文庫」

大龍寺（鹿児島市大竜町、大龍小学校敷地）の注記に、「此地ハ本御内御屋形之跡也（当時は御内ト唱ヘシ也）、天文十九年大中公（貴久）伊集院より初而鹿児島江御移被遊此地ニ被成御座候、龍伯公（義久）ニも此地へ被遊御座（後略）」とあり（五味克夫・一九七九年）、慶長七年（一六〇二）に鹿児島城（鶴丸（つるまる）城）に移るまで、島津氏の居城であった「御内」（内城）が、近代に廃寺となった大龍寺境内にかつて所在し、天文一九年に島津貴久によって築かれたと認識されていたようである。

　同時代史料では確認できないが、翌天文二〇年八月一五日、大風（台風カ）により御内寝殿が破損したとの記録もあることから（『旧記前』二―二六五七）、天文一九年一二月に「御内」（内城）が貴久の新たな居城として築かれたのは事実とみていいだろう。天文八年、貴久は争乱により荒廃していた奥州家菩提寺・福昌寺の再興を命じており、これ以降、かつての守護所鹿児島も徐々に復興していったとみられる。御内築城前年の天文一八年七月二二日（一五四九年八月一五日）、鹿児島出身とされるアンジローの案内で、フランシスコ・ザビエルが鹿児島に上陸しており、アンジローの親戚をはじめ多くの人々から歓待を受け、その後もこの地で多くの人々と出会っている（「イエズス会書翰集」二九）。

御内築城前から、港町鹿児島は大いに栄えていたと見るべきであり、今後の大隅統一に向けた軍事行動を考え、より利便性の高い鹿児島の地に居城を移す決断を下したのであろう（三木靖・一九七二年）。

大隅八幡宮を再建する

天文二〇年（一五五一）、長浜城主樺山善久（幸久）は、島津貴久とその母（相州家日新斎室、善久義母）に対し、戦火で焼亡した大隅正八幡宮の御神体作製を志願し、上洛を果たす（「樺山玄佐自記」）。和歌に通じた善久は、上洛中の九月一四日、前権大納言飛鳥井雅綱・その子雅教（参議）・権大納言四辻季遠・連歌師里村紹巴らが参加する和歌会に参加し、その前後には近衛稙家の長男晴嗣（のちの前久、一五三六～一六一二）に面会するなど、公家・朝廷工作に奔走した（『旧記前』二―二六六〇）。

島津貴久が奉納した「色々威胴丸兜・大袖付」（肩萌黄）　鹿児島神宮蔵　鹿児島県歴史資料センター黎明館保管

　同年九月、この時期京都で活動していた仏師康運に依頼した、正八幡宮尊躰（男女一対の三組六体）が完成する（「桑幡家文書」一―14）。この尊躰は内裏で開眼されたといい、同月一九日に後奈良天皇は相州家日新斎に綸旨を発し、尊躰を上覧した旨を伝え、「天下御祈祷」を命じている（『旧記前』二―一二六六二）。樺山善久は、これを持ち帰り、同年一一月二日に大隅正八幡宮の遷宮が実現している（「樺山玄佐自記」）。

　この段階での正八幡宮御神体の作製・天皇への上覧という権威付けは、三つの目的があったと推測される。ひとつは、大隅最大の宗教権威である正八幡宮の再建を島津氏主導で行い、朝廷の権威を付することで大隅支配を盤石にしたいとの意図。ふたつめは、同じ年に日向国佐土原（宮崎県宮崎市佐土原町）に南都の仏師を呼び寄せ、盧舎那三尊像を作製させ大仏堂を建立した、伊東義祐への対抗（『日向記』）。三つ目は、これまで本田董親に依存していた、近衛家をはじめとする京都への外交ルートが大きく変わったことを京都に印象づけるという目的である。その意味では、和歌を得意とし、島津貴久の義兄にあたる樺山善久は適任であったろう。

そして、この樺山氏の上洛は、単に御神体作製・天皇への上覧のみが目的ではなかったと思われる。おそらく、無位無官のままであった島津貴久の官位獲得に向けた、工作・地均しの意味合いがあったろう。ただ、このとき島津家が頼りとしていた近衛稙家は、三好長慶（一五二二〜六四）と対立して離京した前将軍足利義晴・将軍義輝父子とともに近江にあり、十分な交渉ができなかったとみられる。

島津貴久の修理大夫任官

天文二一年（一五五二）、島津貴久は三九歳になっていたが、いまだ無位無官であった。これは、京都への独自の外交ルートを持たなかったこともあろうが、前守護の島津勝久が、永正一七年（一五二〇）六月に修理大夫に任官しており（『島津』六二七）、いまだ豊後で存命中だったことも影響していただろう。

貴久は事態を打開すべく、従属国衆であり、京都との独自ルートを持っていた種子島氏を頼った。次章で詳述するが、これより前の天文一一年、種子島恵時・時堯（直時）父子の内訌時に、島津貴久は老中新納康久を屋久島まで派遣しており、時堯は正室に相州家日新斎の娘（貴久の妹）を迎えている（「島津氏正統系図」、「種子島家譜」）。種子島氏と島津氏の関係はより強まっていた。

島津氏との関係を強化する一方で、種子島氏は京都との太いパイプを有していた。同氏は、近衛家の庇護下にあった本能寺に深く帰依しており、同寺参詣のため、明応六年（一四九七）には種子島忠時（一四六八〜一五三六）、天文一七年には忠時の子恵時が上洛を果たしている（「種子島譜」）。

本能寺は、天文五年の天文法華の乱により焼失し、一時堺（大阪府堺市）に遷っているが、日承上人（伏見宮邦高親王の子）の尽力により京都に再興されている（京都府京都市中京区、天正一〇年〈一五八二〉の本能寺の変により焼失した大伽藍）。日承上人は、天文六年八月、堺から種子島に下向しており、同寺再建の財政支援を種子島氏に求めたとみられる（「種子島譜」）。種子島氏は本能寺にとって〝有力な檀家〟だったのである。

なお、種子島忠時は明応六年三月に武蔵守（「種子島家譜」一四）、時堯は天文一〇年四月に弾正忠（「種子島家譜」三〇）に任官している。弘治四年（一五五八）二月には、時堯が左近衛将監に昇進しており（「種子島家譜」三五）、このときは、日承上人→近衛晴嗣（前久）のルートで朝廷工作が行われている（「同上」三三・三四）。本能寺は種子島氏の財政支援に報いるべく、近衛家経由で朝廷工作を担ったとみるべきであり、島津貴久も官位獲得のためには、このルートを頼るのが最適と考えたのであろう（大山智美・二〇〇九年、屋良健一郎・二〇一二年ａ）。

島津貴久の官位獲得の使命を帯びた種子島氏家臣・古市長門守実清は、上洛途上の天文二一年三月、豊後の大友宗麟（義鎮）のもとを訪れており、宗麟は種子島時堯に対し、「南蛮小銃筒」を贈られたことに対する礼状を送っている（「種子島家譜」四一）。これより数年前、種子島氏は鉄砲の国産化に成功しており（後述）、このときの豊後寄港を大友氏への鉄砲セールスと見る向きもあるが（大山智美

・二〇〇九年）、それ以上に、豊後府内の沖ノ浜（大分県大分市）に亡命していた島津勝久への対応という目的もあったのではないか。おそらく、大友宗麟を通じて、貴久の修理大夫任官を勝久に承諾させたのだろう。

古市実清による朝廷・幕府工作は順調に進んだようで、同年六月以前には、近衛稙家の仲介により、島津貴久の長男又三郎忠良（のちの義久）に対し、将軍足利義輝の偏諱である「義」の字が下されており（『島津』六三二）、忠良はまもなく「義辰」と改名している。そして、同年六月一一日付で、貴久は「従五位下修理大夫」に叙位・任官された（『島津』六二八）。直後の六月一四日、近衛稙家は古市氏を伴って参内し、貴久の修理大夫任官御礼として、後奈良天皇に太刀清光・馬一疋の代銭千疋を献上している（『お湯殿の上の日記』同日条、『島津』六三〇）。これでようやく、官位の上では前守護島津勝久に並んだのである。

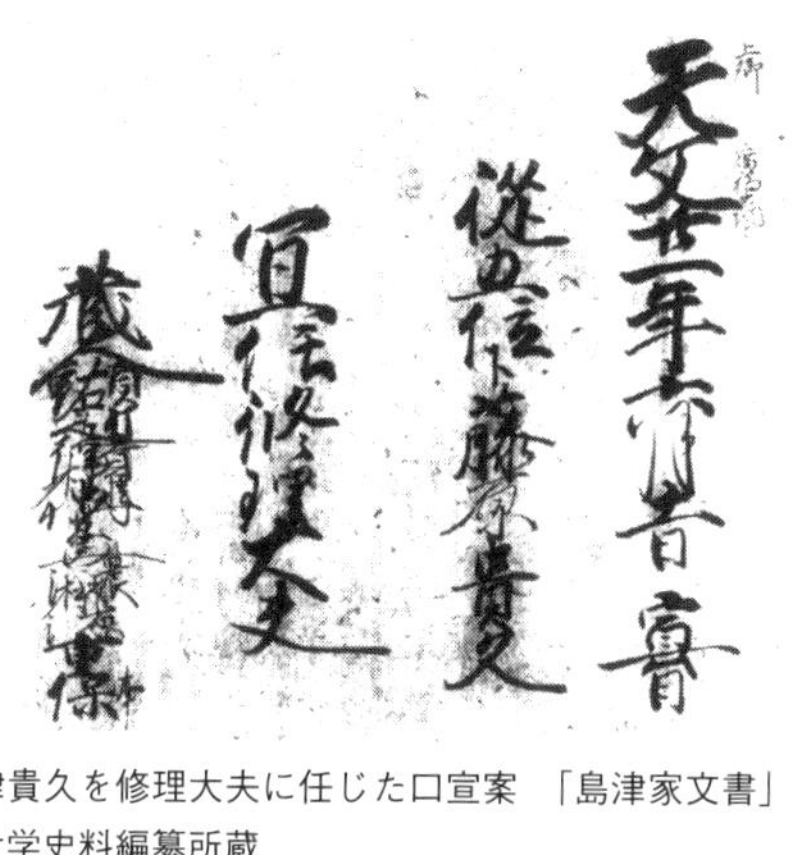
天文十八年六月十一日　宣旨
従五位下藤原貴久
宜任修理大夫

島津貴久を修理大夫に任じた口宣案　「島津家文書」　東京大学史料編纂所蔵

それでは、これまで官位獲得に消極的であった島津貴久が、種子島氏に依頼してまで修理大夫任官を図ったのはなぜであろうか。この任官を、貴久による島津本宗家の家督継承の総仕上げと評価する説もあるが、北郷氏や島津豊州

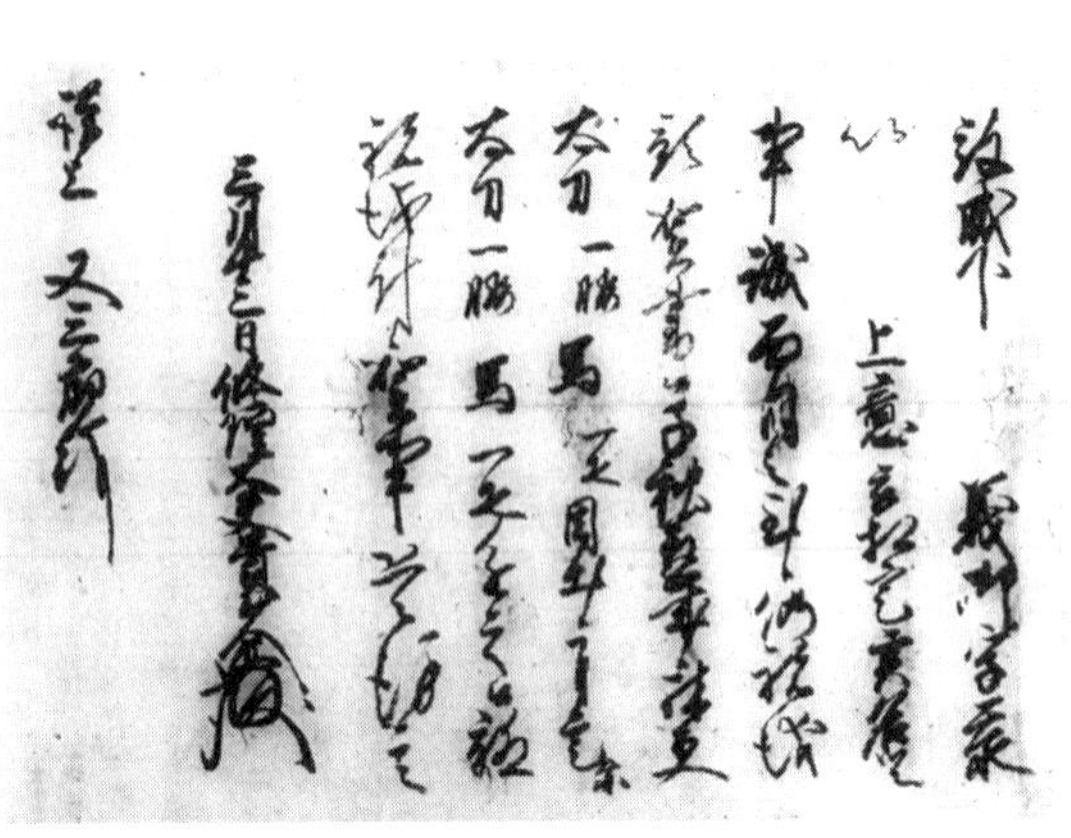

（天文22年ヵ）3月13日付（又三郎宛）貴久書状　「島津家文書」　東京大学史料編纂所蔵

家といった有力御一家は、すでに貴久の守護就任を認めており、貴久への従属国衆も増えつつあった。それまでの敵対勢力も貴久を「守護」と呼んでおり、彼らに対して官位獲得が大きな意味を持つとは思えない（山口研一・一九八六年）。

屋良（やら）健一郎氏が指摘するように、この官位獲得は、かつて敵対していた島津薩州家実久への対策という意味があったのだろう（屋良健一郎・二〇一二年a）。実久は、天文八年に市来城攻防戦で貴久に敗れ、島津本宗家の家督をめぐる争いからは撤退したものの、薩摩北部で依然として隠然たる勢力を誇り、独立した政治勢力であった。

天文二二年閏正月、実久は上洛したと伝えられ（『本藩人物誌』）、同年五月二日には、京都等持寺（とうじじ）の祥瑞会に「薩摩国之島津薩摩入道、同国僧金剛院」が参加している（『言継卿記』同日条、金剛院は薩摩川内市にあった寺院）。種子島氏同様、島津薩州家は独自に京都との外交ルートを保持していたのであり、貴久としては、薩州家を凌駕する存在に上昇したことを、京都側にも認めさせる必要があったのだろう。

加えて、天文一〇年八月に、伊東義祐は大膳大夫に任官し（『日向記』所収文書）、天文二〇年九月から再び飫肥進攻を開始しており、これへの対抗措置とも考えられる。いずれにせよ、貴久の勢力拡大にともない、領国外勢力との関係・摩擦が避けられない状況下、対外的に官位の獲得の必要性に迫られた結果であろう。

6、大隅国始羅郡の平定

一族間同盟の成立

天文二一年（一五五二）四月末、大隅国府周辺を統轄する清水城主島津忠将は、加治木の肝付兼盛、そして大隅正八幡宮の衆徒中・一社中・執印殿（留守景親カ）と契状を取り交わし、「御屋形様」（貴久）への奉公を誓わせており（「肝付」五九四・五九五、『旧記前』二―二六六七）、翌天文二二年二月には、長浜の樺山忠副（善久長男、一五三六～五六）と肝付兼盛も、島津忠将契状と同内容の契状を取り交わしている（「肝付」五九七）。これらは、貴久を「御屋形様」と呼ぶ初見史料でもある。

そして、同年一二月四日には、貴久ら島津氏一族七名が連署する起請文が作成されている（『旧記前』二―二六九九）。連署者は、貴久のほか、前出の弟忠将、島津豊州家忠親（日向飫肥・櫛間領主）、島津忠俊（薩摩喜入領主）、北郷忠豊（時久、忠親長男）、樺山幸久（初名善久）、北郷忠相（日向庄内領主）の六名であり、貴久に近い親族と、貴久への従属を誓った御一家である。

この時期、個別領主間一対一の契状は多くみられるが、島津氏一族のみが貴久と連署する起請文は珍しく、その意義について以前から注目されている。すなわち、同年六月に貴久が修理大夫に任じられていることから、彼ら一族に改めて守護としての地位を再確認したものである一方、貴久と一族が連署していること、そして一条目にみえる「一味同心」（いちみどうしん）との表現から、貴久の地位は「ここに登場する諸領主による連合政権の盟主」とされ（山口研一・一九八五年）、いまだ絶対的大名権力に上昇しきれていない状況と評価されている。

確かに、貴久が連署し「一味同心」を誓うのは、島津豊州家や北郷氏への配慮によるものであろうが、この起請文作成の意図は、むしろ二条目に込められているのではないか。

一、如此一家約諾之処、定国衆不可為所好、為妨甚深之間、和讒謀略之義必定歟、不可入其案之事、

（意訳）このように島津一族で一揆契状を結んだことは、必ず国衆を不快にさせるであろう。我々の結束を妨害するため、讒言や謀略を仕掛けてくるのは間違いないが、我々は決してそうした罠にははまらない。

ここで名指しされている「国衆」とは、日向の北郷・豊州家両氏が相対する伊東義祐、そして、いったんは和睦したものの、いまだ大隅国始羅郡を拠点として敵対的行動をとる祁答院氏・蒲生氏らを意味しよう。おそらくこの時点で、彼らとの泥沼の抗争再開は避けられない状況にあり、これに一

族が「一味同心」して対抗していく必要性を感じ、この起請文は作成されたのであろう。

なお、翌天文二三年、貴久二男の忠平（のちの義弥・義弘）と、北郷忠相二男忠孝（豊州家忠親実弟）の娘との間に、長女御屋地（一五五四～一六三六）が誕生している。両家の結束はより一層強固なものとなっており、その背景として、貴久の支援なくしては伊東義祐とは対抗できない状況が、北郷氏や豊州家には生まれつつあったのだろう。

義久・義弘・歳久の初陣となった岩剱合戦

貴久が想定した泥沼の抗争は、天文二三年（一五五四）秋には現実のものとなる。同年四月、大隅国始羅郡西端の蒲生範清と加治木の肝付兼盛の関係が悪化し（『旧記前』二―二七二〇）、同年八月中旬、帖佐（始良市鍋倉）に出陣した祁答院良重は、加治木に対し「手形」を出したといい（『旧記前』二―二七二〇）、肝付兼盛との手切れと宣戦布告をしたようである。この蒲生氏や祁答院氏の動きに、大隅北端の国衆菱刈重州や、日向真幸院・大隅横川を領する北原兼守も呼応し、八月二九日、祁答院勢らは加治木に侵攻した。肝付兼盛は、加治木の中央を流れる網掛川でこれを迎撃し、清水の島津忠将・長浜の樺山幸久らも肝付氏に援軍を送った（「箕輪伊賀入道自記」）。

この事態に、島津貴久は、同年九月一二日、大軍を率いて平松（始良市平松）に出陣する。貴久の狙いは、祁答院領南端の拠点岩剱城（同上）を包囲し、加治木に侵攻した蒲生勢や祁答院勢をおびき出すことにあった。一〇月二日まで約一ヶ月におよぶ「岩剱合戦」の始まりである。この戦いにつ

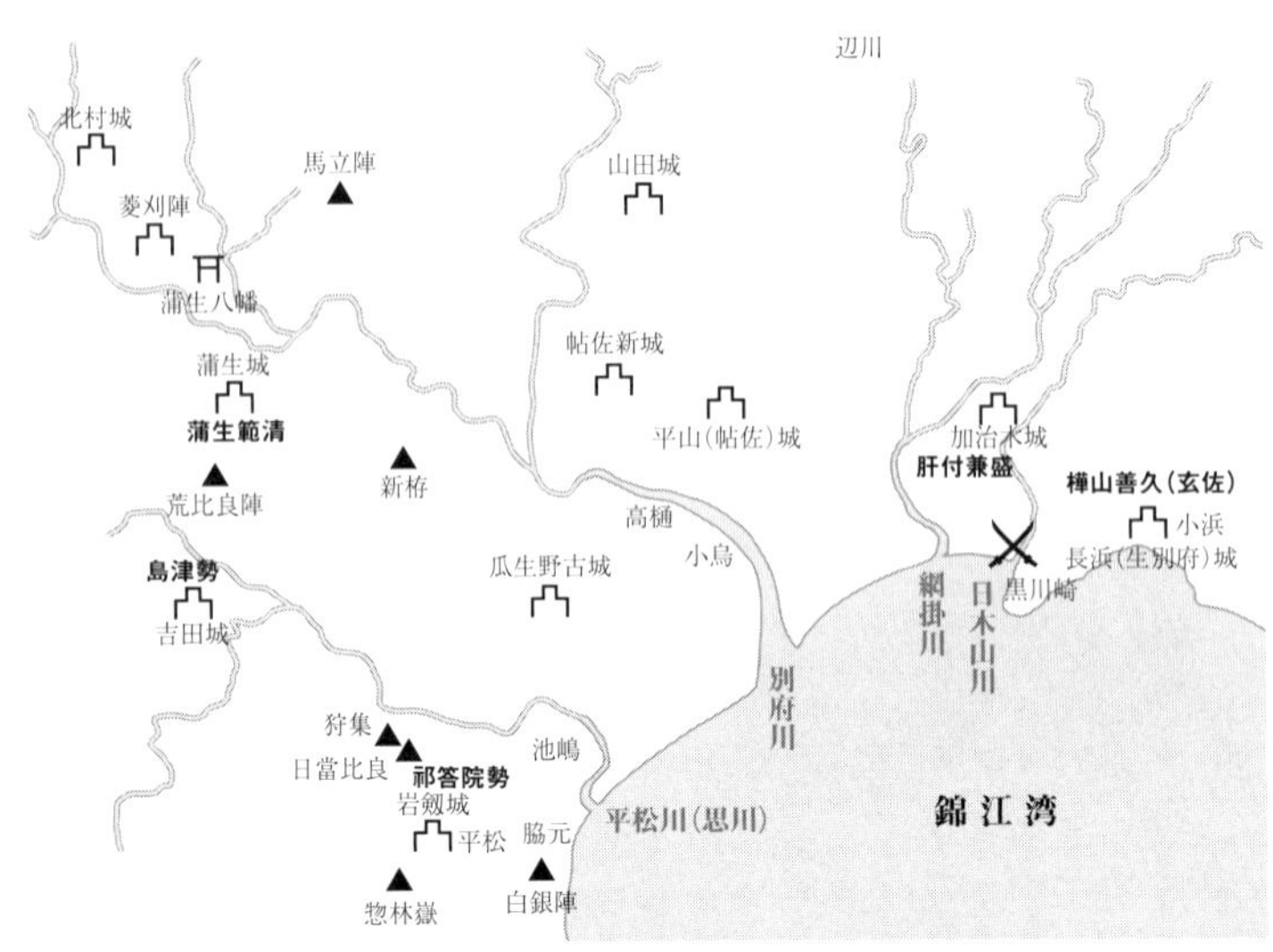

図４　大隅国始羅郡図

いては、「岩剱合戦日記」と名付けられた詳細な記録が存在し（『旧記前』二―二七五二、島津方として参戦した人物の覚書ヵ）、合戦の経過、貴久の指揮・用兵、合戦後の儀式等をうかがうことができる。

そして、この戦いは貴久の長男義辰（義久、二二歳）、二男忠平（義弘、二〇歳）、三男歳久（一八歳）、三人の息子たちの初陣でもあった。貴久は、谷山・鹿児島・伊作・川辺・喜入の軍勢を率い、義辰は、鹿籠・山田・加世田・阿多・田布施・伊集院・吉田・市来の軍勢を率いたといい（「岩剱合戦日記」）、一軍の大将として指揮を取る経験を積ませる意味もあったと見られる。

貴久は、岩剱城（標高二二五ｍ）の南東に位置する惣林嶽（標高五〇六ｍ）に惣陣を置き、岩剱城の北西に日當比良・狩集ふたつの陣を、岩剱城の南東に白銀の陣を構築する。日當比良・狩集の陣は、岩剱城と蒲生のルート上にあり、蒲生氏との連絡を断ち、岩剱城を孤立させる意図があったとみられる。さらに、島津忠将らの率いる大隅勢も加治木に布陣し、帖佐城の祁答院勢と対峙した。

九月一三日、島津方の足軽勢が沿岸部の脇元（姶良市脇元）の民家を焼き払っていたところで敵に遭遇し、最初の合戦となっている。このとき、「ご兄弟御三殿」（義辰・忠平・歳久）も出馬しており、この後の小競り合いでも実戦を見聞すべく、たびたび前線に赴いている。

その後、しばらくは持久戦となり、小競り合いが続いた。注目すべきは大隅勢の動きであり、九月一四日、島津忠将は船五艘にて脇元の陸近くに押し寄せ、鉄砲で敵二、三人を射伏せたという。これが、島津氏が実戦で鉄砲を使用したことを示す、同時代史料の初見である。同月一八日にも、大隅衆は船五〇艘ほどで別府川をさかのぼり、出てきた敵を鉄砲で追い払っている。この時点での鉄砲の使用は、大量の鉄砲で組織的に敵を倒すというより、敵への威嚇、船からの狙撃といった用途であったのだろう。

戦局が大きく動いたのは、九月晦日（三〇日）のことで、ついに、蒲生勢・帖佐の祁答院勢が岩剱城救援に打って出て、島津勢と交戦するに至った。島津勢が押され気味とみるや、島津義辰、次いで貴久みずから出陣し、敵を平松川（現在の思川ヵ）の向かいまで押し返し、島津勢の勝利に終わる。そして一〇月一日、貴久は決戦を挑む決断を下す。

翌一〇月二日、夜明けと同時に吉田衆が岩剱城を攻撃し、垂（防御施設）を二、三重取った上で撤退し、城の麓に布陣する。加えて、島津尚久の軍勢、白銀陣衆（島津忠平勢ヵ）を城下に伏せた。たまらず、蒲生・帖佐勢千～二千は、平松川を渡って池嶋（姶良市池島町）に出陣する。貴久は、味方を二手に分けて敵を撃破、「高ひの川之辺」（同市西餅田字高樋、別府川に架かる帖佐橋南詰）まで追いつめ、敵五〇を討ち取ったという。

この勝利により、島津義辰は岩剱城に降伏を勧め、城衆はその日の深夜（子刻）に退去していった。一連の合戦後の勝吐気（鬨）は、「軍配者」とされる老中伊集院忠朗によって執り行われている。翌日、貴久父子は岩剱城に入城し、一〇月七日、島津相州家の菩提寺・常珠寺住持を導師として大施餓鬼を実施する。そして同月一三日、貴久は開陣し、鹿児島に戻っている。なお、岩剱城の城番には、貴久の二男忠平が入ったという。

帖佐攻略と大隅正八幡宮の神慮

天文二四年（一五五五）二月六日、貴久は華林寺（霧島神宮別当寺）に怨敵退散・武運長久を祈願し、神領寄進を約している（『旧記後』一―九）。大隅国始羅郡の残る拠点、帖佐と蒲生攻略を決断したのであろう。以後、蒲生攻略までの過程は、『旧記雑録』所収の「山本氏日記」に詳しい。

三月八日、加治木衆（肝付兼盛）・長浜衆（樺山善久）・日当山衆・溝辺衆が結束して、辺川（姶良市加治木町辺川）で敵を破り、祁答院氏の拠点帖佐（平山城、姶良市鍋倉）攻撃が本格化する。同月二六日までに、大殿（日新斎）・貴久・義辰、そして南方（薩摩半島）の軍勢、島津忠将率いる大隅衆が平松に集結する。

三月二七日の子刻（午前〇時頃）、貴久父子らは「うるを野（瓜生野）のふる城」（建昌城、始良市西餅田）の下に布陣。軍勢を二手に分け、一手を別府川河口近くの「こからす」（同市東餅田、小烏神社付近カ）、もう一手を「もりそといふ村」に伏せた。そして巳刻（午前一〇時頃）、大隅衆から二〇人ほどが、囮として高樋を通って別府川を越え、敵を攻撃して撤退。それを追ってきた祁答院勢を迎撃し、その勢いで帖佐城攻撃に成功する。垂・城戸を破り、あと一歩の所まで迫るものの攻めきれず、麓の家を残らず放火し、撤退したという。この間、蒲生からも後詰めの軍勢が出てきて、ここかしこで戦闘になっている。この戦いでは、貴久の末弟尚久の奮闘がめざましく、敵二一人を討ち取ったという。

この日の戦いは、囮の部隊で川向かいの敵勢を誘き出し、二手に分けた伏兵が挟み撃ちにして、勝利を収めたものであった。のちに「釣り野伏せ」と呼ばれる、島津氏得意の戦法がおこなわれたようである。その史料上の初見が、貴久の指揮下で実施され、勝利を収めたことを指摘しておきたい。

この戦いから四日後の四月二日、帖佐本城・新城（始良市鍋倉）、山田城（同市上名）の祁答院勢は撤退する。これにより、加治木―帖佐―吉田・鹿児島のルートは島津氏の支配下となり、大隅国始羅郡に残る抵抗勢力は、蒲生（同市蒲生町）の蒲生範清のみとなった。

蒲生範清の居城・蒲生城（始良市蒲生町久末）は、標高一六三mの天険にあり、これを攻略するのは困難を極める。後年、関ケ原の戦いから辛くも国許に戻った島津義弘は、徳川勢に対抗するための拠点としてここを選び、改修したほどの堅城である。若き日の義弘（二一～二三歳）は、攻城側とし

大隅正八幡宮（現鹿児島神宮）社殿　鹿児島県霧島市

てこの堅城に接しており、その難攻不落ぶりに惚れ込んだのだろう。

貴久は、これを力攻めにするか、和睦を模索するか迷ったようであり、同年四月九日、大隅正八幡宮で「無事（ぶじ）」（和平）の協議をすべきか、軍事的決着をつけるべきか、鬮（くじ）を引かせている（『旧記後』一―二二・二三）。このときは「無事」の結果がでたようであり、貴久は蒲生へ使者を派遣させ、和平交渉が行われたとみられる（「山本氏日記」）。同月二〇日には、和睦を仲介したとみられる入来院氏から肝付氏に使者が来訪し、蒲生の身の「くやう」（口養＝くらしむき）について伝えており、蒲生氏下城の方向で話が進んでいたようであるが、交渉は難航したようである。同年四月二七日、再び貴久は大隅正八幡宮に対し、蒲生氏との交渉について鬮を求めている（『旧記後』一―二二四）。

翌日には、帰順を求めてきた北原氏への対応についても、それを認めるか否か、正八幡宮の鬮を求めており（『旧記後』一―二二五）、重要な政策判断について、「神慮（しんりょ）」を求める傾向が強くなっている。おそらく、父日新斎の影響あるいは指示であろうが、こうした神仏の判断を仰ぎ、その判断に島津氏の政策決定の正当性を求める傾向は、貴久の子義久にも引き継がれていく。

苦戦を強いられた蒲生攻略

最終的に貴久は、和戦両様の構えをとる。天文二四年（一五五五）に比定される、年欠五月朔日付の又三郎（義辰）宛貴久書状によると、入来院氏や北原氏が貴久に対して和睦を求めており、貴久はこれを認める方針を示す一方、蒲生氏に対しては、「さしのけ候て、太刀のつかにこそ相定候へ」と、徹底した武力討伐を決意したことがうかがえる（『島津』一一三五）。

貴久は、蒲生城近くに「新栫（しんかこい）」（始良市蒲生町下久徳）という陣城を構築し、蒲生城の南に位置する吉田城（松尾城、鹿児島市東佐多町）、東北に位置する山田城（始良市上名）の三城で緩やかな包囲網を築いた。一方、蒲生側は、蒲生城の北西、入来院へと繋がる道沿いに北村城（同市蒲生町北）、北側の祁答院へと繋がる道沿いに松坂城（同町米丸）があり、祁答院勢らが入って、蒲生城を支援し、攻城側の島津氏を苦しめている。

蒲生城包囲戦は、天文二四年四月から弘治三年（一五五七）四月まで、丸三年の長期戦となった。この間、双方が小競り合いを繰り返し、敵陣を焼き討ちしたり、民家を放火したり、作毛（さくもう）（麦や苗代）を刈り取るなどの戦闘を繰り返した。貴久としては、味方の損耗を少なくしつつ、徐々に蒲生城の戦意を奪おうとしたのであろうが、蒲生城には遠く日向伊東氏からも手火矢（てびや）（鉄砲）と塩硝（えんしょう）（火薬）が補給されており、反島津方国衆同盟の固い結束に苦しめられたのである。

戦局が大きく動いたのは、弘治二年一〇月一九日のことである。貴久二男の忠平、弟の忠将・尚久を大将とする島津勢が、祁答院勢の松坂城を力攻めし、城代中原加賀守父子三人など首四二を討ち取るなどして、これを落城させた。この勝利により、島津方は蒲生城への包囲網を強化し、城の南側の尾根に荒比良の陣（同町久末）、城の北東側に馬立の陣（同町上久徳）を構築する。これに危機感を覚えた反島津方国衆同盟は、大隅北端の菱刈重州が大軍を蒲生に派遣する。大将菱刈左馬権頭は、一説によると重州の長男重豊とも伝えられる（「本藩人物誌」）。この菱刈勢は、北村城と蒲生城の中間にある丘陵に布陣し（菱刈陣）、蒲生城支援にあたった。

島津勢は新手の菱刈勢にしばしば苦しめられ、多数の負傷者を出している。なかでも、弘治三年三月二二日の合戦は、貴久・義辰・歳久の父子三人がみずから出陣し、丑刻（午前二時）から辰刻（午前八時）半まで激しい戦闘が繰り広げられた。島津方は、貴久父子が自ら太刀を振るうほどの乱戦となり、貴久は乗馬に征箭が当たり、義辰は兜の鉢正面に蝿尾（鏃の一種）が命中、歳久は蝿尾が左股を貫通して負傷するなど、苦戦を強いられた。このとき、城攻めにあたっていた二男忠平も、急遽手勢を連れて父の救援に向かったという。貴久父子四人が、同じ合戦で、それぞれ太刀を振るって戦った記録はこれ以外にはない。

菱刈陣から蒲生城を望む　鹿児島県姶良市

また、この苦境を救ったのは鉄砲であり、種子島番衆（種子島時堯派遣の在番衆）が「手火箭」をしきりに放ち、戦闘が終結したという。一連の蒲生城攻防戦で、鉄砲（手火矢）は双方がしばしば使用しているが、種子島勢は、乱戦のなかでの組織的な鉄砲隊運用が可能だったようである。

そして、同年四月一五日、島津忠将が苗代・麦作を刈らせていたところに、菱刈陣から足軽勢が出てきたことを契機として、一気に菱刈勢との決戦となった。大将菱刈左馬権頭が討ち死にすると、島津忠平率いる島津勢が菱刈陣に攻め入り、これを攻略した（「長谷場越前自記」）。菱刈方の戦死者は、二四八とも三〇〇ともいわれる（「八代日記」、「箕輪伊賀入道覚書」）。最後まで蒲生城の後詰めに当たった菱刈勢の壊滅により、孤立無援となった蒲生城の蒲生範清は、五日後の四月二〇日、和を請うて下城したとも、城裏に放火して退去したともされ、祁答院良重を頼って落ち延びていった（「長谷場越前自記」、「新編島津氏世録正統系図」）。

地頭衆中制の確立

蒲生城陥落により、天文一八年（一五四九）に始まった、約九年に及ぶ大隅国始羅郡制圧はようやく完了した。この合戦後、貴久は制圧した始羅郡各所に「地頭」を配置する。吉田に村田経平、蒲生に比志島美濃守（義基カ、一五三七～一六〇三）、帖佐に鎌田政年（一五一四～八三）、山田に梅北国兼（?～一五九二）、松坂に市来内蔵助などである。

この地頭とは、鎌倉期の荘郷地頭とはもちろん異なる。島津氏直轄地の外城を中心とする行政区域に、行政官兼軍事指揮官として配置されたものであり、その指揮下には「衆」と呼ばれる下級家臣が配置された。前出の清水（きよみず）の島津忠将、長浜の樺山善久（幸久）、加治木の肝付兼盛は、その所領（私領）に対する排他的支配権を有する「領主」（一所持（いっしょもち）とも呼ばれる）であり、島津氏直轄地を預かる「地頭」とは区別される。戦国島津氏の軍事・行政機構最大の特色が、この地頭を中心とした外城・衆支配であり、「地頭衆中制（じとうしゅうちゅうせい）」と呼ばれている（桑波田興・一九五八年、福島金治・一九八八年）。地頭と衆が、個別に主従関係を結ぶことはなく、「寄親・寄子制（よりおやよりこせい）」に近い制度といえる。

天文一七年、貴久が大隅国府周辺を制圧した直後にも地頭を配置しているが、占領地域に譜代家臣を地頭として配置し、軍事・行政機構を整える方式は、大隅国始羅郡制圧後に確立していったとみていいだろう。この制度の確立により、島津氏は各外城に居住する家臣等の大規模動員、番編成による長期遠征が可能になったといえる。

第四章　島津貴久と対外関係

1、島津領国と海外諸勢力

一六世紀前半の南九州海域

島津氏の根本領国である薩摩・大隅・日向三か国は、九州の最南端に位置し、東・西・南の三方を海に囲まれている。このため、古代以来、中国大陸あるいは琉球・東南アジア方面からのさまざまな文物が国内へと流れ込む、玄関口のひとつとして機能していた。

室町期の日明関係は、冊封（さくほう）体制に基づく遣明船派遣を基軸としており、一五世紀末以降、外之浦（とのうら）・油津（あぶらつ）に代表される日向南部の港や種子島（たねがしま）が、遣明船南海路の中継地として、あるいは遣明船舶載用の物資（琉球からもたらされる胡椒（こしょう）・蘇木（そぼく）などの南海産物）確保の窓口として重視されるようになった（伊藤幸司・二〇〇二年）。大永度遣明船では、大内船が油津で、細川船が種子島で建造されるなど、遣明船派遣主体である大内・細川両氏にとってもきわめて重要な地域であった。

また、日明貿易最大の輸出品は硫黄（いおう）であり、その国内有数の産出地が、薩摩半島の南に浮かぶ硫黄島（熊毛郡三島村）であった（山内晋次・二〇〇九年）。当初、硫黄島産の硫黄は、東シナ海を北上して平戸など北部九州で遣明船に舶載されていたが、一五世紀末以降、遣明船ルートとして南海路が浮上してくると、薩摩半島西南端の坊津（南さつま市坊津町）が舶載地となっていった（伊藤幸司・二〇一〇年）。

さらに、一六世紀に入ると、石見銀山の開発を契機として中国（明）の民間船が多数日本に来航するようになる。「後期倭寇」とよばれる密貿易船である（橋本雄・米谷均・二〇〇八年）。後述のように、天文一一年（一五四二）あるいは同一二年には、種子島に倭寇の頭目王直の船が来航し、同乗したポルトガル人から鉄砲が伝来している。また、『日向記』巻第五には、天文一二年、「日向ノ津々ニ唐船十七艘入来故、異国ノ珍物数不知、浦々大ニキワイケリ」とあり、「唐船」とは倭寇のジャンク船であろう。折しも、インドのゴア、マレー半島のマラッカを拠点として、ポルトガル人が東南アジア、さらには中国沿岸部、日本へと進出しつつあり、当初彼らは後期倭寇の海上ネットワークに便乗したとされる。鉄砲を伝えたポルトガル人は王直の船に同乗していたし、天文一八年にフランシスコ・ザビエルを鹿児島まで連れてきたのも中国船であった（同上）。島津貴久が薩摩半島を制し、大隅へと進出していった時期は、まさに海外の諸勢力が九州沿岸部へと積極的に進出してきた時期と重なるのである。

遣明船が南海路を利用するようになる文明八年度遣明船以降、幕府は薩隅日三か国守護島津氏に渡唐船警固を命じるようになるが（小山博・二〇〇四年）、遣明船関連あるいは琉球貿易の基地となる要港は、一五世紀末以降、守護島津氏（奥州家）の直轄地ではなかった（拙稿・二〇〇六年）。

第一章―1・2で整理したように、島津立久は要港外之浦・油津を抱える飫肥（宮崎県日南市）に御一家新納氏を、その南櫛間（同県串間市）には伊作久逸を配置して要港支配の強化を図るが、文明一六・一七年の争乱を招いている。その後、飫肥・櫛間には島津豊州家が配置され安定化するが、志布志の新納氏が奥州家とたびたび衝突したことは、既述のとおりである。

「南海路経由の遣明船運航を左右する重要人物」（伊藤幸司・二〇〇三年）と評される豊州家忠朝も、表向き「忠兼下知」を重視するような姿勢を大内氏らには示すものの（『旧記前』二―一九一六）、対外的な交渉時に〝奥州家を中心とした島津領国〟という枠組みを必要としただけで、奥州家がどこまで遣明船利権に食い込めていたのかは不明である。さらに、薩摩半島でもっとも重要な港であり、硫黄の船載地でもあった坊津を含む薩摩国川辺郡は、島津薩州家の支配地であり、同家の大きな経済基盤であったとみられる（拙稿・二〇〇六年）。

奥州家勝久と貿易利権

奥州家の守護所であった鹿児島は、港町でもあり、天文一八年（一五四九）にフランシスコ・ザビエルが上陸したのも鹿児島であった。しかし、鹿児島は錦江湾の奥に位置し、外洋から鹿児島に至るには、薩摩半島南部の山川（やまがわ）（指宿市山川町）、あるいは大隅半島の祢寝（南大隅町小根占）を経由する必要があり、守護島津氏が海外貿易に絡むためには、山川を領する国衆頴娃（えい）氏、祢寝（ねじめ）を領する国衆祢寝氏との連携が不可欠だったろう。

頴娃氏歴代の墓所　鹿児島県南九州市・大通寺跡

奥州家最後の当主となる勝久（忠兼）は、島津忠昌の三男であり、長兄忠治、次兄忠隆の死没により、永正一六年（一五一九）に家督を継いでいるが、それ以前は、山川を領する国衆頴娃兼心の養嗣子に迎えられていた（「正統系図」など）。折しも中国（明）の民間船が多数来航し始める時期であり、大陸や琉球との貿易の最前線を目の当たりにしていた人物である。

その室は、錦江湾口を押さえる祢寝重就の娘であり、天文四年七月、二人の間に嫡男益房丸（のちの忠良）が誕生している（「支流系図」）。既述のように、天文三年一〇月に勝久が重臣らと対立した際、鹿児島から逃亡した先も祢寝であり、勝久と祢寝氏の連携は強固なものであったと推測される。奥州家の家督を継いでも、海外諸勢力との貿易利権には大きな関心があったとみるべきだろう。

天文三年九月一六日、奥州家老中は琉球国三司官に対し、これ以前の三宅国秀・今岡通詮による二度にわたる琉球渡航計画を、琉球への武力侵攻事件にでっち上げ、これを島津奥州家が討伐したかのように報じ、「薩隅日三州津々浦々」は奥州家が「警固」しており、いかなる兵船の渡航も防ぐと豪語している（『旧記前』二―二二七）。この老中とは、別の写から伊地知周防守重武と村田五郎右衛門武秀であることがわかる（拙稿・二〇〇六年）。彼らは奥州家勝久の老中であり、勝久の意向を受けて、琉球王国に対し、事実をねじ曲げてまで守護島津氏による南九州海域の制海権確保を強調していたのである。なんとか琉球に対して自らの存在価値を高く見せ、琉球に接近する他勢力を牽制しようとの意図が感じられる。

第二章―4で明らかにしたように、薩州家実久に鹿児島を追われ、日向国真幸院に逃れていた奥州家勝久は、天文五・六年頃、島津貴久・渋谷一族と結んで薩州家に対抗していた。その頃とみられる、入来院重朝・東郷越後守（重治カ）宛ての年欠六月三日付勝久書状で、「廻舩者、于今無知行候間、我等於入国者、七嶋之内一所、此間之為報恩可進候也」（今は廻船を知行していないが、我らが鹿児島に戻ったならば、〈トカラ列島の〉七島のうちひとつを、これまでの軍忠に報いるために与える）と記している（「入来院」一四）。結局、勝久が鹿児島に戻ることはなく、空手形に終わるのだが、七島（鹿児島郡十島村）の知行とは、「廻船」（琉球との交易船）を知行することを意味し（屋良健一郎・二〇一二年a）、それは守護島津氏の支配下にあるとの認識があったようである。

このように、支配実態の有無にかかわらず、守護島津氏、特に勝久は、制海権確保と貿易統制への指向性が強かったとみられる。

要港坊津を掌握する

一方、島津貴久は、勝久（忠兼）が頴娃氏のもとにいた頃、同じく薩摩半島南端の要港坊津にいたとみられる。天保一四年（一八四三）成立の薩摩藩の地誌『三国名勝図会』巻之二十六「一乗院」

『三国名勝図会』に描かれた坊津港図

の項には、「大中公（貴久）、貫明公（義久）、御幼年の時、田布施等より当寺に来て、第八世頼忠上人を師として、習学し玉へる」とあって、経蔵には貴久・義久父子が使用した硯（すずり）匣（ばこ）が残されていたという。

一乗院は、廃仏毀釈（はいぶつきしゃく）まで現在の南さつま市坊津町にあった寺院であり、敏達（びだつ）天皇一二年（五八三）、日羅（にちら）の創建と伝えられる薩摩半島屈指の古刹である。延文二年（一三五七）、奥州家祖島津氏久により紀州根来（ねごろ）寺の別院として再興され、以後、島津氏一族の厚い帰依（きえ）を受けた。その理由は、既述のように、坊津が対外交易の基地として機能し続けたからにほかならない。

貴久（虎寿丸）がこの地で学んだのは、一説には、享禄三年（一五三〇）一七歳のときとあるが（伊地知茂七・一九二〇年）、この時期、坊津を支配する島津薩州家実久と相州家は敵対関係にあった。相州家忠良は、「三郎左衛門尉」を名乗っていた大永七年（一五二七）以前、一乗院に対し「今度就虎寿丸登山候、種々入魂被加御尊意候」（このたびの虎寿丸の入門に対し、いろいろとご親切にしていただいたこと）への礼状を記しており（『旧記前』二―二〇四四）、貴久の一乗院入山は、奥州家勝久（忠兼）の養子として鹿児島に迎えられる大永六年以前のことであろう。十代前半の虎寿丸は、一乗院で学びつつ、眼下の港を出入りするジャンク船や、賑わう港町の様子を見ていたのであり、薩摩半島における海外貿易の重要性を実感したであろう。

そして、それから十数年後、貴久は天文八年（一五三九）初頭に川辺郡の万之瀬（まのせ）川河口から坊津、同年九月には、薩摩半島北部の串木野・市来（いちき串木野市・日置市東市来町）を島津薩州家から奪取する。貴久は、師である一乗院住持頼忠を上洛させ、天文一五年三月、当院は奥州家菩提寺福昌寺とともに勅願所（ちょくがんじょ）となっている（『旧記前』二―二五三〇・二五三二）。また、貴久の実弟尚久を、坊津近くの鹿籠（かご）（枕崎市）の領主として配置しており、一乗院を含む坊津の支配は強化されたようである。

また、市来攻めに際しては、山川を領する頴娃兼友、種子島島主・種子島恵時が従軍し、祢寝清年も貴久方として援軍を派遣しており、薩摩半島から大隅半島にかけての要港を支配する国衆らが、一応貴久に従属する姿勢を示したのである。

こうして、歴代守護＝島津本宗家当主がなしえなかった、要港の掌握による海上流通支配・貿易利権の統制を行う素地ができつつあったのである。

2、種子島氏と鉄砲伝来

種子島氏と島津氏

天文八年（一五三九）九月、種子島島主・種子島恵時は島津貴久に従属し、市来攻めに参戦した（「貴久記」・「種子島家譜」）。しかし、同氏が貴久に従ったのはこのときが初めてであり、その直前、天文七年一二月から翌年正月にかけての加世田城攻めにおいては、相州家日新斎・貴久方ではなく、薩州家実久方として参戦していたことが明らかになっている（拙稿・二〇〇六年、屋良健一郎・二〇一二年b）。

種子島恵時の室は薩州家実久の妹で、嫡男直時（のちの時堯）を生んでおり、両氏は同盟関係にあったのである。この加世田攻めまで、薩摩半島西南端の要港坊津は薩州家の支配下にあり、両氏の連携は必然性がある。しかし、川辺郡全域が相州家の支配下に入り、坊津も同家の掌握下に入ると、貴久との関係を改善する必要が生じ、市来攻めへの参戦となったのだろう。

ただ、この市来攻めへの参戦は、種子島氏が島津貴久の家臣になったことを意味しない。頴娃氏や祢寝氏らと同様に、国衆の守護家への従属は、見参や給地宛行に基づくものにすぎず、その支配関係は極めて緩やかであった。当然のことながら、国衆は独自に外交交渉を行っており、朝廷とも独自のルートを築いていた。祢寝氏では、尊重（?～一五四七）が文亀二年（一五〇二）一二月に右兵衛尉

（「祢寝」一三六）、永正元年（一五〇四）三月には大和守に任官している（「祢寝」一三七）。種子島氏は、一五世紀中期に種子・屋久・口之永良部の三島全体で法華宗に改宗しており、日承上人が再興した本能寺参詣を名目に、忠時・恵時・時堯の三代の当主が上洛を果たしている（「種子島譜」）。そして、忠時は明応六年（一四九七）三月に武蔵守（「種子島家譜」一四）、時堯は天文一〇年四月に弾正忠（「種子島家譜」三〇）に任官している。これは、島津貴久が無位無官だった時期である。朝廷との交渉は、京都本能寺、そして遣明船派遣で種子島氏と協力関係にあった細川氏のルートが功を奏したのであろう（屋良健一郎・二〇一二年a）。

種子島氏の独自外交ルートは、日本国内にとどまらない。正徳一六年（和暦永正一八年＝一五二一）六月一五日、種子島忠時は琉球国三司官から「御船一艘之荷口」の「免許」を受けており（「種子島家譜」二四）、貿易に関する特権を認められたとされる（屋良健一郎・二〇一二年a）。琉球側は種子島氏に特権を認めることで、種子島を島津氏などからは切り離された「国」とみなし、琉球型の華夷意識のもとで種子島氏と「君臣関係」を築こうとしたとされる（同上）。種子島氏は、同時に島津氏と琉球国王、ふたつの勢力に従属していたのである。

種子島氏の内訌

このように、種子島氏は守護島津氏とは一定の距離を保ち、強い自立性をもった国衆であった。しかし、その立場を揺るがす事件が起こる。種子島家中の内訌である。

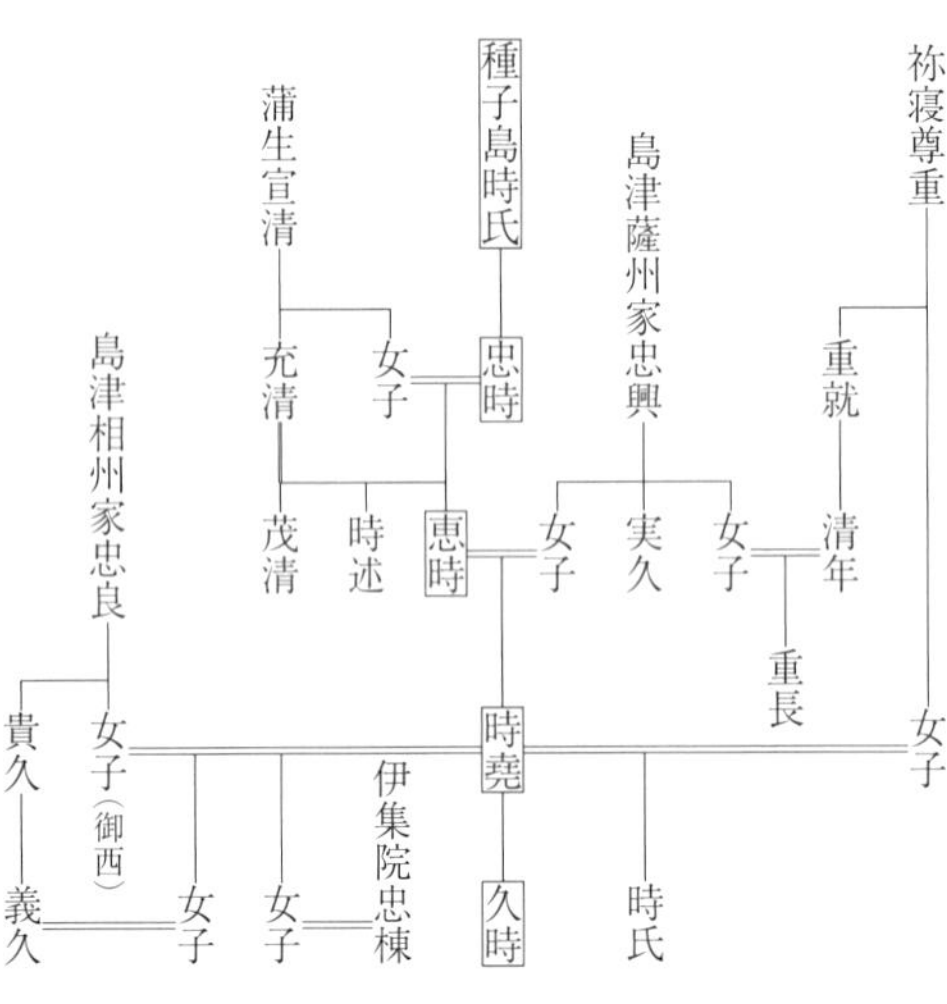

系図６　種子島氏婚姻関係図　※□は種子島島主

内訌の発端は、天文九年（一五四〇）頃にさかのぼる。現在活字化され、よく利用される、文化七年（一八一〇）成立の「種子島家譜」より古い、延宝五年（一六七七）成立の「種子島譜」（個人蔵、種子島開発総合センター寄託）によると、この頃、種子島恵時の「乱行」（土木工事などでの民衆の酷使）に対して家臣等が諫言するも聞かず、やむなく実弟の出雲守時述が諫言に及ぶも、かえって時述の野心を讒言するものが現れ、兄弟関係が悪化したという。

この対立は、種子島恵時の追放という事態に至る。「貴久記」・「箕輪伊賀入道覚書」によると、天文一一年三月末、「種子島親子義絶」、つまり恵時・時尭（当時は直時、一五歳）父子が対立し、時尭支援のため祢寝清年（清年室は薩州家実久妹、時尭室は清年の叔母とされる）が出兵するに至った。これに対し、父恵時は島津貴久に支援を求め、閏三月、貴久は老中新納伊勢守康久を大将とする二百余の軍勢を屋久島に派遣した。屋久島に逃れた恵時は、屋久島などを貴久に進上したいとの意向を示したが、結局父子は和睦し、新納康久の軍勢は撤退したとする。

一方、種子島側の編纂物である「種子島譜」、「種子島正統系図」（明和六年〈一七六九〉成立）、「種子島家譜」は、すべて天文一一年の父子対立について記していない。かわりに、天文一二年に種子島時述と時行（ときゆき）が恵時に謀叛を起こし、三月末、時述支援のために祢寝重長（しげなが）が種子島に出兵。恵時は屋久島に逃れ、時尭は内城（赤尾木城、西之表市西之表中目）に籠もり、迎撃した。祢寝重長と時尭は、家老の平山友道（ともみち）邸にて協議し、屋久島一島を祢寝氏に割譲して和睦が成立し、四月に祢寝氏の撤兵、種子島恵時の帰島が実現。五月一五日に種子島時述・時行らを誅殺し、天文一三年正月には肥後時典（ときのり）を派遣して屋久島を祢寝氏から奪還した、と記している。

おそらく、種子島側の史料は、恵時・時尭父子の不和・対立を隠したい事情があったと思われる。実際は、天文一一年に種子島時述と時尭が結託し、恵時を倒すべくクーデターを起こし、祢寝清年の支援を求めたとみられる（橋本雄・二〇一六年）。しかし、島津貴久が恵時支援のため出兵すると、祢寝氏は撤退し、天文一二年に恵時・時尭父子は和睦し、時述らを誅殺するとともに、時尭が家督を継いで内訌は終結したとみられる。直時から時尭への改名もこの頃とみられる（五味克夫・一九九三年）。

この内訌の最中あるいは直後に、ポルトガル人を乗せた中国船が種子島に来航する。いわゆる「鉄砲伝来」である。

「鉄砲伝来」はいつか

「鉄砲伝来」については、分厚い研究史があり、論点は多岐に渡っている。とくに、ポルトガル人が種子島に鉄砲（インド―ポルトガル式火縄銃）を伝えた時期をめぐっては、天文一一年（一五四二）説と天文一二年説のふたつが激しく対立し、いまだ結論を見ていない。この論争を説明するのは本書の目的ではないが、以下、関周一氏の研究史整理に基づき、論点を簡単に述べておきたい（関周一・二〇一五年）。

二つの説が対立するもっとも大きな原因は、日本側の基本史料である文之玄昌著「鉄炮記」（慶長一一年（一六〇六）成立、「種子島家譜」所収）と、西洋側の同時代史料（「エスカランテ報告」、『諸国新旧発見記』）とで、ポルトガル人来航年などの記述に齟齬があることにある。前者は、ポルトガル人が同行した五峯（倭寇の頭目王直）の種子島来航を天文一二年八月二五日とするが、後者は、ポルトガル人の来航を一五四二年（天文一一年）とし、鉄砲伝来に関する記述がない。また、後者でポルトガル人が来航したのは「レキオス」（琉球）とあり、種子島とは明記されていない。これら西洋側史料の「レキオス」への来航は、鉄砲伝来とは無関係との見解もある（中島楽章・二〇〇五年）。

もうひとつ大きな論点は、「鉄炮記」に記されている、明に向かった「三貢船」の存在である。これは、豊後の大友義鑑が派遣した遣明船であり（村井章介・二〇一三年）、天文一三年に種子島時尭の家臣松下五郎三郎が鉄砲を携行してこの船に同乗したとされる。「鉄炮記」によると、天文一二年に鉄砲を購入した種子島時尭は、島内の鍛冶にその模造を命じるが、銃底を塞ぐ技術がなかった。このため、翌年再来したポルトガル人に銃底を塞ぐ技術を学ばせ、さらに「歳餘」（一年あまり）にして「数十之鉄砲」を国産化することに成功する。この記述に従えば、種子島での鉄砲国産化は、天文一四年以降のことであり、天文一三年に時堯の家臣が鉄砲を携行して遣明船に乗り込むことはできないはずである。

王直の船が来航したとされる西之村の浜　熊毛郡南種子町

この矛盾を解消するため、村井章介氏は、最初のポルトガル人の来航を天文一一年にずらすことを提唱したのである（村井章介・二〇一三年）。この説は一定の支持を得ているが（関周一・二〇一五年）、そもそも「三貢船」の入明は天文一四年のことであり、矛盾を生じないとの主張もある（伊川健二・二〇〇七年）。また、近年の研究では、「三貢船」の渡明時期を天文一六年とし、最初のポルトガル人の来航を天文一一年に遡らせる必要はないとの見解も出ている（橋本雄・二〇一五年、岡本真・二〇一五年）。

種子島氏の鉄砲外交

天文一一年（一五四二）説と天文一二年説、いずれが正しいのかは今後の研究の進展を待つとして、そもそも鉄砲（インド—ポルトガル式火縄銃）が種子島に伝来し、短期間に国産化され、さらにこれを種子島時堯が外交上うまく利用したことは確かなことである。

天文一四年四月、種子島氏は本能寺を通じて、管領細川晴元へ鉄砲を献上している（宇田川武久・一九九三年、「本能寺史料」一二九）。また、第三章—5で述べたように、天文二一年、島津貴久の修理大夫任官要請のため京都に派遣された種子島氏家臣古市実清は、その途上、大友義鎮に「南蛮小銃」を贈り、将軍足利義輝からも鉄砲を所望されている（大山智美・二〇〇九年）。鉄砲の国産化以降、種子島氏は島津氏以外にも、さまざまな上級権力に鉄砲を贈り、関係強化に利用したのである。

さらに天文二三年三月、近衛稙家は種子島時堯に対し、南蛮人から直接相伝された「鉄砲薬」（火薬）の調合方法を将軍足利義輝が知りたがっているので教えるよう、伝えている（「種子島家譜」三一、年代比定は大山智美・二〇〇九年）。種子島氏による鉄砲外交の成果ともいえるが、この書状には「猶自嶋津匠作（貴久）可有伝達候也」とあり、あくまでも種子島氏は島津貴久の配下という扱いになっている。実際、同日付で、近衛稙家は貴久に対しても、「鉄砲薬」調合方法について、種子島への「伝達」を求める書状を送っている（『島津』二九二）。これにより、種子島氏の京都に対する鉄砲外交は、貴久の知るところとなったであろう。

ただ、こうした種子島氏の独自外交に対し、貴久はこれを制限することはできなかった。修理大夫就任により、朝廷・幕府への影響力を持つ近衛家が、貴久を周辺国衆の上位に立つ権力と認識したのは一歩前進であろうが、いまだ南九州東海岸沿いの制海権を確保できていない段階では、種子島氏のこうした活動を制限できるはずもなく、戦国島津氏にとって大きな課題として残されることになる。

3、キリスト教の伝来とザビエルとの会見

フランシスコ・ザビエルの鹿児島来航

イエズス会宣教師のフランシスコ・ザビエル（一五〇六～五二）は、パードレ（神父）コスメ・デ・トーレス（一五一〇～七〇）、イルマン（修道士）ジョアン・フェルナンデス、そして鹿児島出身のパウロ・デ・サンタ・フェ（アンジロー）、ジョアネ、アントニオの日本人三人らを連れ、一五四九年四月、ポルトガルのアジア支配の拠点であるインドのゴアを出発し、五月にマラッカに到着した。そこで、ザビエルらはマラッカ長官シルヴァの協力を得、同年六月、中国人海賊（倭寇）のアヴァンの船で日本に向けて出航した（岸野久・二〇〇一年）。

そして、一五四九年八月一五日（天文一八年七月二二日）、ザビエルらを乗せた中国船は、鹿児島入港を果たす。鹿児島滞在中のザビエルらの行動は、同年一一月五日（天文一八年一〇月一六日）付でゴアのイエズス会員宛てに出された、ザビエル書翰に詳しい（「イエズス会書翰集」一二九）。以下、その記述をもとに、ザビエルと鹿児島人の交流、そして島津貴久との関係について整理しておきたい。

まず、彼らの上陸に対し、鹿児島の人々は大いに歓迎したことが知られる。

私たちの善良で誠実な友人であるパウロ・デ・サンタ・フェ（アンジロー）の町で、私たちは同地の武将や城主から、また、同じように民衆のすべてから、たいそう親切に愛情をもって迎えら

フランシスコ・ザビエルの胸像　鹿児島市・ザビエル公園

れました。すべての人びとが、ポルトガル人たちの土地から来たパードレたちを見て驚嘆しています。パウロがキリスト教徒になったことを奇異に思う者は誰もおらず、むしろ彼らは彼を賞賛しています。そして、彼の親戚の者もそうでない人びともすべて、彼がインドに赴いて誰も見たことのないものをいろいろと見聞したことを、彼と共に喜んでいます。

鹿児島の人びとが、城主クラスの武士（既述のように、いまだ貴久は鹿児島を居城としてない）から民衆に至るまで、ポルトガル人の上陸に驚くことなく、むしろインド帰りのアンジローからの情報に興味津々であったことがうかがえる。当時の鹿児島人の好奇心の高さがうかがえるとともに、この頃すでに〝南蛮人〟が珍しい存在ではなかった可能性が高い。

本章―2で述べたように、天文一一年（一五四二）もしくは同一二年、種子島には倭寇船に乗ったポルトガル人が鉄砲を伝えており、同一三年七月～一一月頃には、錦江湾口に位置する大隅国小祢寝（南大隅町根占）で、一〇〇艘以上のジャンク船に乗った中国人と、ポルトガル人の間で紛争が起こり、大砲や鉄砲で多くのジャンク船が破壊され、当地の武士・池端重尚が流れ弾で討ち死にしたことが指摘されている（岸野久・一九九六年ａ）。ザビエル来航の数年前、すでに多くのポルトガル人が倭寇と共に錦江湾に来航しており、トラブルまで起こしていたのである。鹿児島においても、こうした状況はよく知られていたであろう。

そもそも、ザビエルを鹿児島へと導いたアンジローは、鹿児島出身の貿易商人と推測されており、人を殺したことから鹿児島を逃れ、錦江湾口の山川港（指宿市山川町）に停泊中のポルトガル船に乗って日本を脱出したとされる（岸野久・二〇〇一年）。その時期は天文一五年頃とされ、この頃にはポルトガル船が山川港に入港していたことになる。だからこそ、ポルトガル人の鹿児島上陸、アンジローの改宗も、不思議がられずに受け入れられたのであろう。すでに鹿児島は、国際貿易港となっていたのである。

貴久とザビエルの会見

鹿児島に上陸したアンジローは、まもなく「鹿児島から五レグア（約二八㎞）の所」にいた「太守」＝島津貴久のもとに赴き、会見を果たす。

この土地の太守（貴久）は彼（アンジロー）のことを非常に喜んで、多くの名誉を彼に与え、ポルトガル人たちの習慣、勢力および指揮権や、彼らがインドに所有していた領地に関するさまざまな事柄について彼に質しました。パウロはことごとく立派な説明を彼に与えましたので、太守ははなはだ満足の体でした。

このように、貴久はアンジローのポルトガル情報に非常に高い関心を示したことが知られる。さらに、アンジローは宗教画で貴久らの歓心を買おうとした。彼はインドから持参した聖母マリアの画像（聖母子像）を貴久に見せる。

太守はそれを見て驚き喜んで、私たちの主であるキリストと聖母の画像の前に跪いて恭しく尊敬を払ってこれを拝み、彼と一緒にいた者一同に対して同じようにするよう命じました。そのあとで、太守の母（日新斎室、御東、？～一五六六）に画像を見せますと、彼女はこれを見て驚き、たいそう喜ばれました。

さらに、御東は後日この画像の複製を求め、画材がないためそれが叶わないと知ると、キリスト教徒の信仰内容を書面で提出するよう求め、アンジローはそれを日本語で記して送ったという。貴久やその母御東は、宗教画に感化され、キリスト教に興味を示したようである。しかし、それはアンジローが、「デウスを『大日（だいにち）』とし、聖母マリアを『観音』として話したので、貴久らが仏教の一派と捉え、幼少のころから親しんできた真言宗になぞらえて理解したから」とされ（岸野久・二〇〇一年）、必ずしもキリスト教を正しく伝えたのではなかった。

さらに、同年九月二九日（天文一八年九月九日）、ザビエルは貴久との会見を果たす。鹿児島での布教許可を求めるためであった。このときの様子を、ザビエルは次のように記す。

私たちはこの地の太守（貴久）と語りました。彼は私たちを厚く尊敬し、私たちにキリスト教徒の教えが書かれている書物を大切にするように言い、イエズス・キリストの教えが真実でしかも立派なものであるならば、そのために悪魔を苦しめることになるだろう、と述べました。それから数日して、彼はその家臣に対して、望む者はすべてキリスト教徒になれる旨の許可を与えました。

このように、貴久はザビエルを丁重に扱い、布教を許可したが、前述のように、それはキリスト教の教義を正しく理解した上でのことではなかった。貴久のザビエルに対する厚遇は、実見した宗教画など、ザビエルの背後にいるポルトガル人がもたらす貴重な文物、とくに鉄砲や火薬への欲求に基づくものであったろう。

一方、ザビエル自身も、鹿児島での布教活動はさほど重視していなかったようであり、すみやかに上京し、「国王」（天皇・将軍）から布教の許可を獲得することを最大の目的としていた。鹿児島への滞在は、「都」（京都）へ赴くには逆風が吹いているためだとし、五ヶ月後には京に向かうつもりだと記している（『イエズス会書翰集』二九）。

しかし、貴久はなかなか上京の許可を与えなかった。後年、来日した宣教師ルイス・フロイス（一五三二～九七）が執筆した『日本史』第一部三章には、「すでに司祭（ザビエル）らが薩摩国にいること十ヵ月になったが、国主は相変わらず彼らを引き留め、戦争のために道が遮断されているから旅行することは不可能だと言って、司祭を都へ遣わす約束をいつまでも果たそうとはしなかった」とある。日本キリシタン史研究で知られる岸野久氏は、「貴久はザビエルの背後に存在するポルトガルを意識し、ザビエルの薩摩滞在を梃子に同国との速やかな通商関係の樹立を図ろうとしていたからであ

貴久・ザビエル会見の地碑　鹿児島県日置市・一宇治城跡

る。貴久としてはザビエルという宝の生る木を確保しておきたかったのである」としている（岸野久・二〇〇一年）。

ザビエルとの会見場所はどこか

　前述のように、天文一八年（一五四九）九月九日、フランシスコ・ザビエルは島津貴久と会見している。従来、この会見場所は、当時の貴久の居城・伊集院一宇治城（日置市伊集院町大田）であるとされ、同城には昭和二四年（一九四九）に「島津貴久・ザビエル会見の地」碑が建立されている。一方、この会見地は伊集院ではなく、大隅国府近くの清水城（きよみず）（霧島市国分清水）であるとの説が存在する。清水城会見説は、近世の編纂物である『西藩野史』や『島津国史』の記述をもとに、「天文一七年一〇月から翌一八年一二月伊集院に帰るまで、貴久は清水城に滞在して、日向や姶羅郡方面の態勢固めに専念していた」という判断によるものであり、特にザビエルと会見した九月は、加治木攻めの最中であり、この重要局面に伊集院に帰ったとは考えにくいとの推測に基づいている（芳即正・一九八四年）。

　第三章―5で述べたように、天文一八年五月、貴久は清水城から加治木に侵攻し、黒川崎で肝付兼演勢と対陣している。この対陣は半年以上に及び、同年一二月に和睦が成立している。この間、ザビエルとの会見が実現したことになるが、貴久はずっと陣中にいたわけではない。一一月の肝付陣への火攻めは、伊集院忠倉が指揮を取っており、貴久が陣を離れていた時期があったことも確かである。その離れていた間、どこにいたのかで論争になっているのだが、より重視すべきは、貴久と会見したザビエル自身の記述ではないだろうか。

同年一一月五日（天文一八年一〇月一六日）付のザビエル書翰によると、「鹿児島から五レグア（約二八㎞）の所にいた太守（貴久）」が、まずアンジローを引見している。おそらく、ザビエルの会見場所も同じ場所であろう。鹿児島戸柱湊付近から一宇治城まで、現在のルートで約二〇㎞。距離は問題ない。清水城の場合、陸路は敵と交戦中であり、錦江湾を海路で行くしかないが、ザビエル書翰にそうした記述はない。加えて、アンジローは貴久の母御東に面会し、聖母マリアの画像を見せている。高齢の母を、いまだ臨戦態勢にある清水城に移したとは考えづらく、やはり会見場所は一宇治城と考えるのが妥当ではないだろうか。

4、ポルトガル船誘致活動

鹿児島を退去するザビエル

一五五〇年七月（天文一九年五月）、ザビエルはポルトガル船の平戸（ひらど）（長崎県平戸市）入港の情報を得て、同地に赴き、再度鹿児島に戻ると、貴久に平戸に移ることを告げて許しを請い、貴久は船一艘を貸し与えてこれを許したという（フロイス『日本史』第一部一五章）。そして、一五五〇年八月末（天文一九年七月中旬）、ザビエルはアンジローを鹿児島に残して平戸へと去っていった。

ザビエルが鹿児島を退去した理由は、前述のように、貴久が上洛への協力を渋ったためであるが、それに加え、鹿児島への布教許可が反故（ほご）にされたことも影響していた。一五五二年一月二九日（天文二一年正月四日）、インドのコーチンからイエズス会員に宛てられたザビエル書翰には、その経緯が記されている（「イエズス会書翰集」四七）。約一年に及ぶザビエルの鹿児島滞在中、一〇〇人近くの人びとがキリスト教に改宗したが、それは鹿児島の僧侶たちの反発を招いた。

坊主たちは、多くの土地を所有している太守である同地の領主（貴久）に対して、もしも彼が家臣たちに神の教えに帰依することを話すならば、領地は失われ、彼らの寺院は破壊され、人びとから崇敬されなくなるだろう、と言いました。（中略）坊主たちは、その地の太守が死罪をもって何者もキリスト教徒にならないよう命じるようにさせました。このようにして、太守は神の教えに誰も帰依しないように命じました。

こうした僧侶たちの反発の背景には、一〇〇人近くの改宗者のなかに、島津氏家臣がいたためとみられる。そのうち一人は、市来地頭で老中でもあった、新納康久の家老とされる「ミゲル」であった。永禄四年（一五六一）、修道士ルイス・デ・アルメイダは鹿児島に赴く途上、市来城に立ち寄り、ミゲルや城主（康久）夫人ら約一五名の歓待を受けたという。そして、城主新納康久は、「表面的にはキリシタンではなかったが、内心ではキリシタンであった」といい（岸野久・一九九六年b）、貴久のキリスト教禁令にもかかわらず、重臣の一部にこれを黙認する者がいたことが知られる。このように、ザビエルの短期間の布教活動は、島津氏の重臣にも支援者を生み出すに至り、鹿児島の仏教界は危機感を覚えたのであろう。

市来城麓に立つザビエル像　鹿児島県日置市

こうした反発に対し、貴久は禁教令を発したとされるが、ザビエルの退去に対しては船を提供しており、新納康久を罰した気配はない。立場上、貴久は僧侶たちの要求は飲みつつ、キリスト教信者の存在を黙認したのであろう。それは、キリスト教布教を認める代わりに得られる経済的利益にあった。

キリスト教布教とポルトガル商船

ザビエルは、鹿児島滞在中の一五四九年一一月五日（天文一八年一〇月一六日）、ゴアのパードレ（神父）アントニオ・ゴメス宛ての書翰で、日本に三年以内に来るよう求めるとともに、次のようにも記している（「イエズス会書翰集」三二）。

パードレたちが来るときには、（インド）総督が日本の国王へ書状と一緒に贈物をするように働きかけてください。なぜなら、彼が私たちの聖なる信仰に改宗するようになれば、堺に商館が設けられてポルトガル国王に十分な現世的利益がもたらされることになると、神にあって信じているからです。その地は、非常に大きな港であり、またはなはだ裕福な商人が多数いる都市でもあり、日本のその他の地方よりも多量の金銀があります。（中略）他のことを配慮することなく、神への愛のみによってパードレたちのためにナビオ船を送る者はほとんどいないと思います。

ザビエルは、インド総督に対し、日本国王への贈り物をするよう働きかけるとともに、堺（大阪府堺市）に商館を設置できれば、大きな利益が得られるとの情報を流すよう求めている。日本への布教活動のためには、ポルトガル船に利益確保を保証する必要があることを、ザビエルはよくわかっていたのである。それは、日本の領主たちにとっても同じである。ザビエルらの布教活動は、ポルトガル船の交易活動と表裏一体のものであることを、貴久もよくわかっており、彼らがインドを拠点としていることを、アンジローからの聴取などから把握していたであろう。

永禄四年（一五六一）、島津貴久はイエズス会インド管区長とインド副王に宛てて、ポルトガル語で書翰を送っている。岸野久氏は、ローマ・イエズス会文書館に所蔵される、この二通の書翰写（原本は現存しない）を翻訳するとともに、その作成者・作成の経緯と目的を詳細に分析している（岸野久・一九九五年ａ）。以下、岸野氏の分析をもとに、貴久の意図を紹介したい。

まず、永禄四年九月二八日付のイエズス会インド管区長宛貴久書翰（書翰Ａ）の内容は、次のように整理される。

①鹿児島では、キリスト教が伝来して以降、「人々の心を爽やかにする扇があるように思われる」と、キリスト教を賛美。

②鹿児島は、「他の地域が干潮のときであっても、海は常に満ちている」と、ポルトガル船寄港に適した地であることをアピール。

③ポルトガル人、そしてパードレ（神父）を、「偉大で、優れた、尊敬すべき人々」であると賞賛。

④ポルトガル人は、当地（鹿児島）において「何らの危害が加えられないどころか、あらゆる点で厚遇される」と安全性を強調し、パードレの鹿児島への派遣を要請。

一方、同年付（月日欠）のインド副王宛の貴久書翰（書翰Ｂ）は、次のような内容である。

ⓐ昨年、イルマン（修道士）二人が鹿児島を訪れたが、当地では戦争があり、救援のため派遣しようとしていた船数隻の準備のため忙しく、十分な対応ができなかった。

ⓑ山川という港にポルトガル商船が到着した際も、戦争と同時期だったため、対応できなかった。そのうえ、外部から略奪に来た盗賊たちにより、アフォンソ・ヴァスというポルトガル人が殺害

された。遺憾に思う。

ⓒ閣下（副王）からの書翰が欲しい。また、当地にポルトガル人・パードレを派遣される際には、書翰を持参いただければ、ふさわしい待遇と名誉を与える。

二通とも、パードレの鹿児島滞在とポルトガル船の来航を求めるものであるが、岸野氏は、書翰Aが、「ポルトガル人及びパードレへの賛辞の羅列であり、内容的には空疎で、現実性に欠け、冗長な文体」であるのに対し、書翰Bが具体的で現実性に富み、用件のみからなる簡潔な文体であることを指摘する。こうした違いが出たのは、この二通が作成された経緯が異なるためであった。

これより前、島津貴久は豊後に滞在中の日本布教長コスメ・デ・トーレスに対し、なぜポルトガル人が鹿児島に来ないのかと不満の手紙を送ったようであり、これに対してトーレスは、条件として教会建設用の土地の提供と布教の許可を求めた（「イエズス会日本通信」三二）。そこで、貴久は永禄四年九月末、たまたま越冬のため薩摩国泊津（とまりつ）（南さつま市坊津町泊）に来航していたポルトガル船の船長マノエル・メンドーサに、署名のみした白紙二枚を託して、トーレスにイエズス会インド管区長宛てとインド副王宛ての書状の代筆を依頼し、ポルトガル船を誘致しようとしたのである（「イエズス会日本通信」三五、岸野久・一九九五年a）。

この依頼に対し、トーレスは二通の書状を作成し（書翰Aはこのとき作成されたもの）、これを貴久に渡すべく、修道士ルイス・アルメイダを鹿児島に派遣した。アルメイダは、同年一一月（日本暦では一〇月）に豊後を発ち、東シナ海ルートで鹿児島へと向かう。その途上、阿久根（あくね）である事件と遭遇する。これより前に、薩摩国山川（指宿市山川町）で負傷したポルトガル人アフォンソ・ヴァスが阿久根に逃れてきており、この地で死亡したのである。その後、翌一五六二年一月初旬（永禄四年一二月初旬）、市来城にて地頭新納康久夫人らの歓待を受けたアルメイダ一行は、鹿児島に入り、二通の書状を手渡し協議した。

このとき、問題となったと思われるのが、前出の山川におけるポルトガル人傷害致死事件である。現在でも、日本から商社マン等が東南アジア・中東進出のため現地に出向き、そこで政変やテロの被害にあう事件は、たびたび発生している。そのつど、紛争地域への進出のリスクが問題になるのであり、錦江湾口の最重要港である山川でのポルトガル人傷害致死事件は、同船誘致をめざす貴久にとって大きな障害となるものだった。このため、アルメイダは貴久と協議の上で、書翰Aと同様に「空疎で冗長」な内容だったインド副王宛ての書翰を書き改め、事件への遺憾の意とポルトガル人への安全保障を盛り込んだ、書翰Bを作成したと見られる。

その後、アルメイダは、マノエル・メンドーサが滞在中の薩摩国泊津に下って手紙を渡すと、鹿児島で約四ヶ月間、布教活動を行い、一五六二年五月（永禄五年四月）に豊後に戻っている。メンドーサも、一五六二年一月末（永禄四年一二月末）までに、二通の貴久書翰を携え、インドに向けて泊津を出港したとみられる。

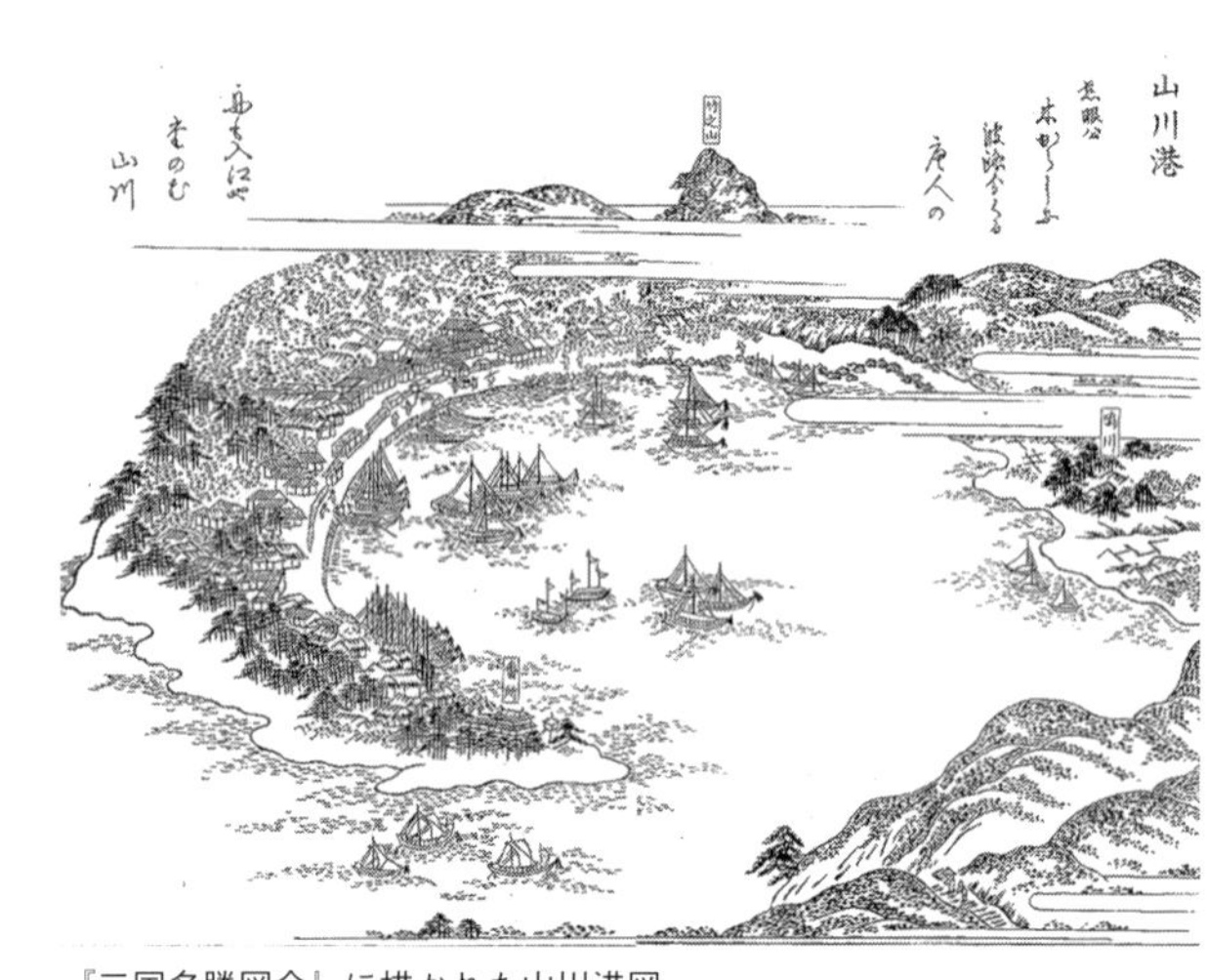

『三国名勝図会』に描かれた山川港図

ポルトガル人傷害致死事件の背景

　二通のインド宛貴久書翰作成をめぐる経緯からは、当時のさまざまな状況がうかがえ、興味深い。ひとつは、ポルトガル商船の目的地は鹿児島（薩摩）ではなく、平戸や豊後だったであろうが、その途上、坊津や山川といった薩摩半島南部の要港に寄港していたということである。書翰をインドへ運んだマノエル・メンドーサは、泊津で越冬しており、少なくとも数ヶ月間は滞在している。

　また、山川で重傷を負ったアフォンソ・ヴァスは、阿久根に逃れた際、二人の子どもをもうけていた内縁の日本人妻を、現地の仕立屋に嫁がせた後に亡くなっている。現地妻を持つほど、頻繁に薩摩に寄港していたということであろう。ポルトガル人とポルトガル船は、それなりに薩摩の港に寄港し、地元に馴染んでいたのである。

　そして、気になるのは、永禄四年（一五六一）九月末から一一月頃に山川港で発生したとみられる、ポルトガル人アフォンソ・ヴァスへの傷害致死事件である。貴久は、この事件を「外部から略奪に来た盗賊たち」の仕業と書翰Bで説明しているが、岸野久氏は、外部の盗賊によるものではなく、島津氏配下の者の犯行ではないかとしている。その根拠として岸野氏は、「事件当時、貴久は山川で戦争のために数隻の船を準備中」であり（書翰B）、その緊張感が高まるなか、ヴァスの指揮する船が不用意に入港した結果、刃傷沙汰になったのではないかと推測している（岸野久・一九九五年b）。

まず、確認しておきたいのは、書翰Bにおいて、貴久が数隻の船を準備していたのは、山川と明記されていないことである。このときの「戦争」とは、次章で述べるように、永禄四年六・七月の廻(めぐり)城の戦いに始まる、肝付兼続（省釣）との抗争と考えられる。この戦いでは、鹿児島の対岸下大隅(しもおおすみ)（垂水市）の国衆伊地知氏や、山川の対岸小祢寝の祢寝氏も肝付方につき、貴久は苦戦を強いられている。

この時点での主な戦場は、錦江湾最奥の廻（霧島市福山町）付近であり、貴久が援軍派遣のために船を準備する港としては、鹿児島の戸柱がふさわしい。山川港で貴久直属の軍船が出撃を待っていた可能性は低いだろう。だとすると、ポルトガル人アフォンソ・ヴァスを襲撃したのは、山川を統治する、島津氏の従属国衆頴娃(えい)氏の配下か、もしくは外部勢力ということになろう。あるいは、島津方の頴娃氏を牽制するため、肝付方の祢寝氏配下の水軍が山川港を襲撃し、ポルトガル船が巻き添えを受けた可能性もあろう。

いずれにせよ、ポルトガル船を誘致したい島津貴久の配下が、ポルトガル人を襲った可能性は低いと考える。ただ、従属国衆統治下の港で起きた事件であり、対外的には、安全保障の責任の一端が貴久にあったことは確かである。だからこその、遺憾の意表明だったのだろう。

貴久によるキリスト教保護

前述のように、天文一八年（一五四九）七月、ザビエルが鹿児島を退去した一因には、貴久によるキリスト教布教禁止令があった。しかし、書翰Aでは、一転してキリスト教、そしてパードレを絶賛し、イルマン不在にも関わらず、キリスト教徒が領内にいることを強調している。

それは、豊後のトーレス神父が条件として示したように、ポルトガル船来航とキリスト教布教は不可分の関係にあったためである。それ自体は貴久もよくわかっていただろうし、そのため、市来地頭新納康久の家老「ミゲル」を中心とするキリスト教徒を弾圧するなどの動きは示していなかった。

ただ、貴久の父日新斎は、仏教・神道・儒学の三学を究めようとし、みずからも出家した熱心な旧来宗教の保護者である。おそらく、父の手前、キリスト教に諸手を挙げて賛成とはいかなかったのであろう。一五六二年一月下旬（永禄四年一二月）、修道士ルイス・アルメイダは、泊津下向の途上、「鹿児島の国王の祖父」を尋ねたという。貴久の祖父一瓢斎（運久）は、天文八年七月に没している。この「祖父」とは、加世田別府城を居城としていた、貴久の父・日新斎とみられる（岸野久・一九九五年a）。アルメイダは、「祖父」訪問について、「それは必要なことであった」と記しており、やはり仏教界への影響力を持つ日新斎に、仁義を通しておく必要があったのだろう。

そしてさらに、トーレス神父は鹿児島における教会建設用地の提供を求めており、それがインドへの書翰代筆を実行する条件だったのだろう。この条件は、実際に履行されたと考える。前述のように、アルメイダは豊後に戻るまでの約四ヶ月間、鹿児島で布教活動を行っている。その間の滞在先が、貴久の提供した建物であり、それが教会となったのではないだろうか。後年、天正一一年（一五八三）三月五日、鹿児島の「南蛮僧仮屋」の存在が問題となり、島津義久の重臣たちは、南蛮僧（修道士カ）の有馬（ありま）への退去を求めている（『上井覚兼日記』同日条、三月八日条）。この「南蛮僧仮屋」とは、南蛮僧が居住していることから、教会であることは間違いない。貴久がポルトガル船誘致の条件として提供した教会は、少なくとも二〇年間は鹿児島で維持され、南九州のキリスト教布教の拠点として機能していたと考えていいだろう。

貴久がインドに宛てた二通の書翰にどのような効果があったのかは不明であり、これによってポルトガル船の薩摩来航数が増えたのかもわからないが、キリスト教嫌いの息子義久と違い、貴久は通商優先の立場から、修道士の招致に成功し、ある程度、キリスト教の保護を実行したとみてよいだろう。

第五章　義久への家督継承

1、肝付兼続の離反と弟忠将の死

島津名字使用の制限

弘治三年（一五五七）四月に蒲生城を攻略し、大隅国始羅郡を制圧すると、貴久周辺ではしばしの平安が訪れる。その間、同年一一月には息子義久や家臣らと連歌を楽しみ、翌永禄元年（一五五八）九月には和漢歌会を催すなど（『旧記後』一―九四・一一二）、貴久の趣味といえる歌を詠む余裕も生まれている。また、弘治二～三年頃には、得翁俊可（一五〇四～八一）を実質的開山として、現在の鹿児島市南林寺町・松原町付近に松原山南林寺を建立している。この寺には貴久の肖像を収める御影殿があり、没後は貴久の菩提寺となっている。貴久は、こうした文化・宗教面の振興を図る一方で、権力確立に向けて注目すべき施策を行っている。

永禄元年一二月、貴久は一部の御一家の島津名字使用を停止し、在地名を名字にするよう命じたようである。この命令は一次史料では確認できないが、一七世紀前半成立の「新編島津氏世録支流系図」には、「永禄元年戊午十二月二十七日、太守の令を承り、一門数多、称号を定む」（「支流系図」薩州庶子大田氏)、「永禄元年戊午十二月二十七日、一門中、各所領の地をもって称号と定め、小名字となす」(「支流系図」桂氏一流)といった記述が散見される。

永禄元年一二月末から翌年正月頃にかけて、島津名字から在地名字に改めた御一家には、島津薩州家庶流の大田氏、同吉利氏、同寺山氏、桂氏(本宗家忠国四男勝久の子孫)、喜入氏(本宗家忠国七男忠弘・八男頼久の子孫)が確認できる。島津忠国期以降に分出した庶子家が対象で、いまだ従属していない薩州家や、日向飫肥・櫛間の領主である豊州家以外のもの、そして薩州家の庶子家で島津本宗家に従属したものが対象だったようである。これ以降、これら在地名を名字とした島津氏一族は、島津本宗家の〝家臣〟という扱いになったようであり、独自の所領(私領)は安堵されつつも、それまで「御内」が任じられていた「老中」や各外城の「地頭」にも任命されるようになる。

弘治年間の一連の抗争の直前、天文二二年(一五五三)一二月四日、貴久は弟忠将や有力御一家と連署して起請文を捧げており、第三章―6で紹介したように、この時期の貴久は「ここに登場する諸領主による連合政権の盟主」(山口研一・一九八五年)であると、その大名権力としての脆弱さを指摘されている。しかし、大隅西部の制圧により、より権力の安定をみた貴久は、御一家との関係を一歩前進させ、本宗家当主と同格に近い御一家(一門家)を、すでに一定の所領を持つものと、貴久の兄弟以下の親族に制限する方針をとったといえよう。

伊東氏の飫肥進攻と肝付・北郷両氏の抗争

錦江湾沿岸部は暫時の安定を迎えていたが、日向国南部、島津豊州家忠親が領する飫肥には、再び伊東義祐の侵攻が始まっていた。

天文二二年（一五五三）、伊東勢は水ノ尾（貝殻城、宮崎県日南市大字宮浦）に進出し、飫肥進攻が開始される（『日向記』）。島津貴久が蒲生城包囲中の弘治二年（一五五六）九月には、目井城（同市南郷町中村乙）を攻略、同三年三月には東光寺砦（同市平野）を築き、徐々に包囲網が狭まりつつあった。

そんななか、貴久にとって好ましくない事態が起きる。島津豊州家と一体となって伊東氏と対抗してきた北郷氏と、大隅国衆肝付氏との全面抗争である。

大隅国南部最大の勢力を誇る国衆・肝付兼続（省釣）は、貴久の義兄にあたり、貴久が田布施に逼塞していた天文四年には、日新斎の長女・御南（貴久の姉）との間に、長男良兼（満寿丸、一五三五～七一）が誕生している（「新編伴姓肝属氏系譜」）。貴久の最初の室は二〇歳の若さで没しているが、兼続の娘であった。両氏は重縁を結ぶことで、本宗家の家督継承戦争中も良好な関係を維持していたとみられ、その間、兼続は勢力を着実に拡大していった。

肝付兼続が家督を継いだ大永三年（一五二三）頃、肝付氏の勢力圏は大隅国肝付一郡程度であったとみられるが、天文七年には高岳（鹿屋市高隈カ）、同一一年二月には、百引・平房（鹿屋市輝北町）、同年四月には日向国大崎（曽於郡大崎町）、同年七月には大隅国恒吉（曽於市大隅町）へと勢力を拡大している。いずれも、志布志を本拠としていた新納忠勝の旧領とみられ、天文七年七月に忠勝が没落して以降、北郷忠相や豊州家忠朝と結託し、これらの地域を一気に併呑したとみられる（「三代日帳写」）。

しかし、北郷領や豊州家領と境を接するようになると、状況が変化していった。天文一三年四月には、豊州家忠広領の安楽城（志布志市志布志町安楽）を攻略し、敵対関係となっていたことがうかがえる。さらに、同一五年二月には、祢寝氏領だったとみられる大姶良城（鹿屋市大姶良町）を攻略し、同年七月には蓬原城（志布志市有明町）を攻略し、その支配領域は、現在の肝付町を中心に、鹿屋市全域、曽於市大隅町南部、大崎町、志布志市西部にまで拡大していたとみられる。

そして、天文一七年正月、北郷忠相は肝付領であった大隅国恒吉城を攻略する（「新編伴姓肝属氏系譜」）。これ以降、両氏は敵対関係になったとみていいだろう。この年は、貴久が本田董親討伐に動いた年であり、忠相は孫時久の室が本田董親の娘だった関係から、本田氏支援に出陣したが、最終的に貴久と本田董親の和睦仲介を行っており、同年六月には、貴久と契状を取り交わしている。第三章―4で記したように、この契状には、「肝付に対し、隔心御同前申すべきの事」との条文がある（『旧記前』二―二五八八）。北郷氏と肝付氏の対立という事態に際し、貴久は北郷氏と

肝付兼続の墓　鹿児島県志布志市

宮ヶ原千人塚　鹿児島県曽於市

の同盟を選択したとみていいだろう。ただ、この同盟は一条目にあるように密約であり、その後も貴久と肝付兼続との同盟は継続し、天文二三年九月の帖佐合戦に際し、肝付氏は重臣伊集院三河守を援軍として派遣している（「岩剱合戦日記」）。

　この間、前述のように、伊東義祐による飫肥城包囲網が築かれつつあり、北郷・豊州家両氏は、東の伊東勢、西の肝付勢、両方面での戦闘を余儀なくされるに至った。そして、永禄元年（一五五八）三月、恒吉城近くの宮ヶ原（みやがはら）（曽於市大隅町大谷）で北郷・豊州家連合軍と肝付勢は激突し、北郷時久の叔父久厦、豊州家重臣日置久範（ひおきひさのり）・平田宗仍らが討ち死にするなど、北郷・豊州家連合軍は大敗を喫するに至った（「三代日帳写」、「壹岐加賀守年代覚書」）。

　肝付氏の大勝は、飫肥情勢にも影響を与えた。同年一〇月、肝付勢は豊州家領の志布志に進攻し、豊州家重臣日置久岑（ひさみね）が討ち死にしている（「新編伴姓肝属氏系譜」）。これに呼応するかのように、同年一一月、伊東勢は飫肥城を見下ろす最大の支城・新山（にいやま）城（宮崎県日南市星倉）を攻撃し、豊州家忠親の実弟北郷忠孝が討ち死にして落城する（『日向記』）。新山城が落ちたことにより、飫肥城は直接伊東勢の攻撃に晒される状況となり、再び危急存亡の秋（とき）を迎えたのである。

なお、天文二四年一二月一九日付の始良若宮八幡社（鹿屋市吾平町上名）の棟札に、肝付良兼の男子として「満寿麿」の名前が見える（「肝付」一二五）。この男子の母は、伊東義祐の娘・高城とみられる。岩剣合戦に援軍を送る一方で、肝付兼続は長男良兼の室に伊東義祐の娘を迎え、伊東氏との連携を図ったようである。永禄元年以降の北郷・豊州家両氏との抗争は、伊東氏との挟撃を図ったものと判断していいだろう。

ここに来て、島津貴久は大隅・飫肥情勢を放置できない状況となり、肝付氏との対決を決断したとみられる。

将軍足利義輝による和睦仲介

永禄三年（一五六〇）三月頃、貴久は、討ち死にした北郷忠孝の娘を室とする次男忠平（のちの義弥・義弘、二六歳）を飫肥城に入れる。伊東氏に包囲された豊州家忠親への援軍であると同時に、忠親の養嗣子として入城したとも伝えられる（「維新公御自記」）。この忠平には、貴久が最も頼りとする伊集院忠朗（孤舟）が供奉しており、忠朗は大友宗麟の重臣臼杵鑑速に使者を送り、豊州家忠親への合力を求めている（『旧記後』二―二六〇六）。

この大友氏への支援要請の効果であろうか、永禄三年六月二日、将軍足利義輝（一五三六～六五）は島津貴久に対して伊東氏との和睦を命じる御内書を発し、上使・伊勢備後守貞運を日向に下向させる（『島津』八六・八七）。貞運は、まず伊東義祐から言い分を聞いた上で、同年一〇月四日、日向・

足利義輝画像　京都市立芸術大学芸術資料館蔵

大隅国境の末吉（曽於市末吉町）に入り、島津貴久と面会する。貴久は、側近の新納忠元・義兄樺山善久・義弟肝付兼盛を担当とし、上使と交渉にあたらせた（『旧記後』一―一五三）。伊東義祐は、曾祖父祐堯が東山殿（足利義政）から「三ヶ国御判」を頂戴したと主張して、飫肥進攻の正当性を主張したようである。これに対し島津側は、薩隅日三か国守護職は「頼朝御代已来」であると主張し、「伊東飫肥庄内分国之儀、更々虚言也」と猛反論している（同上）。

なお、伊東義祐が上使に提示した「三ヶ国御判」とは、『日向記』に収録されている寛正二年（一四六一）三月二五日付の足利義政御内書のこととみられるが、書式上、明白な偽文書である。おそらく、この上使に対応するために偽造されたと思われ、実見した上使も疑念を抱いている（宮地輝和・二〇一二年）。

上使伊勢貞運の提案とは、驚くべきことに、係争地である飫肥を「公領」・「御料所」すなわち幕府直轄地にするというものであった。日明・南蛮貿易の要港を抱える飫肥を、どさくさに紛れて幕府領にしようというのが、足利義輝がわざわざ和睦仲介に動いた狙いだったのだろう。

島津側は、①伊東氏には所領を割譲しない、②「公領」とする件は受け入れる、③和睦は伊東氏と島津氏の単独ではなく、豊後の大友宗麟も含めた形で締結する、④末代に至るまで、伊東氏への守護職補任状を発給することはないと幕府側が約束する、以上の四つを条件に和睦を受け入れることを上使に伝え、上使もこれに同意した（『旧記後』一―一五三）。

この同意をもとに、上使は再び山東（宮崎平野）に向かい、伊東義祐と交渉にあたったとみられるが、島津氏と合意した四条件が反故になったらしく、同年一一月二七日、島津氏老中村田経定・川上久朗（ひさあき）は、上使伊勢貞運の被官川井氏に対して厳重に抗議している（『旧記後』一―二〇六）。結果的には、軍事的に優位に立つ伊東氏側が条件を呑まず、和睦交渉は失敗に終わったようである。

肝付兼続の離反と島津忠将の討ち死に

島津貴久と肝付兼続（省釣）の手切れについて、永禄四年（一五六一）正月に兼続が鹿児島に参上した際、酒席で島津氏の老中伊集院忠朗（孤舟）と肝付氏老中・薬丸兼将（やくまるかねまさ）（孤雲（こうん））が口論となり、伊集院忠朗が抜刀して肝付家の幕紋に切りつけたため、激怒した兼続が鹿児島から引きあげ、挙兵に至ったとの話がある（「新編伴姓肝付氏系譜」など）。

既述のように、それ以前から肝付氏は伊東氏と連携し、貴久も北郷氏と密約を結んでいた。さらに、「樺山玄佐自記」は、「豊州為合力、肝付へ被成御儀絶、飫肥・志布志へ被入御番衆」と記しており、貴久がみずからの意思で豊州家忠親の支援を決め、肝付兼続と義絶し、援軍を送ったということにな

島津忠将供養塔　鹿児島市

ろう。つまり、両氏の衝突は時間の問題であったのであり、酒席の口論ごときで同盟が崩れたわけではない。

永禄四年五月、肝付勢は、島津方の廻（めぐり）久元の居城廻城（霧島市福山町）に夜襲をかけ、これを攻略する（「三代日帳写」など）。廻城は、大隅国府から庄内（都城盆地）、そして大隅中部や志布志へと向かう街道の入口にあたり、島津本宗家による飫肥への支援ルートを断つ狙いがあったとみられる。これに対して貴久は、同年六月、長男義久、弟忠将らを率いて出陣し、廻城を包囲する。肝付兼続の挙兵には、兼続の娘婿である祢寝清年、下大隅（垂水市）の国衆・伊地知重興（一五二八～八〇）も与同し、援軍を派遣したという。いったんは廻城側と島津氏とで和睦が成立したともされ、貴久らが撤退したのち、大規模な合戦となった。

同年七月一二日、肝付勢（一説には、祢寝・伊地知勢）が、島津方の竹原山の陣を襲撃。これを救援しようと出陣した大隅清水（きよみず）城主・島津忠将と激戦となり、忠将以下多くの武将が討ち死にした（『旧記後』一―一七六など）。忠将は、貴久の六つ年下の弟であり、初陣以来多くの合戦で兄と共に指揮をとり、大隅国府周辺制圧後は、清水城主となって大隅衆を率い、同国始羅郡の制圧に活躍した。四二歳の若すぎる死は、貴久に大きなショックを与えたであろう。

飫肥城陥落

廻城の戦いでの島津勢の大敗は、飫肥城で孤立する島津豊州家に深刻な影響を与えた。肝付・祢寝両氏が敵対するということは、錦江湾口から大隅半島東海岸の制海権を失うことを意味し、海上から飫肥を支援することは事実上不可能になったからである。

島津貴久側は、伊集院忠朗が肥後国衆・隈庄親昌（くまのしょうちかまさ）を通じて大友義鎮に対し、廻城敗戦の状況を知らせて伊東氏への和睦の働きかけを依頼しているが（『旧記後』一―一八五）、飫肥城の状況は切迫していた。

永禄四年（一五六一）七月、豊州家忠親はこれ以上の戦闘継続は難しいと判断し、伊東側と和睦協議に入り、飫肥本城の曲輪のひとつとみられる「宮ノ城」を伊東側に引き渡すことで、停戦に合意した（「壹岐加賀守年代覚書」）。なお、この頃、忠親は養嗣子として入城していた島津忠平に対して帰国を勧め、忠平は薩摩に戻っている（「箕輪伊賀入道覚書」など）。もう、本宗家からの支援は無用との判断であろう。

そして、同年一一月、伊東氏は飫肥本城の明け渡しを豊州家に迫って、忠親もこれに同意する（『日向記』）。翌永禄五年二月までに忠親は飫肥城から退去し（「三代日帳写」）、同年五月までに飫肥城の伊東氏への引き渡しが完了している（『日向記』）。さらに、同年四月には、廻城の戦いに勝利した

支城新山城から飫肥城を望む　宮崎県日南市

肝付勢が日向国松山（志布志市松山町）に侵攻し、翌五月に豊州家は志布志城（志布志市志布志町）を肝付氏に明け渡している（「三代日帳写」）。残された豊州家領は、櫛間（宮崎県串間市）と飫肥南郷（同県日南市南郷町）となったのである。

ただ、伊東氏の飫肥城維持も長続きしなかった。後述のように、この頃伊東義祐は、日向国西部の真幸院（まさきいん）東部（同県小林市・高原町）に出陣しており、飫肥城の守備は手薄であった。同年九月、豊州家忠親はこの隙を突き、飫肥本城と支城の酒谷城（さかたに）を奪回している（「三代日帳写」、『日向記』）。これ以後、永禄一一年（一五六八）六月に再度忠親が退去するまで、飫肥城をめぐる伊東氏と豊州家の抗争が続いていく。

北原氏の内紛と真幸院接収

廻城の戦いでの敗戦と島津忠将の死により、大きな痛手を受けた貴久であったが、思わぬチャンスが転がり込んでくる。日向国真幸院（宮崎県えびの市・小林市・高原町）から霧島山を挟んで西側の、吉松・栗野（湧水町）・横川（霧島市横川町）・踊（おどり）（霧島市牧園町）にかけての広大な領域を支配していた有力国衆・北原氏の内紛である。

飫肥城が伊東氏に明け渡されようとしていた永禄五年（一五六二）正月から二月頃、北原氏当主兼守が早世する。兼守には嫡男がなく、兼守の叔父北原民部少輔（兼孝ヵ）が家督を継承しようとしたが、これに横槍を入れたのが、故兼守室の父伊東義祐であった（「樺山玄佐自記」）。義祐は、真幸院への影響力を確保すべく、娘（兼守未亡人）を北原氏一族の馬関田右衛門佐に嫁がせ、北原民部少輔を殺害。真幸院東部の拠点三之山（宮崎県小林市）を確保した。

飯野城　宮崎県えびの市

この動きに対し、北原氏重臣の白坂下総守は、踊城（霧島市牧園町宿窪田）の白坂佐渡介らとともに、曽於郡（霧島市国分重久）滞在中の貴久・義久父子に支援を求め、踊城に島津勢を引き入れる。島津氏は、白坂佐渡介の子与一左衛門尉に曽於郡衆本田民部左衛門尉を付けて、求麿（熊本県人吉市）の相良頼房（のちの義陽、一五四四～八一）のもとに派遣し、当時、求麿に匿われていた北原氏の一族・北原又太郎兼親（文明年間に求麿に出奔した北原豊前丸の孫）の擁立を図ろうとした（「樺山玄佐自記」）。

相良頼房は、この申し出に乗り、北原兼親を真幸院西部の拠点・飯野城（えびの市飯野）に入れ、島津・相良両軍が在番するに至った。大隅国内では、同年六月三日、貴久が溝辺に出陣し、伊東方となった北原伊勢（兼正ヵ）の籠もる横川城（霧島市横川町中ノ）を攻略している（『旧記後』一―二二四）。これより前の永禄三年一一月、貴久は、大隅北端の国衆・菱刈重猛（一五三二～六六）を大和守に任じており（「菱刈」一―15）、さらに、永禄四年一〇月二日には、菱刈重猛に栗野院一二〇町を宛行うなど（「菱刈」一―16）、同氏を従属国衆化していた。おそらく、横川攻略には菱刈氏が協力しており、北原兼親擁立を相良頼房に働きかけたのも、同氏と重縁を結んでいた菱刈氏だろう。

永禄五年六月二一日、新たに当主に擁立された北原兼親と、島津氏重臣（伊集院忠朗・肝付兼盛）、相良氏重臣（深水頼金・東長兄）、北郷氏重臣（北郷忠徳）の六名が起請文に連署している（『旧記後』一―二二九）。前書はありきたりな文言であるが、北原兼親の擁立がこれら各氏の打算の産物であることは明白である。すなわち、伊東義祐の日向西部進出を阻みたい島津氏と北郷氏、真幸院への影響力を残したい相良氏、亡命中に当主の地位が転がり込んできた北原兼親、それぞれの思惑・利益が一致した結果が、この同盟だったのである。

もちろん、このような同盟が長続きするはずもない。永禄六年二月、貴久は飯野城に入り、三之山の伊東勢攻撃を検討している（『旧記後』一―二四八）。その直後、北原兼親の叔父佐兵衛尉が、吉松城（湧水町鶴丸）に相良の兵を引き入れ、伊東氏に通じるとの風聞が流れ、佐兵衛尉は出奔する。北原氏重臣は兼親を見限り、島津氏の直臣となることを望んだという。この話は近世の家譜類のみに見え、事実かどうか不明であるが、島津氏としては相良氏の息のかかった兼親を、境目の要地である真幸院に置いておくつもりは最初からなかったであろう。実際、同年四月、相良頼房と伊東義祐は和睦し、共同で真幸院に侵攻している（『日向記』）。

翌永禄七年、貴久は、北原兼親を薩摩国伊集院上神殿（かみこうどの）（日置市伊集院町上神殿）に移し、真幸院には二男忠平を入れたという（『旧記後』一―二六七など）。以後、飯野城は天正一八年（一五九〇）に大隅国栗野城に移るまで、忠平（義珍、義弘）の居城として機能した。

2、義久への家督継承と正統性

貴久・義久の連署起請文の意味

永禄二年（一五五九）九月二八日、島津貴久（四六歳）・義久（二七歳）父子は連署して、大隅国加治木の国衆肝付兼盛と起請文を取り交わし（「肝付」六〇六・六〇七）、同年一〇月四日には、薩摩国頴娃（えい）・指宿の国衆頴娃兼堅（かねかた）と契状を取り交わしている（『旧記後』一―一三九）。

前者は、肝付兼盛との「雑説」（肝付氏敵対との噂カ）の否定、後者は、錦江湾の対岸・下大隅の国衆伊地知重興の「心替」という事態を受け、「不忠人」に同心しないよう求めたものである。この時点ですでに、島津本宗家と肝付兼続の敵対が明白となり、島津氏の従属国衆にも動揺が広がりつつある状況がうかがえるとともに、この起請文に、島津貴久単独ではなく、長男義久が連署していることが重要である。おそらく、この頃から、貴久は義久への家督継承を意識し、従属国衆との起請文交換

島津尚久の墓　鹿児島県南さつま市

に際し、あえて義久を連署させ、自らの後継者が義久であることをアピールしていったのであろう。

二年後の永禄四年一〇月には、祖父日新斎が義久に対して、「善も悪あくも善なりなせばなす　こころよ心はちよおそれよ」との歌から始まる、五箇条の教訓状を与えている（『旧記後』一―一九〇）。四条目には、「国家のためには身をおしまず、あやまちをあらため、腹立なきに怒り忿度（忿怒）をこらへ、聖人のこと葉を恐れ、心の底に任され候はば、すなわち天道神慮も仏法も他所に有へからざるもの也」とあり、明らかに、家督継承者に対する〝帝王学〟といったものを授けようとの意図が感じられる。義久への家督継承は、貴久の父日新斎も了承していたのであろう。

そして、永禄五年四月二九日、大隅方からの調略により「雑説」が生じた頴娃兼堅との起請文取り交わしは、島津義久単独で行っている（『旧記後』一―二〇八）。翌月には、祖父日新斎も頴娃氏と起請文を取り交わしており（『旧記後』一―二〇六）、まだ義久が国衆の信頼を勝ち取っていたとは言い難いが、この頃から、国衆とのやりとりは、徐々に義久が前面に出てくるようになり（『旧記後』一―二三八・二四一など）、次第に権限が貴久から義久に移されていったとみられる。

なお、同年三月一日、貴久の末弟で薩摩国鹿籠（枕崎市）領主として要港坊津を任されていた島津尚久が、三二歳の若さで亡くなっている（「正統系図」）。相次ぐ弟たちの死により、貴久は早めの世代交代を決断したのかもしれない。

陸奥守・修理大夫任官とその背景

永禄七年（一五六四）三月一四日、関白近衛前久（一五三六～一六一二）の奔走により、島津貴久（五一歳）が「陸奥守」に、義久（三二歳）が「修理大夫」に任じられる（『島津』六三四・六三五）。

この父子同時の任官には、ふたつの大きな意味がある。ひとつは、みずからの官途であった「修理大夫」に義久が任じられたことにより、義久が次期当主であることを対外的にアピールしたこと。もうひとつは、貴久が島津奥州家の由来である「陸奥守」に任じられることにより、前当主勝久（修理大夫）を超え、奥州家の正統なる継承者であることをアピールしたことである。

それまでの島津本宗家歴代当主で、家督の地位を〝生前譲位〟したものはほとんどいなかった。統治能力の無さから、嫡男立久によって強制的に隠居させられた島津忠国（一四〇三～七〇）は別として、生前に守護権限を子息に譲る旨を明らかにしたのは、高齢と中風のため指揮が執れなくなり、守護権限を譲渡した、南北朝期の当主・島津貞久（一三一六～六三）くらいのものである。貴久があえてこのタイミング、つまり、自らが壮健な間に義久への権限移譲を開始し、義久の「修理大夫」の任官を求めたのは、島津本宗家当主としての「正統性」の問題が影響していたのではないかと考える。

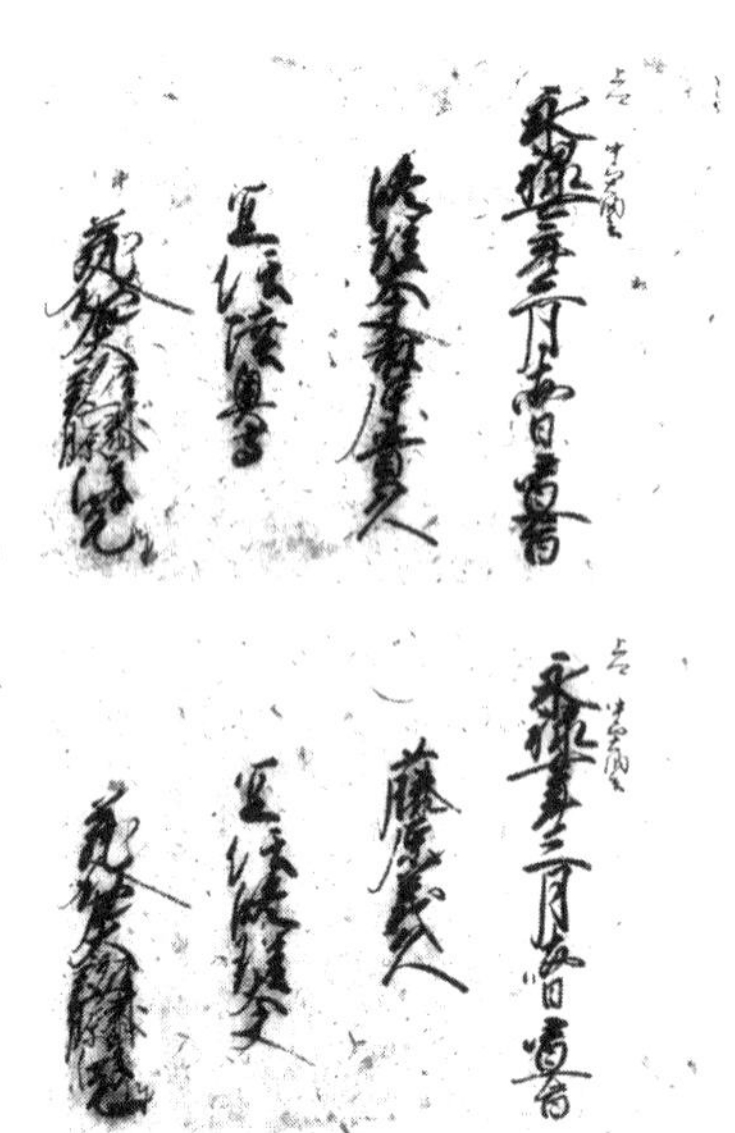

上：島津貴久を陸奥守に任じた口宣案　下：島津義久を修理大夫に任じた口宣案　ともに「島津家文書」東京大学史料編纂所蔵

室町期における島津本宗家の家督継承にあって、最も重視されたのは、御一家・御内らによる承認と、島津本宗家伝来の重宝・重書（古文書類）の継承にあった。

室町期初頭に、島津本宗家は薩摩国守護家の総州家から大隅国守護家の奥州家に移動するが、その際、総州家伊久から奥州家元久に対し、「忠久より以来代々伝候小十文字太刀、同鎧」が譲られたという（五味克夫・一九八四年）。島津元久から弟久豊への家督移行は紆余曲折を経たが、久豊は、応永一九・二〇年（一四一二・一三）頃に御一家・御内らの承認を得て、その後の紛争を勝ち抜いた後、ようやく応永二八・二九年頃になって、薩隅日三か国守護職の安堵状と官途（陸奥守）を幕府から獲得している（拙著・二〇一五年）。幕府による承認は二の次だったということだろう。なお、この過程で、島津久豊は島津総州家の一族忠朝を降伏させ、忠朝が相伝していた初代忠久以来の所領関係の文書、すなわち重書を譲られたとみられる（五味克夫・一九八四年）。

イレギュラーな形で島津本宗家家督を継承する者は、御一家・御内の承認により、政治的・軍事的な勝利を勝ち取ると同時に、家督のみが所持する重宝・重書の確保が不可欠だったようである。

さて、前当主奥州家勝久に強引に家督を譲らせ、その後一度は悔い返された島津貴久の場合、天文九年（一五四〇）に菩提寺福昌寺から「太守」と認められ（第二章―4）、天文一四年には、北郷・豊州家両氏をはじめとする「一門・一家・譜代・随身ノ侍」によって「守護」として承認され（第三章―3）、島津本宗家家督としての地位を確保するに至った。しかし、本宗家相伝の重宝・重書は、天文四年に奥州家勝久が鹿児島から出奔する際、清水（しみず）城から持ち出してしまっており、その回収は困難を極めたようである。

前当主勝久は、これら重宝・重書を所持したまま、帖佐→般若寺（真幸院）→庄内都城→豊後府内（ふない）と転々とし、最終的に重宝・重書は、勝久の子・忠良が居住した、伊東義祐領内の日向国広原（ひろはら）（宮崎市広原）にあったとみられる。その後、伊東義祐の没落後、忠良は島津領内に戻るが、彼が所持する重宝・重書は、忠良の男子正円・忠辰を祖とする藤野・亀山両氏に相伝されていった。

島津本宗家が両氏に対して重宝・重書回収交渉を開始するのは、天正六年（一五七八）以降のことであり、これらの回収は一七世紀後半までかかっている（五味克夫・一九七八年）。つまり、島津貴久は、家督継承から亡くなるまで、一度もこれら本宗家相伝の重宝・重書を所持したことはなかったのである。これは「正統性」という意味において、大きな瑕疵（かし）と認識されていたのではないだろうか。

時雨軍旗（一部）　尚古集成館蔵

忠久以来の嘉瑞

貴久は、重宝・重書の代替物で「正統性」を補おうとした。その一つが、新たな重宝の作成である。現在でも島津家の重物のひとつである「時雨軍旗」は、天文一五年（一五四六）五月、貴久によって作成されたものであった（『旧記後』一—二五三五）。

島津氏初代忠久の母とされる丹後局は、摂津の住吉社（大阪市住吉区の住吉大社）の社頭で突如産気づき、大雨のなか忠久を出産したといい、このため雨は島津家にとって〝嘉瑞〟（吉兆）であるとされた（「正統系図」）。いわゆる〝島津雨〟である。「時雨軍旗」とは、この故事に基づいて作られたものである。

こうした忠久以来の嘉瑞の喧伝は、貴久期以降史料に登場するようになる。島津雨同様、嘉瑞とされるのが「稲荷」である。これは、住吉大社の末社に稲荷があり、その狐火のおかげで、夜中に忠久を無事生むことができたとの故事による。島津日新斎・貴久の夜襲では、よく「狐火」が登場しており、天文二三年の「岩剱合戦日記」には、狐火や稲荷の「御うたひ」（狐の鳴き声カ）が頻出する。

これは、嘉瑞の出現を士気向上のために利用したのだろうが、それと同時に、忠久以来の嘉瑞が出現するということは、貴久が正統な島津本宗家当主であることの証左であり、言い換えると、貴久の「正統性」を担保する現象ともいえよう。

貴久は、「正統性」の演出にも苦心したのである。貴久の「陸奥守」、義久の「修理大夫」任官は、重宝・重書を手放さない前当主勝久を相対化し、貴久の子孫が島津本宗家として続いていくことを内外に示す、きわめて重要な意味を持ったとみられる。そして、それを確実なものとするため、自身が壮健なうちに家督継承を行っておきたかったのであろう。

貴久の隠居と出家

永禄九年（一五六六）二月彼岸、貴久（五三歳）は出家し、「伯囿（はくゆう）」と号する。これは、非業の最期をとげた、前将軍足利義輝の一周忌に合わせての出家とされる（「新編島津氏世録正統系図」）。「樺山玄佐自記」は、「義久様御相続之以後、貴久様御法体伯囿と奉申」と記しており、これ以前に、正式に島津本宗家家督を長男義久に譲ったようである。この出家は、貴久の隠居を意味しよう。

永禄七年一一月一九日付の北郷時久（ときひさ）宛起請文（『旧記後』一―三〇五）以降、御一家・国衆との交渉は義久に一元化され、対外的に貴久が表に出ることはなくなるのである。

3、晩年の貴久――薩摩統一

貴久は隠居・出家し、政治的諸権限は長男義久に移ったとみられるが、軍事指揮に関しては、まだ息子たちだけでは頼りなかったようである。

永禄九年（一五六六）一〇月、島津義久（三四歳）・忠平（三二歳）・歳久（三〇歳）の三兄弟は、初めて父貴久抜きで、伊東氏の三之山城（宮崎県小林市）を攻撃するも敗退している（「三代日帳写」・「樺山玄佐自記」）。なお、この戦いの際、従属国衆となっていた大隅北端の菱刈氏が、事前に島津勢の動きを三之山に通報しており、それが敗因だったとも伝えられる（「樺山玄佐自記」）。

菱刈への電撃的進攻作戦

菱刈氏は、既述のように永禄年間に入って島津氏に従属していたが、永禄七年九月に菱刈重州（天岩斎）が亡くなり、同九年一一月には、重州の嫡男重猛が三五歳の若さで没している（「菱刈氏系図」）。まだ幼い重猛の嫡男鶴千代丸を補佐して、重猛の弟隆秋が家督代となったといい（『本藩人物誌』）、この隆秋が、再び渋谷一族や相良氏・伊東氏と結んで反島津氏の立場をとったとみられる。

こうした事態を察知した島津氏は、密かに菱刈氏討伐を計画し、永禄一〇年八月、隠居の貴久（伯囿）がまず、二男忠平の守る真幸院の飯野城（宮崎県えびの市）に入った（「新納忠元勲功記」・「樺山玄佐自記」）。そして、同年一〇月、忠平・歳久・家久（一五四七～八八）の三兄弟で三之山城を攻撃するが（『日向記』）、これは島津勢の目的が真幸院制圧にあるかのように、反島津方を欺くための陽動作戦であった。

一一月二三日、島津忠平・新納忠元・肝付兼盛らは、真幸院から般若寺越で菱刈院に進攻し、菱刈氏の支城・馬越城（伊佐市菱刈前目）に夜襲をかけ、翌日攻略する（「樺山玄佐自記」・「箕輪伊賀入道覚書」）。奇襲に動揺した菱刈氏は、居城の太良城（本城、同市菱刈南浦）のほか、湯之尾・市山（以上、同市菱刈）・青木・曽木・山野・羽月・平和泉（以上、同市大口）の各城を放棄し、相良氏の牛屎院支配の拠点であった大口城（同市大口里）に籠城する（同上）。

貴久は、義久とともに馬越城に入り、接収した各支城に在番衆（番手）を置き、永禄一二年九月まで、約二年に及ぶ攻城戦が開始された。「樺山玄佐自記」は、この戦いでの「大将」を貴久としており、菱刈への電撃的進攻作戦は、貴久主導で行われたとみていいだろう。

馬越城跡　鹿児島県伊佐市

島津薩州家の従属

貴久は、本城（太良城）・曽木（伊佐市大口曽木）・湯之尾（同市

菱刈前目）・市山（同市菱刈市山）の各城に、新納忠元ら直臣や肝付兼盛ら国衆を番手として入れるとともに、牛屎院西部の平和泉（同市大口平出水）・山野（同市大口山野）・羽月（同市大口羽月）は、島津薩州家義虎（初名陽久、一五三六～八五）に在番させている（「新納忠元勲功記」・「箕輪伊賀入道覚書」）。

薩州家義虎の父実久が、かつて島津本宗家の家督をめぐって貴久と抗争を繰り広げていたことは既述のとおりである。その実久は、天文二二年（一五五三）七月に没し（「種子島譜」）、永禄九年（一五六六）に義虎に長男忠辰が誕生している（『本藩人物誌』、一説には天文二二年生まれ）。忠辰の母は、島津義久の長女御平（一五五一～一六〇三）とされ、菱刈進攻前に、島津本宗家と薩州家の和睦と縁組みが成立していたとことになる。

故菱刈重猛の室は、薩州家実久の娘（義虎の姉）であり、嫡男鶴千代丸は義虎の甥にあたり、両氏の関係は強固なものだったと見られるが、重猛が亡くなり、弟隆秋が実権を握ると、その関係は弱まっていたのだろう。加えて永禄九年正月、長年貴久と抗争を続けてきた祁答院良重が、室である薩州家実久の娘（義虎姉）によって刺殺され、直系が断絶するに至っている（『本藩人物誌』）。なお、このとき、義虎の姉も良重の小姓・村尾重侯によって殺害されており、渋谷一族と薩州家の対立も決定的になっていたとみられる。

これを絶好のチャンスとみて、貴久は菱刈進攻を決断したのだろう。菱刈への進攻は、菱刈氏と連携し、大口を支配する相良頼房（義陽）、そして菱刈隆秋の実兄・東郷重尚（渋谷一族の東郷重治養子）、ひいては渋谷一族を敵に回すことを意味する。薩州家との連携による東西からの挟撃、それが叶わなくとも、同家が敵に回らなければ勝てると、貴久は判断したのだろう。

この和睦・縁組みを前提としての義虎に対する在番要請だったのだろうが、ほどなく義虎は羽月以外の在番を放棄し、代わりに島津方の武将が入っている。薩州家が、相良氏による大口城への支援を黙認していたとの見方もあり（「新納忠元勲功記」）、大口城包囲戦は苦戦を強いられた。大口に籠もった相良・菱刈勢は、地の利を生かし、ゲリラ的な攻撃で島津氏の包囲網をたびたび寸断した。

永禄一一年正月には、大口城から兵が出たのを見た島津忠平が出撃し、激戦となるも敗北を喫し、老中もつとめた重臣川上久朗が重傷を負い、まもなく亡くなっている（『旧記後』一―四一二）。さらに、同年八月には、伊東勢が相良氏に呼応して、真幸院飯野の桶比良（宮崎県えびの市大河平）に進攻し、近隣の百姓を扇動している（『旧記後』一―四四九）。この動きに対し、貴久は二男忠平を真幸院に戻さざるをえなくなっている（「箕輪伊賀入道覚書」）。

戦況の悪化に対し、加世田にあった日新斎は、たまらず和睦するよう指示を出し、薩州家義虎の仲介により、和睦成立へと向かっていく（「箕輪伊賀入道覚書」）。

父・日新斎の死

島津日新斎は、永禄一一年（一五六八）一二月に入ると病が深刻になっていたようである。

同月一日、養父相州家運久（一瓢斎）の月命日に、保泉寺（のちの日新寺、現竹田神社）に参詣すると、そのまま同寺に留まった。同月一三日、日新斎は立花・灯明・香炉・閼伽水を机上に備え、近

島津日新斎画像　「島津家文書」　東京大学史料編纂所蔵

臣らを前に焼香・奠水をし、観念観法を収めてのち、次のような辞世の偈頌を詠み、七七歳の生涯を閉じたという（『旧記後』一―四六二）。

不来不去　四大不空
本是法界　我心如同

日新斎は、天文一四年（一五四五）に嫡男貴久が御一家・国衆等から「守護」として承認された頃から、公的文書の発給がみられなくなり、第一線から身を引いたとみられる。ただ、加世田の別府城（南さつま市加世田武田）に隠居しつつも、要所要所の合戦では貴久らに指示を送り、大隅岩剱合戦や蒲生城攻城戦では、陣中にもたびたび出向いて軍議にも参加するなど、貴久らの意思決定に対する影響力は、晩年まで極めて大きかった。

その一方で、日新斎は儒・仏・神の三教の融合を目指す宗教修行者であったといい、その精神は、有名な「日新公いろは歌」に集約されている。これは、「いにしえの道を聞きても唱えても　わが行いにせずばかひなし」に始まる四十七首の歌で、その内容は、「因果応報、頓悟、博愛の仏道思想を始めとして、武道、儒道、政道にわたり」、「人間としての履み行なうべき道を教え訓している」とされる（桑田忠親・一九六九年）。

この「いろは歌」は、天文一四年頃、参議町資将の帰洛の際に託され、近衛稙家の上覧に供された。翌年正月、稙家は、「執々面白絶言語候、奇妙〳〵」（いろいろとおもしろく言葉にできない。珍しく素晴らしいものだ）との賛辞とともに、奥書を付けている（『島津』一一二六・一一二七）。その後、「いろは歌」は、戦国島津氏の家中教化、近世にあっては薩摩藩特有の郷中教育の基本教典として尊ばれ、現在でも鹿児島県内の小学生には、カルタなどで親しまれている。

このように、日新斎は島津本宗家にとって政治・軍事・外交顧問であるとともに、精神的・宗教的指導者というべき立場にあった。菱刈在陣中の訃報は、貴久をはじめとして、一族・家臣団に大きな衝撃を与えたであろう。

大口城の開城と渋谷一族の帰服

日新斎の死により、貴久らは喪に服していたとみられ、日新斎の生前の意向もあって、相良氏との和睦交渉が進められた。薩州家義虎の指示で野田感応寺（出水市野田町下名）の仲介により、永禄一二年（一五六九）正月末、包囲網の一角・山野城（伊佐市大口山野）を相良氏に引き渡すことで和睦が成立し、馬越で和睦の祝言が行われた。しかし、まもなく相良側から手切れの「証拠」が出され、再び籠城戦が始まる（「箕輪伊賀入道覚書」）。

一連の大口城攻防戦は、島津氏にとって世代交代の戦いだったともいえ、貴久は、大口包囲網の在番武将に、歴戦の猛者と共に若手を起用した。当初は、貴久の四男家久（二一歳）や新納久饒（康久二男、二一歳）とともに、樺山玄佐（貴久と共に出家カ、五五歳）が平和泉在番に起用されており（「樺山玄佐自記」、『旧記後』一―四二五）、和睦破綻後は、貴久の側近として奏者・使番を務めてきた新納忠元（四四歳）を、羽月在番に起用している。

そして、永禄一二年五月六日、羽月在番の新納忠元・肝付兼盛は、市山在番の島津家久と協議し、相良・菱刈連合軍との決戦を挑む。家久は荷駄隊を率いて、堂崎（伊佐市大口堂崎）から平和泉に運ぶ躰をとり、大口城から兵を誘き出し、わざと撤退。戸神ヶ尾（鳥神の尾）で伏せていた、新納忠元・肝付兼盛・大野忠宗・宮原景種らが相良・菱刈勢を包囲し、殲滅することに成功する。典型的な〝釣り野伏〟による勝利であり、この戦法の要である「釣り手」を、若き家久が見事にやってのけたとされる（「新納忠元勲功記」）。こうして、貴久が育て起用した新納忠元や家久らが、後年、島津義久の薩隅日三州統一、さらには九州統一戦を支えていくことになる。

この勝利により、相良・菱刈連合軍の勢いは止まり、同年八月一八日、島津勢は大口城を包囲する。同年九月、大口籠城衆は降伏して開城し、同月一八日、両殿（貴久・義久父子）が大口城に入り、鎌田政年が太平吐気を挙げ、菱刈両院（太良院・牛屎院、現在の伊佐市）は島津氏によって制圧された（「年代記」）。

戦後、菱刈鶴千代丸（重広）には、菱刈院の内本城・曽木のみが安堵され（「菱刈」一―17）、各外

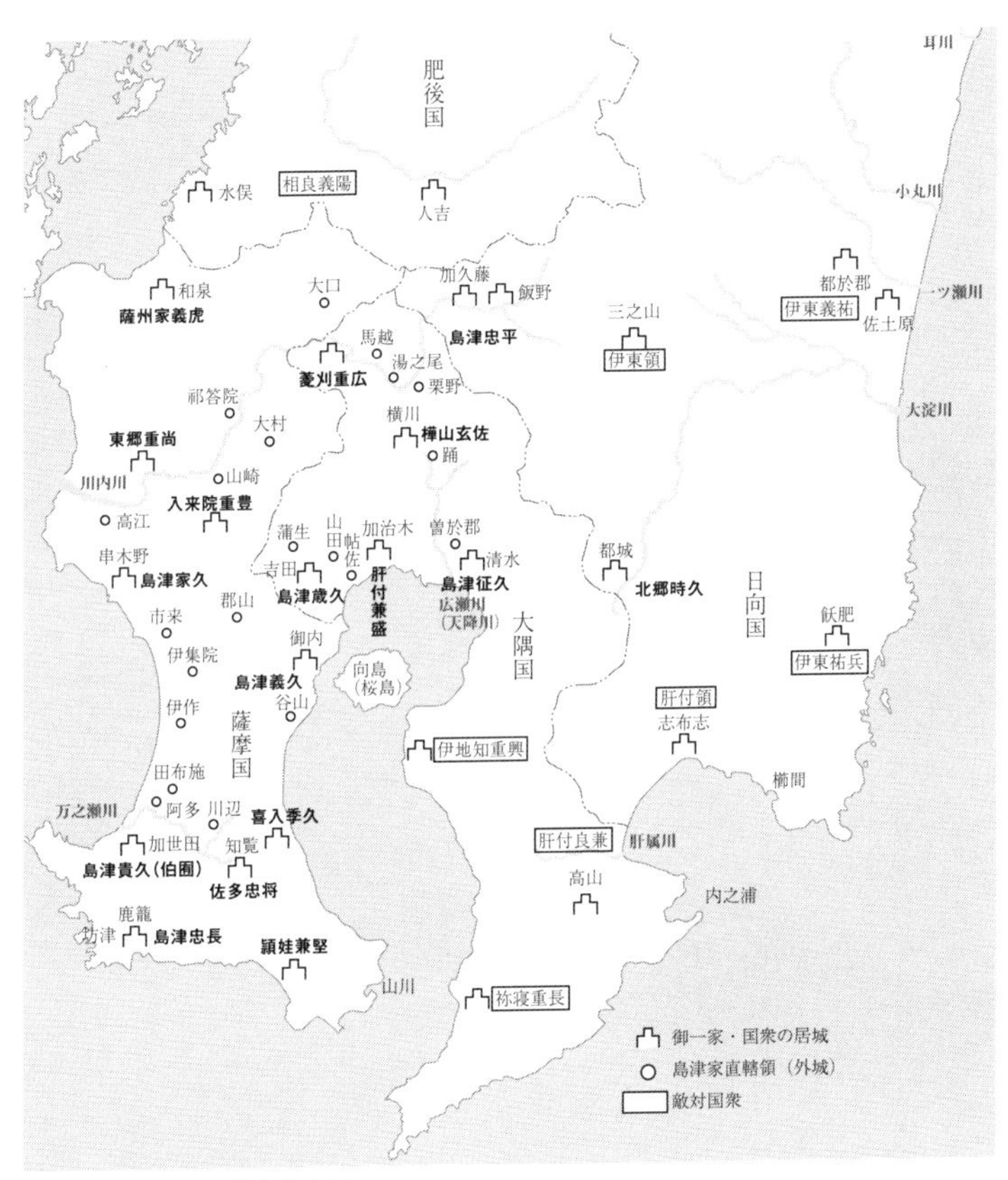

図5　永禄末年の勢力分布図

城には新たに地頭が配置されていった。相良・菱刈連合軍が籠城していた大口城には、新納忠元が地頭として配置され、慶長一六年（一六一一）に八五歳で亡くなるまで、薩摩北端の要衝を死守している（「新納忠元勲功記」）。

また、菱刈・牛屎が島津氏によって制圧されたことにより、完全に孤立した入来院重豊と東郷重尚に、帰順以外の選択肢はなかった。

永禄一二年末に降伏の意向を示した両氏は、翌永禄一三年正月、入来院重豊は百次・高江・宮里・天辰・碇山（いずれも薩摩川内市）、東郷重尚は水引・中郷・湯田・西方・高城（いずれも薩摩川内市）を島津氏側に引き渡し、旧領の入来院・東郷のみをそれぞれ安堵されたという（「箕輪伊賀入道覚書」）。

両氏の降伏により、ようやく薩摩国一国が島津本宗家によって統一された。貴久が三州「太守」を自認してから、二九年後のことであった。

貴久の死

永禄一二年（一五六九）、菱刈両院の平定、渋谷一族の帰服にともなう、所領宛行・召移を完了すると、貴久は父日新斎の隠居城であった加世田別府城に入ったという（「箕輪伊賀入道覚書」）。同年三月二日、島津義久が広済寺の雪岑東堂を琉球に派遣するのにあわせて、貴久は中山王尚元に対し、三州守護職を義久に譲った旨の書状を送っている（『旧記後』一―五五二）。これが、領国外に送った貴久最後の書状である。以後、貴久は加世田で静かに余生を送ったとみられる。

そして、元亀二年（一五七一）六月二三日、貴久は居城の加世田別府城にて没した。享年五八。二階の持仏堂に登り、仏前に香華を捧げて法華経第一巻を読誦し、第二巻を持って焼香し、その煙が絶えないうちに壇上にて逝去したと伝えられる（「島津氏正統系図」）。法号は、「大中良等庵主　南林寺殿」。廃仏毀釈後には、「靖国崇勲彦命」の神号が贈られている。

島津本宗家の菩提寺・福昌寺が廟所となり、貴久みずから創建した松原山南林寺（鹿児島市南林寺町・松原町）に、位牌と御影が収められた（『三国名勝図会』、「御太祖以来廟堂要覧」）。また、薩隅日三か国それぞれに位牌を立てるようにと貴久が遺言したといい、日向国志布志の永泰寺にも位牌が安置されていたという（同上）。

貴久の死因については諸説ある。国立国会図書館蔵の『薩州旧伝記』（内題「旧伝集」）には、「貴久公ハ木の子之食傷ニ而御逝去為被遊由候」とあり、毒キノコによる食あたり説をとっている。毒キノコ中毒は、現在でも全国各地で発生しており、全くありえない話ではない。

なお、貴久が没してから三年後の『上井覚兼日記』天正二年（一五七四）八月一八日条には、「平田宮内少輔牛根へ移事相定候、

上：貴久を祀った松原神社　鹿児島市
下：島津貴久の墓　鹿児島市・福昌寺墓地

彼親ニ而候安房介（宗茂）、伯囿様（貴久）へ毒上之由、不実ハ無御存知、世間ニ下々申散候なる」と記されている。事実かどうかは不明ながら、平田安房介宗茂（むねしげ）が、貴久（伯囿）に毒を盛ったとの噂が、下々の間で広まっていたことが知られる（桐野作人・二〇一七年）。その息子宮内少輔は、いまだ島津氏家臣であり、宗茂が罰せられたとの記述もない。また、この毒が貴久の死因だったとも書かれてはいない。

ただ、平田宮内少輔の牛根への召移については、「諸人御親様之事を御忘却候て、ケ様ニ候哉などあつかひ候テハ御迷惑たるへき」（義久が、父が毒を盛られたことを忘れて、召移を認めたなどと理解されては困る）との理由から見送られている。当時としては、無視できない噂とみなされていたのだろう。あるいは、うっかり毒キノコを提供したのが、川辺地頭をつとめていた平田宗茂だったのだろうか。真相は闇の中である。

4、貴久の周辺

貴久の親族

貴久には、四人の同母兄弟と二人の異母兄弟がいた。長姉・御南は、既述のように肝付兼続に嫁ぎ、長男良兼を生んでいる。次姉・御隅は、樺山善久（玄佐）に嫁ぎ、忠副・忠助（ただすけ）（紹劔（しょうげん））兄弟、そして貴久の四男家久の室を生んでいる。

4、貴久の周辺

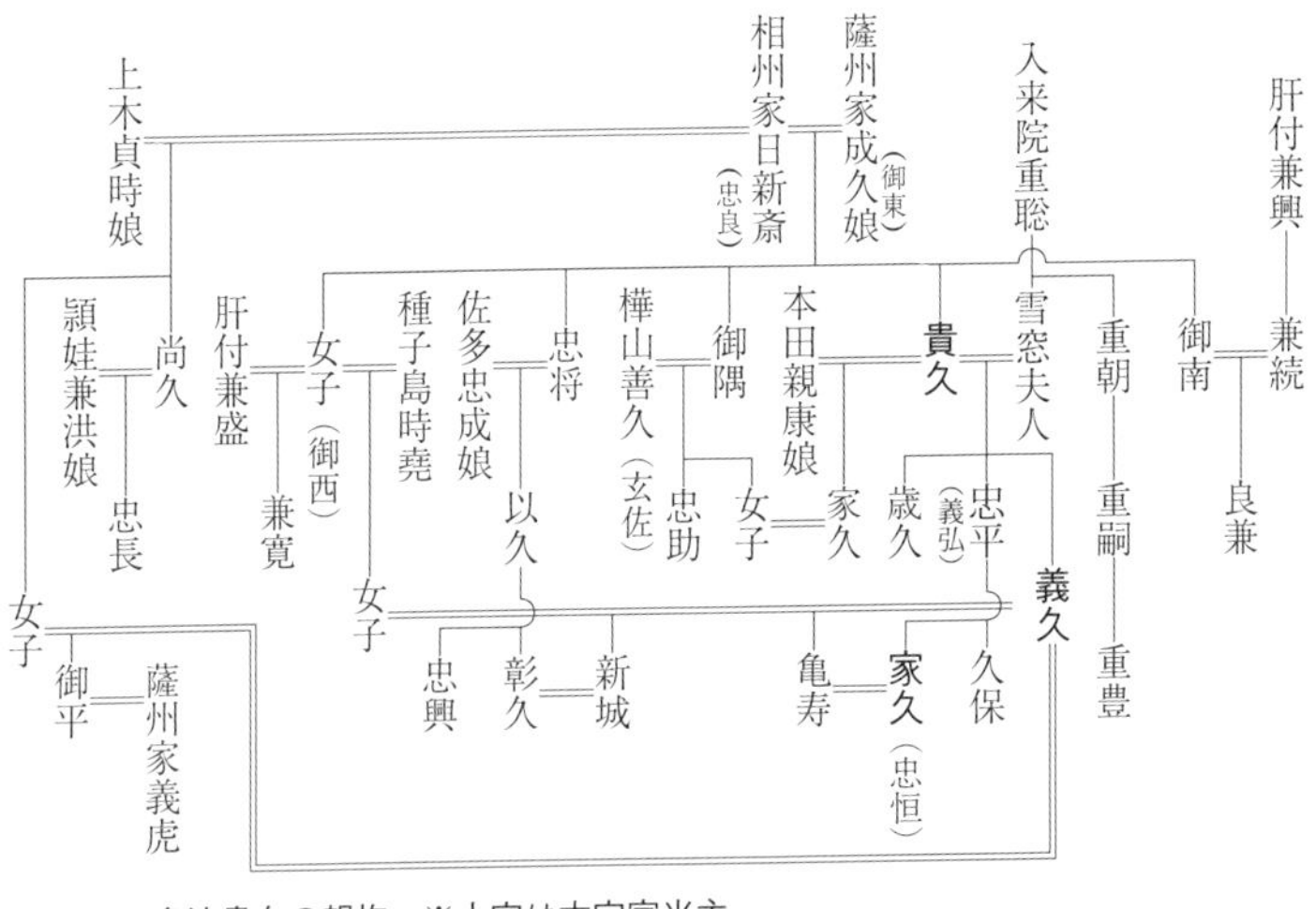

系図7　島津貴久の親族　※太字は本宗家当主

同母弟忠将は、大隅支配の要として同国清水城を居城とし、廻城の戦いで討ち死にしている。忠将の室は、薩摩国知覧領主・佐多忠成の娘であり、その母は日新斎の異父妹であった。二人の間に生まれた以久（初名征久、一五五〇〜一六一〇）は、父の討ち死に後に清水領主、次いで垂水領主となり、慶長八年（一六〇三）には初代佐土原藩主となっている。

同母妹（近代に入り御西とよばれる、?〜一五八三）は、最初は種子島時堯の室となり、その娘は貴久長男義久の後室（新城・亀寿の母）となっている。種子島時堯と離別後は、大隅国加治木の国衆・肝付兼盛の室となり、永禄元年（一五五八）には長男兼寛（一五五八〜九〇）を生んでいる。永禄年間以降、肝付兼盛が重用されるのは、この婚姻関係に基づくものである。

貴久の父日新斎は、側室とみられる上木筑後守貞時の娘との間に、二人の子、貴久異母兄弟をもうけている。尚久は、薩摩国河辺郡の制圧後、同国鹿籠領主と

雪窓夫人の墓　鹿児島市・福昌寺墓地

なり、要港坊津を抑えるとともに、室に坊津同様要港であった山川を支配する頴娃兼洪の娘を迎えている。薩摩半島南部の制海権確保にとって重要な役割を担ったとみられる。なお、二人の間に生まれた忠長（ただたけ）（一五五一～一六一〇）は、義久の老中をつとめ、近世宮之城（みやのじょう）島津家の祖となる。尚久の同母妹は、貴久長男義久の最初の室である。つまり、義久は叔母を室としたことになる。二人の間には娘（長女御平）が誕生し、薩州家義虎の室となっている。

第二章―4でふれたように、貴久は正室である雪窓夫人（入来院重聡の娘）との間に、三人の男子をもうけている。義久（忠良・義辰）・義弘（忠平・義珍）・歳久である。雪窓夫人は、貴久が薩摩半島を統一し、御一家・国衆から「守護」として承認される直前の、天文一三年（一五四四）八月一五日に亡くなっている（「御家譜」）。なお、島津義久は永禄一〇年、母の戒名「雪窓妙安大姉」にちなみ、千秋山雪窓院を伊集院に建立している（『三国名勝図会』）。同寺は後年、天正一五年（一五八七）五月、義久が豊臣秀吉（とよとみひでよし）に降伏するに際し、剃髪した寺として知られている。

当時の常として、貴久にも正室以外に側室がいたであろうが、雪窓夫人の生前、前出の三兄弟以外の子は確認できない。しかし、天文一六年、貴久四男の家久が誕生している。母は、「肥知岡氏女」とされ、橋姫と呼ばれていたようである（「島津氏正統系図」）。この女性は、『本藩人物誌』によると、本田丹波守親康の娘で、肱岡佐兵衛頼明の姪だという。いずれにせよ、有力者の娘とはいいがたく、同史料にも「貴久公御妾也」と記されている。

父・日新斎の「呪縛」

貴久は一三歳のとき、祖父一瓢斎、あるいは父忠良（日新斎）の意向により、奥州家忠兼（勝久）の養嗣子となって以来、本人の意思とは無関係に、島津本宗家の家督継承者として、薩隅日三か国統一を宿命づけられていた。とくに父日新斎は、貴久が亡くなる三年前の永禄一一年（一五六八）まで存命しており、貴久の人生を考える上で、その影響はきわめて大きかったと推測できる。

貴久が出家する永禄九年二月以前のものである、年欠二月二〇日付日新斎書状（『島津』一一三二）は、貴久に宛てた数少ない書状の一つであり、貴久を厳しく叱責している。前欠のため詳細は不明であるが、貴久がある人物を召し抱えたことに対し、「か様之邪偽成者を召仕候てハ、国家之禍乱うたかいあるましく候」と、不快感をあらわにするとともに、「三ヶ国悉々靡旌旗ニ候事、当家之高運御一身之名誉、京・鎌倉迄も無其隠候処ニ引替て、悪名を天下之人口ニ落シ候する事、嘆てもかなしミても餘有子細ニ候歟」（三か国が悉く麾下に入り、当家の高運・名誉が京・鎌倉までも広く知れわたる一方で、悪名が天下の人々の噂にのぼるようなことになれば、嘆き悲しんでも余りあるではないか）と叱責し、

『太平記』巻二十五に見える「六本杉之天狗之約諾」の故事を出して、島津家衰退の予兆であると断じている。「三ヶ国」云々の記述から見て、日向国南部の御一家が貴久を守護として承認した、天文一四年（一五四五）以降のものとみられ、実権は貴久に完全に移っていた。しかし、詳細は不明だが、貴久による施策に対して苦言を呈することもあったこと、そして「天下」における評価を厳しく求めていたことがうかがえ、興味深い。

一九世紀前半に編纂された薩摩藩の法令集「島津家歴代制度」巻之一には、「御光訓」と題して、戦国末から薩摩藩三代藩主綱貴までの歴代当主の遺訓・教訓を列挙している。その冒頭には、①天文一三年（一五四四）三月朔日付、日新斎から伯囿貴久宛ての遺命（誓願文）、②元亀元年（一五七〇）二月吉日付、貴久から我子孫宛て遺命、③天正一三年（一五八五）六月二〇日付、島津義久の「戒状」の三通を収録している。本来①と②は、島津奥州家菩提寺の福昌寺開祖・石室真梁が読誦したとされる「大乗法華経」の別紙であったが、③の段階で「紛乱」れていたため、「大乗法華経」そのものに書き付けられたという。そして、これは島津義弘によって、貴久の御影堂（南林寺カ）に納められたといい、近世薩摩藩の歴代藩主が、日新斎終焉の寺である日新寺（南さつま市加世田武田、現在の竹田神社）に初めて参詣する際、住持が読み聞かせたという。

①によると、日新斎は幼年からこの法華経を三千回読誦した結果、我が子孫三代までは菩薩の分身となったので、三代までに「開運」すると述べる。逆に、三代までに開運しなければ、「島津之子孫ニアラズ、天然之外道也」と、貴久ら子孫にプレッシャーを与えている。日新斎の「悲願」は、仏、

法、僧・神の三宝を守って、「国家興立」を図ることにあり、法華・大般若経の勤行と座禅を怠らないよう強く求めている。

②で貴久は、父日新斎とともに苦労した結果、ついに「誓願」叶って薩隅日三州を治めることができた。子孫は末代に至るまで、日新・伯囿（貴之）の恩を忘れず、日新斎の「誓願文」（①）を守り、自分の影像も誓願文と同じように扱うよう、子孫に命じている。

日新寺跡に立つ島津日新斎の墓　鹿児島県南さつま市

そして、③で義久は、福昌寺・日新寺・南林寺の三か寺は、島津家が第一に崇敬すべき伽藍（がらん）であるとし、その理由として、福昌寺は石屋大師開闢（かいびゃく）の道場であり当家の菩提寺であること、日新様・伯囿様が「当家出世之元祖」であることを強調している。

この「御光訓」について、安藤保氏は、「島津氏による薩隅日三州の統一と以後の勢力拡大の努力は、日新の予言に報いるためのもの」との認識があり、それは「日新による子孫への『呪縛（じゅばく）』」であったと評している（安藤保・大賀郁夫・二〇〇一年）。

安藤氏も指摘するように、本史料は「菩提寺日新寺への崇敬を厚くするために作られた」ものであり（同上）、その成立時期はさほど古いものではない。薩摩藩三代藩主・島津綱貴（一六五〇～一七〇四）のとき、本史料の真偽について調査が命じられ、いったんは「妄作（もうさく）」（でたらめ）と判断されたとされる（伊地知茂七・一九二〇年）。また、②については、一貫して藤原姓を使用していた貴久が「源貴久」と署名しているのも不自然である。おそらく、これら三通は近世初頭に、島津本宗家の意向をふまえつつ、関係寺院によって創作されたものであろう。既述のように、晩年の日新斎が儒・仏・神の三教の融合を目指し、宗教修行者となっていたことは事実であり、法華経を厚く信仰していたことも確かであろう。しかし、「三州統一が日新斎の遺命により貴久・義久に宿命付けられたものであった」との言説は、日新斎・貴久没後に創作されたものではないだろうか。本章―2で述べたように、貴久・義久による島津本宗家の継承には、「正統性」という弱点があった。この「御光訓」の創作も、日新斎の仏教への厚い帰依という事実を背景に、日新斎の子孫による三州支配の正当性を、〝鎮護国家〟的論法により補強する目的があったと推測される。

ただ、日新斎の貴久に対するプレッシャーと諸施策への介入は、先述のようにかなり大きなものであったことは事実であり、この「御光訓」が、日新斎・貴久（伯囿）は「当家出世之元祖」であるという認識を定着させたことも確かであろう。

和歌・連歌を嗜む

これまで見てきたように、貴久の生涯の大半は争乱の渦中にあった。そんななか、数少ない楽しみであったと思われるのが、和歌や連歌（れんが）である。

戦国武将の長男として、幼くして坊津一乗院で学んでいた貴久は、和歌や漢詩についての基礎的知識は早くから身につけていたとみられるが、和歌を嗜むようになったのは、島津家中きっての和歌の名手として知られ、古今伝授（こきんでんじゅ）も受けた、義兄樺山玄佐（善久）の影響があったろう。

また、連歌に目覚めたのは、天文一二年（一五四三）に連歌師高城珠玄（たきしゅげん）と出会ってからであろう（『旧記前』二―二四六一）。京都との繋がりがあったとみられる珠玄は、当時、大隅国府周辺を制していた本田董親のもとに滞在していたようであり、翌年五月、貴久は珠玄の鹿児島再訪が延引していることを残念がり、珠玄を鹿児島に派遣するよう、董親に強く依頼している（『旧記後』一―二四七二）。貴久は珠玄から連歌を学んでいたく感動し、その教えを請うたのだろう。それからまもなく、高城珠玄と、その親族か弟子とみられる高城珠長（しゅちょう）は、貴久やその子義久の興行する連歌に頻繁に登場しており、島津本宗家のお抱え連歌師となったようである（綿抜豊昭・二〇一四年）。

そして、大隅国始羅郡を制圧した弘治三年（一五五七）頃から、貴久の連歌興行の記録が現れるようになる。『旧記雑録』には、同年一一月七日の「賦何人連歌」（ふすなにひと）（「何」の部分に句の一文字を入れ熟語を成立させるお題、賦物（ふしもの））を初めとして四回、貴久が参加した百韻（ひゃくいん）連歌の記録が残されている（『旧記後』一―九四・一一二・一三四・三六六）。これは記録に残っているだけで、かなりの頻度で連歌を楽しんでいたのであろう。

綿抜豊昭（わたぬきとよあき）氏は、戦国武将が連歌を嗜（たしな）んだ理由として、①連歌そのものの享楽、②連歌会で家臣や同輩と連帯感の形成、③連歌師から中央や他国の情報収集、④連歌師を通じた情報伝達、⑤戦勝祈願

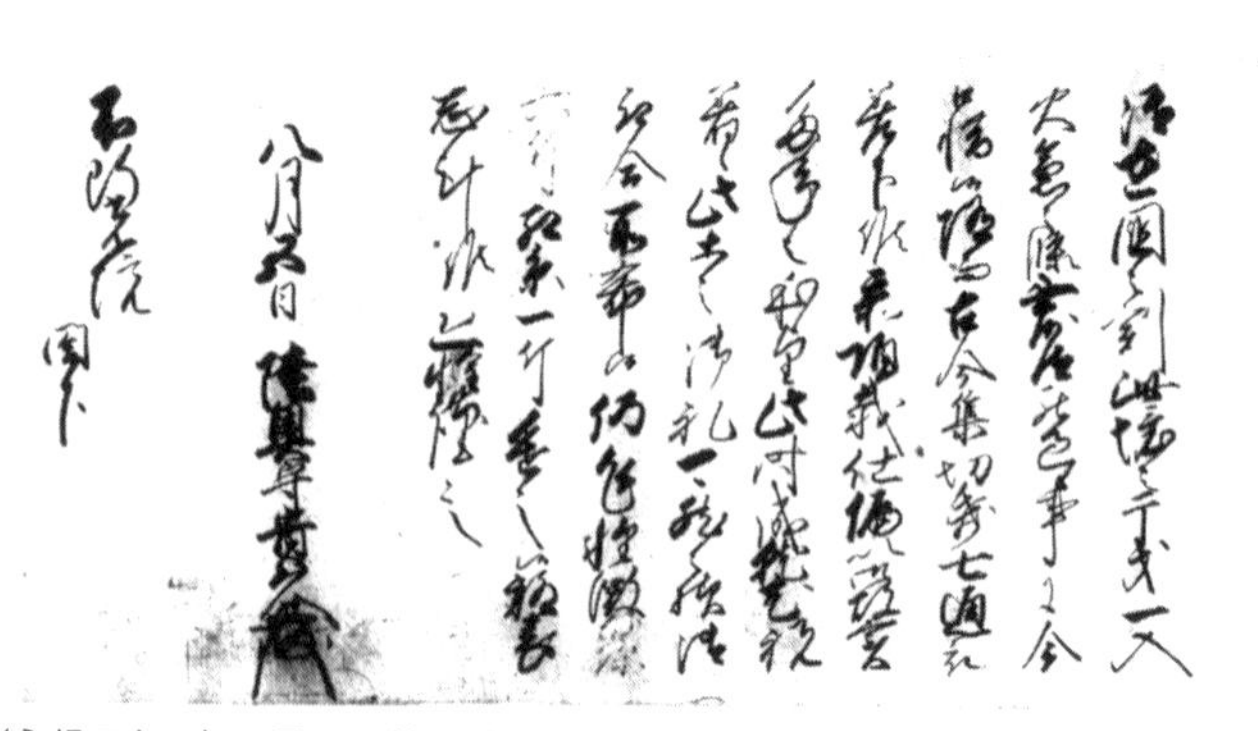

（永禄７年ヵ）８月５日付不断光院清誉芳渓宛島津貴久書状　「島津家文書」　東京大学史料編纂所蔵

といった祈祷、⑥古典教養の学習他、の六つを挙げている（綿抜豊昭・二〇一四年）。連歌にはさまざまな効用があって、多くの戦国武将を虜にしたのであり、貴久もその例に漏れなかったのである。

前出の連歌記録をみると、樺山玄佐や肝付兼盛といった重臣、弟忠将、子息義久が連衆（参加者）として見え、効用②の側面が見て取れる。また、側近（奏者・使番）として貴久に仕えた新納忠元の句が多く採用されており、歌道でも非凡であったことが知られる。この新納忠元を尊敬していたのが、十代で貴久に仕え、のちに島津義久の重臣となる上井覚兼（一五四五～八九）である。

彼が天正九年（一五八一）に記した「伊勢守心得」によると、永禄四年（一五六一）正月一六日、近衛稙家の使者進藤長治を鹿児島に迎え、貴久は千句連歌を主催する。千句連歌は三日間かけて行われる特別な張行であり、この特別な連歌会に、覚兼は一七歳の若さで参加を許されている（綿抜豊昭・二〇一四年）。覚兼は、貴久の師でもある高城珠玄・珠長に師事して、「式目（しきもく）」とよばれる連歌のルールを学んでおり、この千句連歌の後も、永禄五年に鹿児島に下向した京都不断光院（ふだんこういん）の清誉芳渓（せいよほうけい）のもとを訪れ、「連歌之法」を学んでいる。忠元といい、覚兼といい、歌好きの貴久の側近には、和歌・連歌の素養と稽古が求められたようである。

なお、鹿児島に下向した清誉芳渓は、「古今集切紙（こきんしゅうきりがみ）七通」を貴久にもたらしており、貴久はその礼状の中で、「多年之本望此時成就、尤祝着候」と、大いに喜んでいる（『島津』一四一五）。この書状を収録した『大日本史料』第一〇篇―六巻は、「古今伝授ノ切紙ヲ伝送セラレタル」と頭注に記している。古今伝授とは、「古今和歌集」の解釈についての秘伝を切紙（きりがみ）として示し、伝授するものであり、前出の樺山玄佐は、近衛家から伝授されたとされる。歌道を志す戦国武将たちにとって、一種のステータスシンボルのようなものであり、貴久がそれを望んでいたことは確かなようである。

貴久の和歌・連歌への嗜好（しこう）は、子息たちに伝えられた。長男義久は、たびたび連歌を興行して多くの歌を詠んでおり、後年、薩摩に下向した近衛前久から、古今伝授を受けている。また、四男家久は、永禄一〇年二月二五日の百韻連歌に、父貴久とともに参加しており（当時二一歳）、八年後の天正三年（一五七五）には、三人の兄たちを差し置いて、上洛を果たしている。上洛中の家久は、当代きっての連歌師であった里村紹巴（じょうは）の世話になっており、その弟子の案内で、和歌で詠まれた名所旧跡を回っている（「中務大輔家久公御上京日記」）。父貴久、そして義父樺山玄佐の影響を強く受けたのだろう。

おわりに――貴久が目指したものと義久への教訓

貴久が生まれる前の文明年間（一四六九～八七）に、島津領国は戦国の争乱に突入した。文明年間の二つの大きな争乱の末、島津領国内の諸勢力は、めざすべき〝領国のかたち〟をめぐって対立した。ひとつは、「一家中」一揆を軸とする〝ゆるやかな連合体〟としての島津家をめざす方向性であり、島津薩州家や豊州家が主導し、貴久の祖父相州家運久（一瓢斎）も、本来このグループであった。もうひとつは、守護直臣層（御内）を中心とする守護家＝島津本宗家の権威維持を図ろうとするグループであったが、島津忠昌の自害によりこの方向性は破綻し、徐々に領国の要所に散在していた守護直轄領を蚕食され、最終的に奥州家忠兼（勝久）のとき、領国支配は崩壊するに至った。

その後、調停機能を失った守護家＝島津奥州家に代わって、有力御一家と有力国衆の大連合による、新たな地域秩序構築を目指す動きもおこったが、そのさなかに、島津相州家一瓢斎・忠良によるクーデターが勃発し、虎寿丸（貴久）による島津本宗家継承が断行されたのである。彼らが目指した政権構想は、短期間に勝久の悔い返しがおきたため不明であるが、「一家中」一揆を軸とする〝ゆるやかな連合体〟をめざす勢力の支持は得られていない。

貴久が父日新斎と共に薩摩半島を統一し、再度「三州太守」を自認するに至った天文九年（一五四〇）以降、彼はどのような政権構想をもっていたのであろうか。

貴久より前に「守護」を自称した薩州家実久は、北郷氏・島津豊州家といった有力御一家の支持を受けており、おそらく〝ゆるやかな連合体〟としての島津家の方向性を目指していたのだろうが、ほとんど独力で薩州家勢力を排除し、「三州太守」となった貴久は、その方向を目指さなかったのではないか。

最終的に、天文一四年に、北郷氏・島津豊州家といった御一家による貴久の「守護」承認というセレモニーがあり、天文二一年には、貴久の兄弟や有力御一家が対等に近い形での一揆契状を結んでいるが、それは文明年間の「一家中」一揆とは、全く異なる性格のものであった。つまり、この一揆は、渋谷一族等反島津方国衆との対決を控え、一族の結集を誓ったものであり、島津貴久権力の絶対的優位というのを前提としていることは明らかである。島津豊州家領に侵攻を続ける伊東義祐、薩摩北部・大隅西部の反島津勢力、そして彼らを結びつけ、島津氏包囲網を築こうとする相良・菱刈両氏、彼らに対抗していくには、島津本宗家を中心とする絶対的権力が必要となっていたとみていいだろう。

こうした状況をふまえ、貴久は、反抗した国衆らの所領を帰順後に安堵するという室町期的手法をとらず、親族（兄弟・子息）を要所の領主として配置する以外は、本宗家直轄領とし、そこに直臣を地頭・衆中として配置するという「地頭衆中制」を採用した。それは、要所を直轄化し「御手持御城柱」を配置していった、一五世紀末の島津立久の政権構想を彷彿（ほうふつ）とさせ、それをより徹底させたものであった。こうした施策は、貴久がもともと守護家出身ではなく、島津相州家・伊作氏領をベースとしていたからこそ可能だったとも考えられよう。

こうした政権構想、〝島津領国のかたち〟は、島津義久にも引き継がれ、貴久没後の天正八年（一五八〇）に日向統一を実現すると、日向北部や山間地域を除き、やはり地頭衆中制が適用され、安定的領国支配が実現する。そして、それをベースとして、中部・北部九州への進出が開始されるのである。

天正一二年（一五八四）九月一日、肥後出陣途上の島津忠平（義弘）、伊集院忠棟、上井覚兼、新納忠元らは、大隅菱刈院の馬越（伊佐市菱刈前目）にて軍議を開いた（『上井覚兼日記』同日条）。この年三月、貴久の四男家久は、肥前島原沖田畷の戦いで龍造寺隆信を討ち取り、勢いにのっていた。隆信の子政家は、筑前の秋月種実を通じて島津氏との和睦を願い出て、すでに起請文を提出していた。しかし、勢いづいた島津家中には、龍造寺氏が所領を割譲するまでは和睦を受け入れるべきではないとの意見もあった。そうした状況での肥後出陣である。このとき、当主島津義久は「虫気」（腹痛をともなう病気の総称）と称して出陣せず、使番を派遣して、次のような意向を示した。

> 日新様・伯囿様（貴久）御代より已来、十分ニ候ハぬ所を専一ニなされ候、諸侍者無曲御和平なと々存候共、先々彼秋月之使ニ者和平之由御返事被成、さて御当家は和平ニ罷成候其日まては、互ニ防戦大法之様候、此度も其分たるへき由返事被申候て、諸勢者隈本辺ニ被着合、存分之行肝要之由被思召候、（中略）乍重筆、度々十分之事を被指捨御勝利之例多々被仰出候、難尽筆紙候

> （意訳）日新様（祖父忠良）・伯囿様（父貴久）以来、十分ではない状況こそ一番にしてきた。諸侍は意外な和平などと思っているのだろうが、まずは秋月氏の使者に和平を受け入れる旨、返事をした。当家が和平を決断した以上、それが実現するまでは互いに「防戦大法」に従い、今回の出陣もそれに基づくものであると（龍造寺氏に）返事をし、諸勢は隈本付近に集結し、それに基づく軍事行動が大事である。（中略）繰り返しになるが、十分な結果を望むことなく勝利を収め

た例は数多く、枚挙にいとまがない。

つまり、沖田畷の戦いで龍造寺隆信を倒し、龍造寺側から降伏を申し出てきたことで満足すべきであるとの意見であり、血気にはやる家臣たちを諫め、肥後出陣中に暴走しないよう釘を刺すにあたり、日新斎・貴久以来の教訓を持ち出している。義久にとって、日新斎・貴久以来の遺訓・教訓を持ち出すことは、家臣統制にあたって最大の武器だったのだろう。

この「十分ニ候ハぬ所を専一ニなされ候」との、日新斎・貴久父子の遺訓は、二人の苦難の歴史を振り返るとき、確かに実感のこもったもののように思える。大永六年（一五二六）、貴久（虎寿丸）を奥州家忠兼（勝久）の養嗣子として送り込むことに成功しながら、翌年、事を急いて忠兼を隠居に追い込んだ結果、忠兼の悔い返しにあい、約一〇年におよぶ逼塞を余儀なくされている。貴久に代わって忠兼を取り込んだ薩州家実久も、忠兼を追放して「守護」を称したが、結局、忠兼と相州家の再提携を招き、本宗家継承に失敗している。こうした失敗に学び、貴久は、菩提寺福昌寺や有力御一家からの承認という形で「三州太守」に就任し、本田董親・肝付兼演・菱刈隆秋、それぞれとの戦いで戦局が思わしくないときは、必ず一度和睦に持ち込み、最終的には勝利している。

「十分」を望まずとは、性急に結果を求めることなく徐々に事態を好転させていき、結果的に大きな勝利を収めていくという手法であり、それは島津義久にも引き継がれ、九州全域へと進出していく戦国島津氏にとって、外交・軍事戦略の基本方針となっていったのである。

【出典史料】

「樺山玄佐自記」（『旧記雑録前編』に分割収録。また、県立図書館本は、『鹿児島県史料集35』〈鹿児島県立図書館、一九九六年〉に収録）
「長谷場越前自記」（『旧記雑録前編』に分割収録）
「山本氏日記」（『旧記雑録前編』に分割収録。また、『蒲生郷土史』にも収録）
「伊勢守心得」（『大日本古記録　上井覚兼日記　下』に収録）
「種子島家譜」（『鹿児島県史料　旧記雑録拾遺　家わけ四』所収）
「新編伴姓肝属氏系譜」（『鹿児島県史料　旧記雑録拾遺　家わけ二』所収）
「御家譜」（『鹿児島県史料集Ⅵ』〈鹿児島県立図書館、一九六六年〉所収）
「島津家歴代制度」（『鹿児島県史料　薩摩藩法令史料集』所収）
『西藩野史』（『新薩藩叢書』第二巻〈歴史図書社、一九七一年〉所収）
『島津世録記』（『鹿児島県史料集36』〈鹿児島県立図書館、一九九七年〉所収）
『島津世家』（『鹿児島県史料集37』〈鹿児島県立図書館、一九九八年〉所収）
『島津国史』（鹿児島県地方史学会、一九七二年、また、『旧記雑録前編』に分割収録）
『本藩人物誌』（『鹿児島県史料13』鹿児島県立図書館、一九七三年所収）
『日向記』（『宮崎県史叢書　日向記』宮崎県、二〇〇一年）
『三国名勝図会』（青潮社、一九八二年）
松田毅一・川崎桃太訳『完訳フロイス日本史6　大友宗麟篇Ⅰ』（中公文庫、二〇〇〇年）

【参考文献】

◇全体に関わるもの

伊地知茂七『島津貴久公』（松原神社三百五十年祭典事務所、一九二〇年、のちに『島津中興記』青潮社、一九七九年に再録）

大山智美「戦国大名島津氏の権力形成過程―島津貴久の家督継承と官途拝領を中心に―」（拙編『シリーズ中世西国武士の研究1　薩摩島津氏』戎光祥出版、二〇一四年、初出は二〇〇九年）

小瀬玄士「『島津家文書』所収「年中行事等条々事書」をめぐって」（遠藤基郎編『生活と文化の歴史学2　年中行事・神事・仏事』竹林舎、二〇一三年）

拙著『室町期島津氏領国の政治構造』（戎光祥出版、二〇一五年）

福島金治『戦国大名島津氏の領国形成』（吉川弘文館、一九八八年）

松下重資編『鹿児島県郷土史大系　第五巻　島津混乱史』（一九三四年）

三木　靖『戦国史叢書10　薩摩島津氏』（新人物往来社、一九七二年）

山口研一「戦国期島津氏の家督相続と老中」（拙編『シリーズ中世西国武士の研究1　薩摩島津氏』戎光祥出版、二〇一四年、初出は一九八六年）

屋良健一郎「中世後期の種子島氏と南九州海域」（『史学雑誌』一二一―一一、二〇一二年a）

『菱刈町郷土誌　改訂版』（菱刈町、二〇〇七年）

◇第一章

出水郷土誌編纂委員会編『出水郷土誌　上巻』（出水市、二〇〇四年）

久留島典子『日本歴史13　一揆と戦国大名』（講談社、二〇一一年）

小葉田淳『中世日支通交貿易史の研究』（刀江書院、一九四一年）

五味克夫「伊地知季安関係史料『御歴代歌註解』『藩翰譜島津伝記弁誤』『古郡院説』『御当家始書』」（『鹿大史学』二五、一九七七年）
高津孝・岩川拓夫「校本『島陰漁唱』（一）」（『鹿児島大学法文学部紀要 人文学科論集』七三、二〇一一年）
拙稿「戦国期の日隅国境情勢―その① 15世紀後期～16世紀初頭―」（『恒吉城報告書Ⅱ』曽於市教育委員会、二〇一六年）
◇第二章
『蒲生郷土誌』（蒲生町、一九九一年）
『川内市史』上巻（川内市、一九七五年）
五味克夫「『鹿児島県史料 旧記雑録前編』解題」（一九七八年）
五味克夫「『鹿児島県史料 旧記雑録附録二』解題」（一九八七年）
拙稿「南北朝・室町期における渋谷一族と島津氏」（小島摩文編『新薩摩学8 中世薩摩の雄渋谷氏』南方新社、二〇一一年）
山本博文 島津家文書目録Ⅱ解題」（『島津家文書目録Ⅱ「『島津家文書』の収集研究」研究成果報告書』東京大学史料編纂所、一九九九年）
◇第三章
『蒲生郷土史』（蒲生町、一九九一年）
『都城市史 通史編中世・近世』（都城市、二〇〇五年）
伊集守道「戦国期本田氏地域権力化の一側面―近衛家との交流を中心に―」（『富山史檀』一五五、二〇〇八年）
金井静香「中世末期における近衛家と島津氏の交流―近衛政家・尚通・稙家」（拙編『シリーズ中世西国武士の研究1 薩摩島津氏』戎光祥出版、二〇一四年、初出は二〇〇三年）

木下　聡　『中世武家官位の研究』（吉川弘文館、二〇一一年）
桐野作人　『さつま人国誌　戦国・近世編3』「黒川崎の合戦と鉄炮」（南日本出版社、二〇一七年）
五味克夫　「内城（大龍寺跡）について」（『鹿児島市埋蔵文化財発掘調査報告書（1）大龍遺跡』大龍遺跡発掘調査団、一九七九年）
杉山　博　『日本の歴史11戦国大名』（中央公論社、一九六五年）
田中健夫　『増補　倭寇と勘合貿易』（ちくま学芸文庫、二〇一二年）
西森綾香　「戦国期島津氏の家督継承争いについて―豊州家島津氏を中心に」（『宮崎県地域史研究』一九、二〇〇六年）
林　匡　「戦国期の大隅国守護代本田氏と近衛家」（『黎明館調査研究報告』一八、二〇〇五年）
洞　富雄　『鉄砲―伝来とその影響』（思文閣出版、一九九一年）
宮地輝和　「中世日向伊東氏関係文書の基礎的研究」（『九州史学』一六四、二〇一二年）
山口研一　「織豊期島津氏の権力構造―御一家衆北郷氏を題材として―」（『史友』一七、一九八五年）
◇第四章
伊川健二　『大航海時代の東アジア―日欧通交の歴史的前提』（吉川弘文館、二〇〇七年）
伊藤幸司　「大内氏の琉球通交」（『年報中世史研究』二八、二〇〇三年）
伊藤幸司　「硫黄使節考―日明貿易と硫黄―」（『アジア遊学』一三二、二〇一〇年）
宇田川武久　『東アジア併記交流史の研究―一五～一七世紀における兵器の受容と伝播』吉川弘文館、一九九三年）
岡本　真　「天文年間の種子島を経由した遣明船」（『日本史研究』六三八、二〇一五年）
小山　博　「室町時代の島津氏の渡唐船警固について」（高橋啓先生退官記念論集『地域社会史への試み』同編集委員会、二〇〇四年）
芳即　正　「フランシスコ・ザビエルと島津貴久会見の場所―伊集院説への疑念―」（『鹿児島純心女子短期大学研究紀

要』一四、一九八四年）
桑波田興「戦国大名島津氏の軍事組織について」（福島金治編『戦国大名論集一六　島津氏の研究』吉川弘文館、一九八三年、初出は一九五八年）
岸野　久「パウロ・デ・サンタ・フェ・池端弥次郎重尚同一人説について」（同著『ザビエルと日本―キリシタン開教期の研究―』吉川弘文館、一九九八年、初出一九九六年a）
岸野　久「ザビエル宣教団における市来のミゲルについて」（同著『ザビエルと日本―キリシタン開教期の研究―』吉川弘文館、一九九八年、初出一九九六年b）
岸野　久「永禄四年島津貴久のインド宛書翰作成に関する若干の問題」（同著『ザビエルと日本―キリシタン開教期の研究―』吉川弘文館、一九九八年、初出一九九五年a）
岸野　久「永禄四年（一五六一）ポルトガル商人アフォンソ・ヴァス傷害致死事件について」（同著『ザビエルと日本―キリシタン開教期の研究―』吉川弘文館、一九九八年、初出一九九五年b）
岸野　久『ザビエルの同伴者　アンジロー』（吉川弘文館、二〇〇一年）
五味克夫「鉄砲伝来―特に種子島家譜を中心にして―」（『黎明館開館一〇周年記念特別展　鉄砲伝来四五〇年』鹿児島県歴史資料センター黎明館、一九九三年）
関　周一「鉄砲の生産技術の伝来」（同著『中世の唐物と伝来技術』吉川弘文館、二〇一五年）
中島楽章「ポルトガル人の日本初来航と東アジア海域交易」（『史淵』一四二、二〇〇五年）
拙稿「三宅国秀・今岡通詮の琉球渡航計画をめぐる諸問題―南九州政治史の視点から―」（『九州史学』一四四、二〇〇六年）
橋本　雄「天文・弘治年間の遣明船と種子島―大友氏遣明船団と「鉄砲伝来」―」（『九州史学』一七一、二〇一五年）
橋本　雄「『鉄炮伝来』と禰寝侵攻」（『日本歴史』八一八、二〇一六年）

橋本　雄・米谷　均「倭寇論のゆくえ」（桃木至朗編『海域アジア史入門』岩波書店、二〇〇八年）
村井章介「鉄砲伝来再考」（同著『日本中世境界史論』岩波書店、二〇一三年）
山内晋次『日本史リブレット75　日宋貿易と「硫黄の道」』（山川出版社、二〇〇九年）
屋良健一郎「天文七・八年の種子島氏と島津氏」（『法政大学沖縄文化研究所報』七〇、二〇一二年b）

◇第五章

安藤　保「大隅・日向の歴史と日本史」（安藤保・大賀郁夫編『街道の日本史53　高千穂と日向街道』吉川弘文館、二〇〇一年）
桐野作人『さつま人国誌　戦国・近世編3』「島津貴久の生誕五〇〇年・下―ザビエルと会見、毒殺説も」（南日本新聞社、二〇一七年）
桑田忠親『戦国武将の生活』（角川書店、一九六九年）
五味克夫「総州家忠朝について二、三の覚書」（拙編『シリーズ中世西国武士の研究1　薩摩島津氏』戎光祥出版、二〇一四年、初出は一九八四年）
五味克夫「島津家文書の成立に関する再考察―藤野・亀山家文書を中心に―」（『西南地域史研究』二、一九七八年）

あとがき

私は、昭和四六年（一九七一）生まれ、いわゆる「団塊ジュニア」世代である。この世代には、光栄（現コーエーテクモゲームス）の戦国シュミレーションゲーム「信長の野望」シリーズで、戦国史に目覚めた人が多いのではないだろうか。この「信長の野望」は、任意の戦国大名を選択し、領内支配と外交・合戦をおこないながら、全国統一を目指すというゲームであり、最南端の大名「島津貴久」は背後に敵がおらず、「武将風雲録」以降では、四人の優秀な息子たちの存在もあり、初心者でも全国統一が容易な〝強い〟大名として、多くのユーザーに親しまれた存在であった。また、貴久が生きた時代は、鉄砲伝来とキリスト教伝来という、中学・高校の歴史教科書に太字で書かれる画期的事件が領国内でおこっており、貴久は、教科書に必ず登場する戦国大名のひとりでもある。

こうしたことから、島津貴久はとても有力な戦国大名というイメージが一般には強いような気がする。しかし、現実の貴久は、本書で叙述してきたように、苦難の連続であった。貴久が成人した頃、その支配領域は薩摩国日置一郡程度であり、その周囲は、宿敵島津薩州家領に囲まれていた。貴久と同じく、一郡程度を保持する国衆だった毛利元就（一四九七〜一五七一）が、家督を継いで五〇年で八か国の大大名になったのと異なり、貴久が生前に支配下に収めることができたのは、薩摩国一国と大隅国北半分、日向国真幸院西部のみであった。薩隅日三か国守護というのは名ばかりの状況で、子息義久にバトンタッチしたのであり、その義久が悲願の〝三か国統一〟を成し遂げたのは、貴久が没してから九年後の天正八年（一五八〇）のことであった。つまり、貴久の生涯というのは、薩摩から大隅にかけての狭い範囲での争いに終始していたことになり、本書も南九州のみの局地的な記述となった。また、私の叙述も、ちまちまとした政治過程を羅列していったので、より一層退屈なものになった感は否めない。

ひとつだけ言い訳をすると、事実の羅列をあえておこなったのは、南九州戦国史の貧困な研究状況のためである。『鹿児島県史』を代表とする南九州の自治体史の多くは、戦国期の叙述について、近世成立の『島津国史』・『西藩野史』、『旧記雑録』所収の家譜といった編纂物を無批判に引用・要約したものが多く、近世大名島津家が創りあげた戦国島津氏像をそのまま引き継いでしまっている。本書では、「貴久記」などの編纂物を軸にしつつも、極力、一次史料や「樺山玄佐自記」など同時代史料での裏付けを重視し、参考文献や典拠史料も逐一記入した。読み物として楽しむより、辞書的あるいは年表としての利用を重視した結果とご容赦いただきたい。本書をきっかけに、学術論文や原史料に興味を持っていただく方が増えれば、望外の喜びである。

最後になるが、本書執筆に際し、ご助言・ご協力いただいた、作家の桐野作人氏、東京大学史料編纂所の小瀬玄士・畑山周平の両助教、種子島調査でお世話になった皆様方、辛抱強く原稿提出をお待ちいただいた戎光祥出版の皆様方に、この場を借りて厚く御礼申し上げる。

二〇一六年一二月

新名一仁

島津貴久略年表

西暦	年号	年齢	事項
一四七一	文明3		同8年にかけて、桜島大噴火。
一四七四	文明6		島津本宗家立久没。嫡男忠昌（武久）が家督・薩隅日三か国守護職を継承。
一四七六	文明8		2月、島津氏有力御一家、島津忠昌に謀叛を起こす。
一四七七	文明9		4月、島津氏「一家中」一揆、島津忠昌と和睦。
一四八〇	文明12		10月、島津氏「一家中」一揆、島津忠昌の強権発動を制限。
一四八四	文明16		11月、伊作久逸、伊東祐国と共に新納忠続の居城飫肥城を包囲。南九州全域で争乱が勃発。
一四八五	文明17		6月、島津忠昌勢、飫肥城下の戦いで伊東祐国を討ち、争乱終結。伊作久逸、薩摩国伊作に移封。翌年、島津豊州家忠廉が、日向国飫肥・櫛間に移封される。
一四九二	明応1		9月、伊作忠良、薩摩国伊作にて誕生。父は伊作善久、母は新納是久の娘常盤。
一四九四	明応3		4月、伊作善久、奴僕に殺害される。夏、島津忠昌、大隅国衆肝付兼氏の討伐に失敗。
一五〇〇	明応9		11月、伊作久逸、薩摩国加世田にて討死。その後、伊作善久の未亡人常盤、嫡男忠良を連れて、島津相州家運久に再嫁。
一五〇六	永正3		8月、島津忠昌、再度肝付氏討伐に失敗。
一五〇八	永正5		2月、島津忠昌、自害。長男忠治が家督・守護職を継承。
一五一四	永正11	1歳	5月、貴久、薩摩国田布施にて誕生。父は島津相州家忠良、母は島津薩州家成久の娘御東。
一五一五	永正12	2歳	8月、島津忠治没。次弟忠隆が家督・守護職を継承。
一五一九	永正16	6歳	4月、島津忠隆没。末弟忠兼（勝久）が家督・守護職を継承。この頃、日向国庄内に伊東・北原両氏が進攻し、大隅国曽於郡城にて謀叛が起こるなど、「大乱」となる。
一五二〇	永正17	7歳	島津相州家忠良の二男忠将（貴久同母弟）誕生。
一五二一	永正18 大永1	8歳	5月、伊東尹祐の攻撃をうけ、島津氏御一家樺山氏、日向国野々三谷から大隅国堅利小田に移る。6月、種子島忠時、琉球国三司官から「御船一艘之荷口」（貿易特権）を免許される。 この年、大永度遣明船（大内船・細川船）、島津豊州家忠朝・種子島忠時らの協力により南九州から出港。
一五二三	大永3	10歳	9月、守護島津忠兼、島津相州家忠良に対し、「万端指南」を求める。11月、伊東尹祐の娘婿新納忠勝、島津豊州家領に進攻。同月、伊東尹祐、日向国野々三谷城攻めの際に頓死。12月、守護島津忠兼、老中伊地知重周を新納忠勝攻撃のため派遣するが、日向国梛野の戦いで討死。

西暦	和暦	年齢	事項
一五二四	大永4	11歳	5月、伊東尹祐長男祐充と北郷忠相、和睦。9月、島津豊州家忠朝・北郷忠相、新納忠勝と和睦。
一五二五	大永5	12歳	10月、島津薩州家忠興没。嫡男実久が家督を継承。
一五二六	大永6	13歳	5月、北郷忠相、大隅国曽於郡城を奪取。11月頃、薩摩国日置南郷の桑波田景元（観魚）、島津相州家に帰属。同じ頃、島津薩州家実久、守護島津忠兼と敵対。薩州家勢、大隅国吉田に進攻。忠兼、伊集院に来たりて島津相州家一瓢斎（運久）・忠良父子と会談。忠兼と忠良嫡男虎寿丸（貴久）の養子縁組が成立した模様。忠兼、相州家忠良・虎寿丸とともに鹿児島に帰還。12月、島津相州家忠良、島津薩州家方の大隅国帖佐領主辺川忠直を討つ。
一五二七	大永7	14歳	1～3月頃、島津忠兼、家督・守護職を虎寿丸（貴久）に譲渡。2月、島津相州家忠良、大隅国生別府の樺山信久、同国溝辺の肝付兼演と契状を交わして同盟を結び、忠良は相模守、信久が美濃守、兼演が越前守を名のる。4月、島津忠兼、隠居して薩摩国伊作城に移る。この頃、新納忠勝、本田兼親と結託し、大隅国府周辺に進出。5月、大隅国帖佐の島津昌久・加治木の伊地知重貞、薩州家実久に与して挙兵。相州家忠良、これを討つ。同国溝辺の肝付兼演が加治木に入った模様。同じ頃、薩州家実久、薩摩国伊集院・日置に進攻。6月、薩州家実久、伊作に隠居していた島津奥州家忠兼を擁して鹿児島に入る。忠兼、守護に復帰し、まもなく「勝久」に改名。相州家忠良・虎寿丸父子、薩摩国田布施に退去。7月、相州家忠良、薩摩国伊作城を奪回。8月、相州家方の樺山広久（信久）・善久父子、薩州家方に包囲され降伏。11月、本田・新納連合軍、大隅正八幡宮社家を襲撃し、同宮も全焼。
一五二八	大永8 享禄1	15歳	7月、周防の大内義興、島津豊州家忠朝・新納忠勝に対し、奥州家忠勝を軸とする和平実現を求める。
一五二九	享禄2	16歳	相州家忠良、この年までに出家し「日新斎」と号す。1月、祁答院重武、帖佐本城・新城を攻略。6～7月、島津豊州家忠朝・新納忠勝・本田董親・祢寝清年・肝付兼続・樺山善久・島津忠誉らが鹿児島に出頭し、和平会議が開催される。相州家と薩州家の和睦も実現した模様。
一五三〇	享禄3	17歳	本田董親・親尚、曽於郡城を北郷氏から奪回。
一五三一	享禄4	18歳	8月、これ以前に元服した島津貴久、父日新斎・重臣伊集院忠朗とともに薩摩国頴娃の国衆頴娃兼洪と契状を交わし、同盟を結ぶ。この年、相州家日新斎の三男尚久誕生。母は上木貞時の娘。
一五三三	天文2	20歳	2月、貴久の長男義久（忠良、義辰）誕生。母は入来院重聡の娘雪窓夫人。3月、島津相州家忠良、桑波田孫六の南郷城を攻略して「永吉」と改め、貴久・忠将兄弟を配置。貴久の初陣ヵ。12月、相州家、日置北郷を攻略。
一五三四	天文3	21歳	閏1月、北郷忠相、伊東領の三俣院高城を調略。庄内（都城盆地）から伊東勢を一掃。9月、奥州家

			老中、琉球国三司官に対し、瀬戸内水軍による琉球への武力侵攻事件を捏造して通報し、南九州制海権確保を強調。10月、薩州家実久擁立を求める御一家の川上昌久、勝久側近の末弘伯耆守を殺害。勝久、正室の実家である大隅国衆祢寝清年のもとに逃れる。
一五三五	天文4	22歳	この年、大隅国衆肝付兼続、貴久の姉御南との間に長男良兼が誕生。4月、鹿児島に復帰した奥州家勝久、川上昌久を誅殺し、祁答院・北原両氏に支援を求める。薩摩国谷山に進駐していた薩州家実久、祁答院勢と交戦し、鹿児島を攻略。奥州家勝久、「屋形」の地位を実久に譲り、祁答院領大隅国帖佐に退去。薩州家実久、「守護」を自称し、島津豊州家忠朝・北郷忠相らもこれを支持。7月、貴久の二男忠平（義弥・義弘、義久同母弟）誕生。
一五三六	天文5	23歳	3月、相州家日新斎・貴久・忠将父子、伊集院一宇治城を攻略。同月、新納忠勝、日向国真幸院般若寺の奥州家勝久のもとを訪れ、相州家の伊集院攻略を承認し、相州家・樺山善久・肝付兼演・蒲生茂清と連携して薩州家実久に対抗すべきを説く。この頃、入来院氏ら渋谷一族を通じて奥州家勝久と相州家の和睦が成立した模様。7月、伊東義祐、内紛を制し家督を継承。9月、相州家日新斎・貴久父子、伊集院神殿城を攻略。11月、同じく長崎栫、12月、石谷城を接収。
一五三七	天文6	24歳	1月、相州家勢、入来院勢と共に伊集院の竹之山城を攻略。同月、北郷忠相・豊州家忠朝ら、新納忠勝領の日向国財部・梅北を攻略。2月、相州家勢、鹿児島近郊の犬迫栫を攻略し、薩州家勢、鹿児島から谷山に退去。5月、相州家日新斎と薩州家実久の和睦が成立し、伊集院・鹿児島・谷山・吉田と加世田・川辺を交換し、実久を守護として承認するとの提案がなされるも、交渉決裂。7月、新納忠勝、豊州家・北郷両氏の軍勢に本拠志布志城を包囲され、降伏。同月、貴久の三男歳久（義久同母弟）誕生。8月、本能寺八世日承上人、種子島に下向。9月、貴久、家臣上原尚近に所領を宛行う（知行宛行の初見）。12月、奥州家勝久、大隅清水城の本田董親に向島地頭等を宛行い、鹿児島を制圧させる。
一五三八	天文7	25歳	4月、島津薩州家実久、肥後国佐敷で相良長唯・為清父子と会談。12月、相州家日新斎・貴久・忠将父子、薩州家の拠点加世田別府城を攻略。
一五三九	天文8	26歳	1月、相州家日新斎、吉書始をおこなう。3月、貴久、鹿児島上之山（現在の城山）に栫を築く。これを攻略しようと紫原に出陣した谷山の薩州家勢と合戦となり、これを撃破。谷山の薩州家方三城（谷山本城・苦辛城・神前城）降伏。薩摩国頴娃の国衆頴娃兼友・喜入領主島津忠俊、貴久に見参。同月、相州家日新斎、川辺に出陣し、松尾・平山両城が降伏。これにより、相州家薩摩半島を統一。同月、大隅国衆菱刈重州、相模守に任じられる。4月、相州家老中伊集院忠朗・村田経定、伊佐智佐権現に所領を寄進（老中連署坪付の初見）。閏6月、貴久、薩州家領の市来に進攻し、平之城を攻略。入来院重朝・樺山善久・島津忠俊・佐多半閑斎・頴娃兼友・種子島恵時らが従軍。

西暦	和暦	年齢	事項
（一五三九）	（天文8）	（26歳）	7月、相州家一瓢斎（貴久祖父）没。8月、串木野城の川上忠克が和泉に撤退し、市来本城も降伏。同時期に、貴久の義弟入来院重朝が川内川左岸の薩州家領を攻略。9月、島津奥州家勝久、真幸院般若寺から北郷氏の本拠都城に移る。勝久嫡男の益房丸（忠良）も、祢寝氏のもとから豊州家領内に移る。
一五四〇	天文9	27歳	3月、島津本宗家菩提寺福昌寺の住持恕岳文忠、「三州大府君藤原貴久」による福昌寺復興について記し、貴久の袖判を得る（貴久による守護職継承の承認）。
一五四一	天文10	28歳	4月、種子島時尭、弾正忠に任じられる。7月、山東（宮崎平野）で伊東義祐への反乱勃発（長倉能登守の乱）。島津豊州家忠広、長倉氏を支援して派兵。8月、伊東義祐、大膳大夫に任じられる。9月、伊東義祐、長倉・豊州家連合軍を破る。10月、伊東義祐、飫肥進攻を開始。12月、本田董親・肝付兼演・北郷忠相・豊州家忠広・渋谷一族ら十三氏、貴久の姉婿樺山善久の居城・大隅国生別府城を包囲。
一五四二	天文11	29歳	3月、貴久、北原兼孝とともに肝付兼演の居城加治木城を攻撃するも敗退。同月、種子島恵時・時尭父子が対立し、祢寝清年が出兵。閏3月、貴久、種子島恵時の要請を受け、老中新納康久を屋久島に派遣。11月、貴久、本田董親と契状を交わし和睦。12月、樺山善久、貴久の説得に応じ、生別府城から退去。貴久、樺山氏の旧領小浜等を本田董親に宛行う。
一五四三	天文12	30歳	3月、種子島恵時・時尭父子が和睦し、時尭が家督を継承した模様。8月、ポルトガル人をのせた倭寇の頭目五峯（王直）の船、種子島に来航し、鉄砲を伝える（一説には、天文11年）。この年、日向国の津々に唐船十七艘が来航。7月、島津豊州家忠広、菩提寺太陽寺住持を豊後に派遣し、大友義鑑に伊東義祐との和睦仲介を依頼。
一五四四	天文13	31歳	4月、肝付兼続、島津豊州家領の安楽城を攻略。7～11月、大隅国小祢寝で中国人とポルトガル人の抗争勃発。8月、貴久室・雪窓夫人（義久・義弘・歳久母）没。10月、島津豊州家忠広、再び太陽寺住持を豊後に派遣し、和睦仲介を依頼するも失敗。
一五四五	天文14	32歳	1月、伊東義祐、飫肥に出陣。2月、伊東勢、中ノ尾砦を攻略し、豊州家の居城飫肥本城を攻撃。春、前関白近衛稙家の使者として参議町資将が南九州に下向。近衛邸新造費用の拠出を求める。3月、北郷忠相、豊州家忠広とともに伊集院に赴き貴久に見参。貴久を守護として承認。この年、相良長唯、宮内大輔に任じられる。
一五四六	天文15	33歳	1月、北郷忠相の長男忠親、島津豊州家忠広の養嗣子となる。同月、貴久父日新斎作成の「いろは歌」、近衛稙家の上覧に供される。3月、鹿児島福昌寺・坊津一乗院、勅願所となる。5月、貴久、「時雨軍旗」を作製。8月、本田董親、町資将を上卿として従五位下紀伊守に任じられる。
一五四七	天文16	34歳	この年、貴久四男家久誕生。母は本田親康の娘（肘岡氏養女）橋姫。4月、北郷忠相、飫肥救援に乗りだし、

西暦	和暦	年齢	事項
			飫肥南郷に新城を築く。9月、飫肥城南東の丘陵に新山城を築き、伊東勢の進攻に備える。同月、本田董親の嫡男重親、町資将を上卿として従五位下左京大夫に任じられる。11月、伊東勢、豊州家方の目井城を調略し、南郷新城を攻略する。
一五四八	天文17	35歳	1月、豊後守護大友義鑑の使者が日向に下向し、伊東氏と豊州家の和睦仲介に乗り出すも、交渉決裂。同月、北郷忠相、肝付領の大隅国恒吉城を攻略。2月、大隅国衆本田董親と叔父親貞らの対立が表面化。3月、本田親貞の子親知、上井氏らと結託して、姫木城で挙兵。3月、貴久、大隅正八幡宮社家の要請により、老中伊集院忠朗・義兄樺山善久等を大隅国宮内に派兵。4月、伊集院忠朗等、北原・肝付・蒲生・渋谷四氏の軍勢を撃退。5月、島津勢、本田董親の居城清水城を攻撃。その後、本田董親・北郷忠相・廻・敷根・上井の各氏らが協議し和睦が成立。6月、貴久、北郷忠相と契状を交わし、共同で肝付氏に対抗していくことを約す。8月、本田董親、再び反旗を翻し、伊集院忠朗から清水城を攻撃される。本田董親・重親父子、庄内に没落。貴久、本田氏の旧領に弟忠将を配置し、老中伊集院忠朗を姫木地頭とする。相州家日新斎、生別府城を長浜城に改名。
一五四九	天文18	36歳	3月、貴久、老中伊集院忠朗を飫肥救援のため派遣。4月、島津勢、飫肥城北東の要衝業毎ヶ辻（中ノ尾）を奪回。伊東勢、飫肥から撤退。4月、島津豊州家忠広、家督を養子忠親に譲り、櫛間に隠居。7月、フランシスコ・ザビエル、鹿児島出身のアンジローの案内で鹿児島に上陸。まもなく、貴久とその母御東、アンジローと会見。9月、貴久、ザビエルと会見し、キリスト教布教を許可。同月、貴久、大隅国長浜から加治木に進攻し、黒川崎で肝付兼演勢と対陣。12月、貴久、北郷忠相・島津豊州家忠親の仲介により、肝付兼演・兼盛父子、祁答院良重、入来院重嗣と和睦。
一五五〇	天文19	37歳	7月、フランシスコ・ザビエル、鹿児島を退去し平戸に移る。これ以前、貴久、領内のキリスト教布教を禁止する。12月、貴久、鹿児島に御内（内城）を築き、居城を伊集院から移す。
一五五一	天文20	38歳	貴久の姉婿樺山善久、焼失した大隅正八幡宮尊躰作成のため、志願して上洛。9月、正八幡宮尊躰が完成し、内裏で後奈良天皇の上覧に供される。11月、新たな尊躰が大隅正八幡宮に収められる。
一五五二	天文21	39歳	3月、種子島氏家臣古市実清、貴久の官位取得のため上洛。4月、貴久の弟忠将、加治木の肝付兼盛、大隅正八幡宮社家らと「御屋形様」への奉公を誓う契状を取り交わす（貴久を「御屋形様」と呼ぶ初見）。6月以前、貴久の長男忠良に対し、将軍足利義輝の偏諱「義」が下され、のちに「義辰」と改名。6月、貴久、従五位下修理大夫に任じられる。12月、貴久、忠将、豊州家忠親、島津忠俊、北郷忠相・忠豊（時久）父子、樺山幸久（善久）、起請文に連署し、敵対国衆に対する一族の結束を誓う。
一五五三	天文22	40歳	この年、伊東義祐、再び飫肥進攻を開始。5月、島津薩州家実久、上洛して京都等持寺の瑞祥会に参加。7月、薩州家実久没。長男陽久（義虎）、家督を継ぐ。

西暦	和暦	年齢	事項
一五五四	天文23	41歳	この年、貴久二男忠平（義弘）と北郷忠孝（忠親実弟）娘との間に、長女御屋地（北郷相久・豊州家朝久室）が誕生。3月、近衛稙家、貴久を通じて種子島時堯に対し、鉄砲薬調合方法を将軍足利義輝に伝えるよう求める。8月、大隅国帖佐の祁答院良重、加治木に進攻し肝付兼盛勢と交戦。9月、貴久、大隅国平松に出陣し、祁答院の支城岩剱城を包囲。同月、貴久の弟忠将、脇元で鉄砲を使用（島津氏の鉄砲使用の初見）。10月、貴久、池嶋の戦いで祁答院勢を撃破。岩剱城の城衆は退去して開城。
一五五五	天文24 弘治1	42歳	3月、加治木衆・長浜衆らが大隅国辺川で祁答院勢を破り、大隅国帖佐攻撃が始まる。貴久・忠将等、大隅国平松に出陣し、帖佐の祁答院勢を釣り野伏で撃破する。4月、帖佐から祁答院勢撤退。同月、貴久、大隅正八幡宮にて蒲生氏への対応について鬮を引かせる。和睦交渉は決裂し、蒲生攻めを開始。
一五五六	弘治2	43歳	貴久二男忠平（義弘）・弟忠将・尚久ら、祁答院方の松坂城を攻略。9月、伊東勢、島津豊州家の支城目井城を攻略。
一五五七	弘治3	44歳	3月、貴久・義辰（義久）・歳久、蒲生城下の戦いで苦戦。4月、貴久二男忠平、後詰に出陣していた菱刈陣を攻略。同月、蒲生範清が退去して、蒲生城開城（大隅国始羅郡制圧完了）。
一五五八	永禄1	45歳	この年、肝付兼盛の長男兼寛誕生。母は貴久の同母妹。3月、肝付勢、大隅国恒吉城近郊の宮ヶ原にて北郷・豊州家連合軍と合戦し、肝付勢大勝。10月、肝付勢、島津豊州家領志布志に進攻。11月、伊東勢、飫肥城の支城新山城を攻略。12月、貴久、島津豊州家・薩州家と貴久の兄弟子息以外の御一家（庶子家）に対し、島津名字の使用を制限。
一五五九	永禄2	46歳	9月、貴久、長男義久と連署し、大隅国衆肝付兼盛と契状を取り交わす。10月、貴久、長男義久と連署し、薩摩国衆頴娃兼堅と契状を取り交わす。
一五六〇	永禄3	47歳	3月頃、貴久、島津豊州家支援のため、二男忠平（義弘）と重臣伊集院忠朗を飫肥城に入れる。6月、将軍足利義輝、貴久に対し伊東義祐との和睦を命じ、上使伊勢貞運を下向させる。10月、伊勢貞運、日向・大隅国境の末吉にて貴久と面会、和睦条件を協議。11月、伊勢貞運による和睦仲介、失敗に終わる。同月、貴久、大隅国衆菱刈重猛を大和守に任じる。
一五六一	永禄4	48歳	1月、貴久、近衛稙家の使者進藤長治を招き千句連歌を興行。5月、肝付兼続、島津方の廻氏の居城廻城を攻略。6月、貴久、長男義久・弟忠将を率いて廻城を包囲。7月、貴久の弟忠将、廻城下の戦いで討死。同月、島津豊州家忠親、伊東氏と和睦協議に入る。島津忠平、飫肥を去り鹿児島に戻る。9月、貴久、イエズス会インド管区長とインド副王宛に書翰を記し、ポルトガル人パードレの鹿児島への派遣を求める。9～11月、薩摩国山川港にてポルトガル商人アフォンソ・ヴァスに対する傷害事件が発生。その後、阿久根にて没する。10月、貴久父日新斎、孫義久に対し五箇条の教訓状を与える。

一五六二	永禄5	49歳	12月、豊後滞在中の日本布教長コスメ・デ・トーレス神父、薩摩に下り、市来城にて地頭新納康久夫人らの歓待を受ける。トーレス神父、鹿児島に入り、貴久とインド宛書翰の内容について協議。その後、鹿児島で布教にあたる。同月末、薩摩国坊津に来航していたポルトガル船長マノエル・メンドーサ、二通の貴久書翰を託され、インドに向けて出港。
一五六三	永禄6	50歳	1~2月頃、日向国真幸院の国衆北原兼守が没し、内紛となる。兼守の義父伊東義祐、これに介入し三之山城を制圧。貴久、相良頼房（義陽）とともに北原兼親を当主に擁立。2月、島津豊州家忠親、飫肥城から退去。3月、貴久末弟で薩摩国鹿籠領主尚久没。4月、トーレス神父、豊後に戻る。5月、肝付兼続、志布志城を攻略。6月、貴久、大隅国横川城を攻略。9月、島津豊州家忠親、飫肥城を奪回。
一五六四	永禄7	51歳	2月、貴久、日向国真幸院飯野城に入る。4月、相良頼房と伊東義祐和睦し、真幸院に進攻。この年、貴久、北原兼親を薩摩国伊集院上神殿に移し、二男忠平（義弘）を真幸院領主とする。3月、貴久「陸奥守」に、長男義久「修理大夫」に任じられる。
一五六六	永禄9	53歳	この年、島津薩州家義虎の長男忠辰誕生。母は島津義久の長女御平。1月、薩摩国衆祁答院良重、室（薩州家実久娘）によって刺殺される（祁答院氏滅亡）。2月、貴久、隠居・出家し「伯囿」と号す。長男義久が家督・守護職を継ぐ。10月、島津義久ら伊東氏の真幸院三之山城を攻撃して敗退。
一五六七	永禄10	54歳	8月、貴久、日向国真幸院飯野城に入る。10月、貴久二男忠平ら、三之山城を攻撃。11月、忠平ら、真幸院から菱刈院に進攻し、馬越城を攻略。同月、菱刈隆秋、居城太良城等を放棄し、薩摩国大口城に相良勢とともに籠城。貴久・義久父子、馬越城に入る。
一五六八	永禄11	55歳	1月、島津忠平、菱刈勢に敗れ、重臣川上久朗死亡。6月、島津豊州家忠親、伊東義祐と和睦し、飫肥城を退去。8月、伊東勢、相良氏と呼応して真幸院飯野に進攻。12月、貴久父日新斎（忠良）、薩摩国加世田にて没。
一五六九	永禄12	56歳	1月、島津氏と相良氏の和睦成立。5月、貴久四男家久、新納忠元・肝付兼盛らと大口勢を撃破。8月、島津勢、大口城を包囲。9月、大口城開城。貴久・義久父子、同城に入る。菱刈鶴千代丸（重広）に大隅国本城・曽木を安堵し、大口城には新納忠元を地頭として配置。
一五七〇	永禄13	57歳	1月、入来院重豊・東郷重尚、島津氏に帰服（薩摩統一）。3月、貴久、中山王尚元に対し、三州守護職を義久に譲った旨を伝える。
一五七一	永禄14	58歳	6月、貴久、薩摩国加世田別府城にて没す。法号「大中良等庵主　南林寺殿」。鹿児島福昌寺が廟所となり、貴久創建の松原山南林寺に位牌と御影が収められる。
一九二〇	大正9		11月、貴久、従三位を追贈される。

【著者紹介】

新名一仁（にいな・かずひと）

1971年、宮崎県に生まれる。
鹿児島大学法文学部人文学科卒業。広島大学大学院博士課程前期修了。同博士課程後期単位取得退学。博士（文学・東北大学）。みやざき歴史文化館、宮崎市きよたけ歴史館学芸員を経て、現在、鹿児島大学、志學館大学非常勤講師。
著書に、『日向国山東河南の攻防─室町時代の伊東氏と島津氏─』（鉱脈社、2014年）、『室町期島津氏領国の政治構造』（戎光祥出版、2015年）などがある。

装丁：川本　要

中世武士選書　第37巻
島津貴久（しまづたかひさ）　戦国大名島津氏の誕生（せんごくだいみょうしまづしのたんじょう）

二〇一七年四月二〇日　初版初刷発行

著　者　新名一仁
発行者　伊藤光祥
発行所　戎光祥出版株式会社
東京都千代田区麹町一─七
相互半蔵門ビル八階
電　話　〇三─五二七五─三三六一㈹
FAX　〇三─五二七五─三三六五
編集・制作　株式会社イズシエ・コーポレーション
印刷・製本　モリモト印刷株式会社

http://www.ebisukosyo.co.jp
info@ebisukosyo.co.jp

ISBN978-4-86403-242-1

劣化する雇用
——ビジネス化する労働市場政策

2016年7月11日　初版第1刷発行

編著者　伍賀一道・脇田　滋・森﨑　巖
装　丁　クリエイティブ・コンセプト
発行者　木内洋育
編　集　古賀一志
発行所　株式会社旬報社
〒112-0015　東京都文京区目白台2-14-13
TEL 03-3943-9911　FAX 03-3943-8396
ホームページ http://www.junposha.com/
印刷製本　株式会社シナノ

ISBN978-4-8451-1469-6